髙橋重郷
大淵 寛
編著

人口減少と少子化対策

人口学ライブラリー 16

原書房

はしがき

　日本の人口減少が社会経済・地域社会に及ぼす影響の深刻さから，少子化の克服と人口減少の抑止が，国家的課題として政府や経済界にも危機感をもって広く認識されるようになった。政府は2014年6月の閣議において，人口減少や少子高齢化による労働力人口の減少の見通しを踏まえ，50年後に人口1億人程度を維持する目標とそのための指針を示した。いうまでもなく，日本の人口減少は人口高齢化の進展にともなう死亡数の増加と，人口置換水準を持続的に下回る出生率のもと，出生数の減少によりもたらされてきている。

　日本の合計出生率（合計特殊出生率とも呼ぶが，以下本書では合計出生率と記述する）が1974年に人口置換水準の出生率を割り込み，人口学的にみて潜在的に人口減少を生じる人口状況に入った。1970年代半ば以降，合計出生率は持続的に低迷し，一貫して人口置換水準の出生率からはるかに下回っている。2013年現在で合計出生率は1.43人と，人口置換水準の出生率2.07人の7割弱に相当するに過ぎない。

　政府が少子化問題を認識し，対策を始める契機になったのは，1990年に前年の合計出生率が人口統計史上もっとも低い1.57を記録したことによる。政府が少子化対策を取り組み始めて既にほぼ四半世紀になろうとしている。しかしながら，政府や自治体の少子化に対する取り組みにもかかわらず，日本の出生率は低迷し，人口減少を緩和させ，人口規模の安定的な推移をもたらす出生率回復への歩みは遅い。

　目を世界に転じれば，欧州諸国の出生率も日本に先んじて1970年前後から出生率低下を経験したが，ドイツ語圏や南欧，東欧の国々を除き，欧州の国々では1990年代後半から出生率は反転上昇し，人口置換水準の近傍にある。すなわち，緩慢な人口減少を潜在的に生み出す人口状況にある。このような国々では，1970年代から家族政策による出産子育てに対する大胆な政策の推進や，

女性の労働市場における雇用政策，ワーク・ライフ・バランスを支援する社会政策が取り組まれ，それらが出生率の反転上昇を導く要因となっていると考えられている。

　本書は，改めて日本と諸外国の出生率の動向を概観し，少子化対策の変遷，日本の未婚化や夫婦の出生行動，結婚・出産と女性就業，家族・労働政策などについて論じ，今後の日本が取るべき人口政策のあり方を論じることにした。以下，簡単に各章で取り上げた内容を紹介する。

　序章では，1970年代以降に始まった欧州を中心とする世界と日本の出生率の低下とその後の出生率の反転上昇やその変化の多様性について人口学的観点から明らかにする。また，欧州諸国と日本の出生率低下に関して先行研究が明らかにした諸説を概観し，出生率が低迷する社会と出生率が回復基調にある社会の家族・労働政策の分析を通じ，多様な家族を含む人口再生産社会へと導く家族・労働政策の意義について論じる。

　第1章では，1990年代から始まった日本の少子化対策の過程を時代区分から明らかにする。少子化対策は，当初の子育て支援から様々な施策群へと拡大したが，その変貌過程を論考する。また，具体的に児童手当や税制上の控除など様々な経済的な支援の概要と課題を明らかにする。なおこの章は，2012年の民主党政権までの少子化対策を扱い，第2次安倍内閣以降の政策は別章で論じる。

　第2章では，少子化現象の進展過程と，その背景である未婚者のライフスタイルの変化と夫婦の出生行動の変化を分析する。そして，若者の交際行動やライフスタイルの変化に着目し，交際行動を含む広義のパートナーシップ状況の変化や夫妻の出会い，夫妻の地位の組み合わせ，夫妻の働き方など結婚を特徴づける近年の変化を明らかにする。また，夫婦の出生意欲と出生力に関する身体的制約に着目した意識と生殖行動の現状と政策的含意に論及する。

　第3章では，現代の女性の就業と結婚・出産・子育ての関係について実証分析に基づいて論考する。また，未婚女性の結婚・出産・子育て期に関する女性の理想のライフコース観やジェンダー意識との関係を多項ロジット分析によって検証する。加えて，結婚前後，出産前後の就業状況や子育て支援の利用の時

代変化を概観する。

　第4章では，女性の就業と結婚と出生率の関係を人口学的モデルによって分析し，就業行動と就業形態別初婚率の変化から未婚化の進行過程を論じる。また，就業形態別異動率と出生率の分析から，その出生率への影響を考察し，非正規就業者の就業と出産の両立支援の課題を明らかにする。

　第5章では，計量経済学の分析手法であるマクロ計量モデルを用い，少子化対策変数が出生率に及ぼす影響効果を明らかにする。変数として保育環境の整備（家族政策），また労働政策変数として労働時間の短縮を用い，男子正規賃金や少子化対策変数が出生率を押し上げる効果，ならびに女子正規賃金や失業率などの要因が出生率を押し下げる効果などをモデル分析によって示し，少子化対策の政策効果の有効性を論じる。

　第6章では，少子化要因として未婚率に着目し，その地域差の実態の解明を検討した。男子未婚率と女子未婚率の高低に東日本と西日本に偏りと変化があり，この問題に対し人類学的観点から分析を試みた。これらの差異をもたらす要因として，「人口性比のアンバランス」や「希望に見合う結婚相手を得る困難性」などの結婚環境の変化を明らかにする。これらの分析とヒアリング調査から，人口移動に関与する，男女の意識と親の意向，地域に固有の価値観や家族観などを検討し，政策的含意を導く。

　第7章では，少子化と高齢化の同時進行社会で，高齢者参加型の子育て支援策の可能性を論考する。とくにシルバー人材センター事業として実施される子育て支援事業の取り組みについて，その効果と課題を明らかにする。この事業による幼稚園や保育園の代替としての機能の限界と，幼稚園・保育園と併用した地域高齢者による子育て支援事業に取り組む有効性を検証する。

　第8章では，2005年に施行された「次世代育成支援対策推進法」に基づいて，自治体が取り組んだ行動計画の策定に至るまでの少子化対策の流れから行動計画のスキームを概観する。そして，国の政策評価，地方自治体の政策評価の実施状況，およびその評価を要約し，この研究で行った自治体調査とヒアリング調査から前期行動計画の実績評価を行う。さらに後期行動計画の実施状況

や課題，さらに待機児童問題の要因や子ども・子育てプラン以降の保育政策や少子化対策全般について論じる。

第9章では，第2次安倍内閣の少子化対策について，とくに内閣府に設置された「少子化危機突破タスクフォース」の議論とその政策の形成プロセスを詳細に論じる。とくに経済財政諮問会議で議論されている地方創生の議論とは異なり，人口学的観点からその課題を提示する。

終章は，人口減少の原因と見通しを議論したうえで，人口政策としての少子化対策（試論）を提示する。人口政策の概念を「一国あるいは一地方の政府が国民あるいは住民の生存と福祉のために，人口的，社会経済的，その他の手段を用いて，出生，死亡，結婚，移動など現実の人口過程に直接間接の影響を与えようとする意図，またはそのような意図を持った行動」と位置づけ，人口目標や目指すべき出生率水準を含む少子化是正策の意義を論じ，日本が目指すべき静止人口へ向かう人口政策を提案する。

本書の企画の元となった研究は，編者らが平成20～22年度に実施した厚生労働科学研究（政策科学推進研究事業）の研究助成を受け実施した「家族・労働政策などの少子化対策が結婚・出生行動に及ぼす効果に関する総合的研究」にある。人口学研究会では，それらの研究事業から得られた成果を改めて改訂し，「人口学研究会」での報告に基づいて，会員のコメントを頂きながら最終原稿として完成させた。

最後になるが，研究書の出版が極めて厳しい事情にもかかわらず本書の出版を引き受けていただいた原書房の成瀬雅人社長，実務的に大変お世話になった編集部の中村剛氏ならびに矢野実里氏に対して深く謝意を表するものである。

2015年2月

編者一同

目　次

はしがき……………………………………………………………………… i

序章　日本と欧州の低出生率と家族・労働政策……………髙橋 重郷　1
はじめに……………………………………………………………………… 1
第1節　欧州諸国と日本を含む主要地域の低出生率の人口学的特徴……… 2
第2節　欧州諸国などの出生率低下と反転のメカニズム ………………… 12
第3節　少子化の社会経済的背景要因 ……………………………………… 15
第4節　家族政策と労働政策の効果と役割 ………………………………… 18
第5節　日本の少子化対策への示唆 ………………………………………… 22

第1章　日本における少子化対策の展開：エンゼルプランから子ども・子育てビジョンまで……………………守泉 理恵　27
はじめに……………………………………………………………………… 27
第1節　日本の少子化対策の概要とこれまでの展開 ……………………… 28
第2節　各期における少子化対策 …………………………………………… 31
第3節　少子化対策の課題 …………………………………………………… 40
おわりに……………………………………………………………………… 44

第2章　少子化をもたらした未婚化および夫婦の変化………岩澤 美帆　49
はじめに……………………………………………………………………… 49
第1節　出生力指標が示す少子化 …………………………………………… 50

第2節　未婚化をもたらした若者の意識・ライフスタイル変化·················· 54
第3節　近年の夫婦の特徴と求められる社会的支援······················ 60
第4節　夫婦の出生意欲と不妊の現状······························· 63
おわりに··· 68

第3章　結婚・出産前後の女性の就業と子育て支援環境 ··· 新谷 由里子　73
はじめに··· 73
第1節　結婚・出産・育児期における女性の就業······················ 75
第2節　未婚女性の結婚・出産・就業に関するライフコース意識········ 78
第3節　結婚・出産前後の就業状態の変化···························· 85
第4節　女性の働き方と出産・子育て支援環境························ 88
おわりに··· 94

第4章　女性の就業行動が結婚・出生行動に及ぼす人口学的分析
·· 別府 志海　99
はじめに··· 99
第1節　少子化・未婚化の動向と就業構造の変化······················ 100
第2節　分析データならびに分析方法································ 107
第3節　未婚女性の就業異動と未婚化································ 109
第4節　有配偶女性の就業継続と出生率······························ 113
おわりに··· 121

第5章　マクロ計量モデルによる家族・労働政策の出生率への影響
·· 増田 幹人　127
はじめに··· 127
第1節　わが国の少子化対策·· 128
第2節　出生率のマクロ計量モデル·································· 134

第3節	モデルの構造	136
第4節	シミュレーションの前提	140
第5節	シミュレーション結果	141
おわりに		144

第6章 文化人類学的視点からみた結婚の地域性と多様性……工藤 豪 153

はじめに		153
第1節	結婚動向の地域差に関する先行研究	154
第2節	未婚化・晩婚化における地域差の実態	156
第3節	分析視角・資料・方法	159
第4節	ヒアリング調査結果についての分析と考察	163
第5節	仮説の検証	168
おわりに		173

第7章 高齢者参加型の子育て支援策の可能性……君島 菜菜 179

はじめに		179
第1節	子どもと高齢者の交流	180
第2節	高齢者の子育て支援への参加意欲	182
第3節	高齢者参加型の子育て支援の取り組み	189
おわりに		195

第8章 少子化対策の政策評価：次世代育成支援推進法に基づく行動計画の評価を中心に……鎌田 健司 199

はじめに		199
第1節	少子化対策としての「次世代法」の位置付け	200
第2節	政策評価の手法と少子化対策の評価	201
第3節	次世代育成支援対策の実績評価	209

第4節　後期行動計画の方向性と政策課題……………………… 224
　おわりに …………………………………………………………… 225

第9章　第2次安倍内閣の少子化対策　　　安藏 伸治・鎌田 健司　233
　はじめに …………………………………………………………… 233
　第1節　少子化対策への関心の高まり ………………………… 234
　第2節　「少子化危機突破タスクフォース」 …………………… 238
　第3節　「少子化危機突破タスクフォース（第2期）」………… 242
　第4節　「少子化危機突破タスクフォース（第2期）」の取りまとめ ……… 246
　第5節　少子・高齢化，人口減少への対応としての数値目標 ………… 251
　おわりに …………………………………………………………… 258

終章　人口政策としての少子化対策（試論）……………… 大淵 寛　265
　はじめに …………………………………………………………… 265
　第1節　人口減少の原因と見通し ……………………………… 265
　第2節　人口減少から人口静止へ：地域別将来人口 ………… 269
　第3節　少子化対策と人口減少の停止 ………………………… 274
　おわりに …………………………………………………………… 276

　　索引 ……………………………………………………………… 278

執筆者一覧（執筆順）

髙橋　重郷（明治大学政経学部客員教授）

守泉　理恵（国立社会保障・人口問題研究所人口動向研究部第3室長）

岩澤　美帆（国立社会保障・人口問題研究所人口動向研究部第1室長）

新谷　由里子（東洋大学経済学部非常勤講師）

別府　志海（国立社会保障・人口問題研究所情報調査分析部第2室長）

増田　幹人（内閣府経済社会総合研究所国民経済計算部企画調査課研究専門職）

工藤　豪（埼玉学園大学人間学部非常勤講師）

君島　菜菜（大正大学教務部学修支援課課長）

鎌田　健司（国立社会保障・人口問題研究所人口構造研究部研究員）

安藏　伸治（明治大学政経学部教授）

大淵　寛（中央大学名誉教授）

序章　日本と欧州の低出生率と家族・労働政策

はじめに

　日本や欧州を始めとして経済成長を達成した国々では，2000年代に入ると1970年前後から始まった出生率低下の傾向に歯止めがかかり，多くの国々で出生率に反転上昇がみられるようになってきた。とくに出生率の反転は西欧諸国で顕著にみられている。フランスの場合，合計出生率は，1990年代の半ばに1.7以下の水準にまで低下していたが，2006年に2.00の水準にまで回復し，2012年現在2.01の水準が維持されている(1)。こうした近年の出生率の反転上昇傾向はフランスに限らず，欧州諸国に広くみられるようになってきている(Goldstine, Sobotka and Jasilionien 2009)。たとえば，低出生率の代表的な国として挙げられてきたイタリアやスペインなどの南欧の国々も1990年代半ばに合計出生率でみて1.2を下回る超低出生率の水準にあったが2005年には1.3の水準にまで上昇し，2008年の統計では，両国ともに1.45の水準にある。しかし，2012年ではイタリアが1.44，スペインが1.32と，欧州経済危機以降，国によってやや異なる傾向もみられている。そのような欧州諸国にみられる超低出生率とよばれた1.30を下回る低出生率水準からの反転上昇には，人口学的な要因や第二の人口転換にかかわる諸要因の変化，あるいは多くの国々で積極的に取り組まれてきた家族支援政策の導入とその政策の拡大推進があることなどが指摘されている（Thévenon 2008a；阿藤 2011, p11）。

　本章では，第1節において1970年代以降に始まった欧州を中心とする世界と日本の出生率の低下，ならびに2000年代に入ってみられるようになった出

生率の反転上昇とその多様性について人口学的観点から概観する。第2節では欧州諸国と日本の出生率低下をもたらした人口学的要因について，先行研究が明らかにした解釈と諸説を概観する。そして，第3節では少子化の社会経済学的背景要因について理解を深める。また，第4節では，低出生率社会から多様な家族を含む人口再生産社会へと導く家族政策と労働政策が持つ意味と効果について論じ，第5節では日本の少子化対策の意義について論じることにしたい。

第1節　欧州諸国と日本を含む主要地域の低出生率の人口学的特徴

（1）欧州と東アジアの出生率の動向

　日本を含む欧米先進諸国の出生率は，人口転換という歴史的な一大変化である多産多死型の人口動態から少産少死型の人口動態へと変化した。そして，出生率の水準は，1960年代後半から1970年代にかけて合計出生率で，おおよそ2.1前後の水準に達した。この出生率水準は，人口置換水準の出生率とも言い，人口を静止状態（総人口数が増加も減少もしない定常状態）へと導くもので，長期的にみて人口増加が止まり，一定規模の人口が維持され，人口減少も起きない。したがって人口高齢化は分母人口である総人口に減少が起きないため緩やかに進行し，人口負荷が少ない理想的な人口状況をもたらすという意味を持っていた。[2]しかしながら欧州諸国の出生率水準は，1960年代後半から1970年代の半ばになると，いわゆる人口置換水準以下の出生率水準へと低下が始まり，この低下傾向は1980年代の半ばにかけて日本を含む欧州ならびに先進諸国に広がり，その後東欧や東アジアを含む他の経済成長の著しい国々全体へと広がり続けた。

　潜在的に人口減少を生み出す人口置換水準以下の出生率は，各国の社会経済にとって3つの問題を内在化させることになった。第一にいずれもたらされる総人口の減少によって高齢化率を想定以上に高め，社会全体にとって社会保障の負担を相対的に高めてしまう可能性があること。第二に労働市場に及ぼす影

響である。低出生率によってもたらされる人口減少は若年人口の規模を縮小させ、働き手人口の供給を縮小させる。さらに、第三の問題として労働供給力の減少は労働者の賃金コストの上昇を招き、経済の競争力を低下させる可能性がある。

こうした問題意識は、欧州委員会の2005年の「人口変化へ立ち向かう―世代間の新たな連帯」と題する白書に示されている（European Commission 2005）。同白書では女性一人当たり1.5人を下回るEC加盟国の現状とそれがもたらす人口減少の危機感を示し、欧州の国々で希望する子ども数を下回っている現状を捉え、家族をサポートする必要性を示した。また、潜在的な人口減少によって生じる人口高齢化が将来の経済成長率を低下させる。そのため、世代間の連帯にとって家族の重要性を指摘し、男女の仕事と家庭生活の調和を促す公共政策の必要性が示されている。

このような人口状況と女性の労働市場への参加を通じた経済成長が続く中で、多くの国々で子どもを生みやすく育てやすい社会環境を整えるための家族政策や労働政策が導入されてきた。たとえば育児休暇制度、児童手当制度、父親の育児休暇制度や公的保育施設やその利用制度等々、国によってそれぞれ特色や違いがあるものの、「出産・子育て」というかつては個人や家族領域に委ねられていた人々の再生産行動に対して政府が積極的に介入するようになってきた（McDonald 2006, 2008）。そのような施策展開もあり、1980年代半ば以降、多くの西欧諸国の出生率は1.6から1.7前後を記録した後、徐々に出生率に上昇反転傾向がみられる国々が現れるようになってきている。欧州連合やOECDの人口統計[3]によって最近の合計出生率の水準をみると、たとえば北欧諸国では1980年代の半ばから出生率は反転上昇し、アイスランドの合計出生率は2009年に2.23を記録し、2012年現在も2.02の水準にある。ノルウェーは2009年に1.98、デンマークは2008年に1.89、スェーデンが2010年に1.98、フィンランドも同年に1.87と北欧諸国はおしなべて1.8の半ば以上の水準に達している。しかしながら、2008年のリーマッショック、それに続く欧州経済危機の影響を受け、出生率はややその水準を下げている。欧州の他の国々をみると、フラン

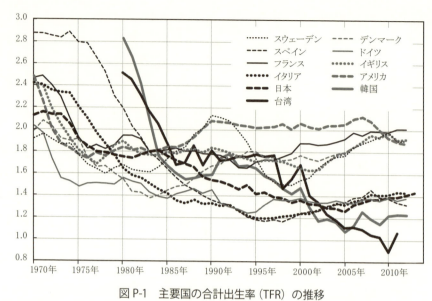

図 P-1　主要国の合計出生率（TFR）の推移

（資料）Eurostat (http://epp.eurostat.ec.europe.eu) and OECD database (http://www.oecd.org/statistics/)

スは1999年に1.8台に回復し，2012年現在2.01の水準にある。言語的に近いベネルックス3国（ベルギー，オランダならびにルクセンブルグ）も，回復の水準に違いがあるものの出生率はいずれも2008年に向かって上昇してきたが最近時ではやや停滞気味である。英国は2001年の1.63から出生率は回復し，2012年現在で1.92の水準にある。

　一方，ドイツ語圏であるドイツやオーストリアの出生率は2000年代前半から半ばにかけて相当低い出生率水準である1.33にまで低下したが，その後反転上昇の傾向がみられる（ドイツの合計出生率は2012年に1.38，同オーストリアが1.44）にある。しかしながら他の西欧諸国の回復基調に比較してその回復の程度は弱い。イタリア・スペイン等の南欧の国々は，ヨーロッパ社会の中で超少子化国と呼ばれ，1990年代の半ばには1.2を切る水準にまで低下した。しかし2000年代に入るとは徐々に反転上昇し始め，2011年現在でイタリア1.43，スペイン1.32の水準にまで上昇しているものの人口置換水準の出生率であるお

よそ 2.1 に比較してはるかに低い。

　また，中・東欧の国々の多くは合計出生率でみて依然として 1.5 未満に留まっている国々が多い（Billari 2008）。東欧諸国は 1990 年前後の社会体制の変化と大きな社会経済変動を経験し，1990 年代に入って以降急速な出生率低下を経験した。おおよそ東欧諸国では 2003 年前後に 1.2 前後の超低出生率を経験した後，現在では 1.3 から 1.5 前後にあり，ユーロスタットの統計によれば 2012 年のポーランドの出生率は 1.30，スロベニアは 1.58，チェコは 1.45，ハンガリーは 1.34，そしてルーマニアは 1.53 と低水準にある。

　日本を含む東アジアの国々の出生率は，欧州ドイツ語圏や東欧諸国に近い 1.3 前後の低出生率の水準にある。日本の合計出生率は，2003 年に 1.3 の水準を割り込み，2005 年には人口動態統計の歴史上最低である 1.26 を記録した。その後，日本の合計出生率はやや上昇し，2013 年の統計で 1.43 の水準にあるが，人口置換水準と比較し，はるかに低い水準にとどまっている。また，韓国や台湾の合計出生率も極めて低い水準にあり，2006 年現在で韓国の合計出生率は 1.06 と同国で最も低い水準を記録したのち，2012 年に 1.30 人に上昇した。台湾の 2006 年に出生率は 1.12 で，2011 年の統計で 1.07 に低迷している。またシンガポールの合計出生率は 2004 年に 1.26 を記録した後，2010 年現在で 1.15 と公表されている。このように東アジアの出生率もおしなべて低い水準にある（鈴木 2012）。

　以上のように 1970 年代以降の出生率動向には，1980 年代から 1990 年代にかけて多くの国々で出生率低下がみられたが，北欧諸国やドイツ語圏を除く西欧諸国は徐々に反転上昇し，今や人口置換水準に近い水準にまで回復してきている。一方ドイツ語圏の国々，南欧，東ヨーロッパ諸国，東アジアの国々は 1.6 未満の低い水準にとどまっている。阿藤は，こうした世界の二極化した出生率動向を「緩少子化国」と「超少子化国」と呼び，出生率動向の地域的な違いとその特徴，背景要因について同様な認識が指摘されている（阿藤 2011, p.1-16）。

(2) 日本の出生率低下とその人口学的特徴

　日本の少子化と呼ばれる出生数の減少と人口置換水準以下の出生率への低下は，1970年代半ばから始まった。これを年次推移によってみると，出生数の規模は1973年に209万人を記録したあと持続的に減少し，2012現在では104万人弱という出生数の水準にある。この出生規模の減少は，第一に1970年代前半の比較的大規模な出生数を生み出した1947〜49年に生まれた団塊の世代の結婚と出生ブームが去り，それに続く1950年代以降の出生数の減少に伴った母親世代人口の減少と，それにともなう出生数の減少により生じた。そして第二に，1970年代半ばより徐々に出生率の低下が始まったことにより，出生数の減少と出生率の低下が同時に進行した。人口集団が持つ出生力の水準を測る指標の一つとして合計出生率がある[4]。これによって1970年代以降の出生率水準をみることにしよう。

　合計出生率は1973年に2.14を記録した後，その翌年には2.05，1981年に1.74へと急低下した。その後，合計出生率はわずかに上昇を示したが再び低下を示した。1990年に公表された前年の合計出生率は，人口動態統計史上最低であった1966年の「丙午（ひのえのうま）」年の1.58を下回り1.57を記録した。その当時，日本の低下し続ける出生率が日本社会に強い衝撃を与え，その後の政府が取り組む低出生率対策の契機となった。合計出生率はその後も低下を続け1997年に1.39，2003年に1.29へと低下した。そして2005年には人口動態統計史上の最低値を更新し1.26に達した。しかし，その後少しずつ上昇に向かい2013年現在では1.43の水準にある。

　この出生率低下と若干の上昇には，どのような人口学的特徴があるのであろうか。それを子細にみるために，1970年以降の女性の年齢別出生率を比較してみよう。

　1970年当時の合計出生率は2.16人で，女性の年齢別にみた出生率は25歳の出生頻度がもっとも高く，25歳女性の4.2人に一人が同年に出生を経験していた。しかも出生の多くが20歳台に集中し，合計出生率の74.5％は30歳未満の女性によるもので，とくに20歳台の半ばからやや後半に集中していた。とこ

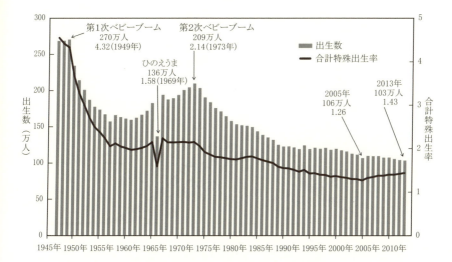

図 P-2　出生数と合計出生率の年次推移
（資料）厚生省大臣官房統計情報部「人口動態統計」．

ろが 1990 年では 20 歳台前半から半ばの出生率が大幅に失われた。1990 年の合計出生率 1.54 のうち 30 歳未満の出生率は 62.0％に縮小した。そして，それに伴って出生率のピーク年齢が 28 歳へ上昇したが，28 歳女性の出生頻度は 6.4 人に一人という水準に低下し，30 歳台の出生率が徐々に上昇した。最低水準の出生率 1.26 を記録した 2005 年には 30 歳未満の出生率と 30 歳以上の出生率が等しくなり，出生のピーク年齢は 29 歳から 30 歳へ移った。2012 年になると年齢別出生率はより高年齢化し，30 歳以上の出生率が占める割合は全体の 56.2％に達し，30 歳未満の出生率のシェアは 43.8％に縮小している。このように年齢別出生率は，30 歳未満の出生率が失われ，30 歳代以上の出生率が上昇するというライフステージ上の出生タイミングに遅延化がみられ，それとともに年齢別出生率の合計値である合計出生率は人口置換水準の出生率の 68％程度の水準にとどまっている。

　このような 30 歳未満の出生率低下をともなう出産の遅延化には，未婚化と結婚年齢の上昇が強く関係している。未婚化の状況を女性の年齢階層別の未婚

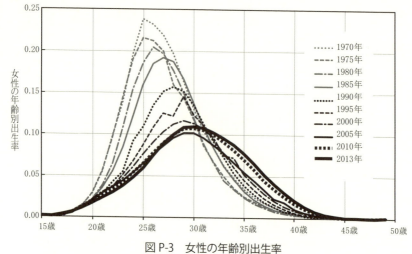

図 P-3　女性の年齢別出生率
（資料）国立社会保障・人口問題研究所「人口統計資料集」．

率によってみると，1955年から1970年代半ばまで未婚率は比較的に安定して推移してきた。その時代の20歳台前半の未婚率はおよそ7割，20歳台後半でおよそ2割の水準で推移し，ほとんどの人々が20歳台半ばで結婚するという皆婚社会であった。ところが1970年代半ば以降20歳台の未婚率が上昇に転じ，とくに20歳台後半の未婚率は1980年代の半ばに3割を超えた。そして1985年から1990年の5年間に10ポイントの上昇を示し4割に達した。その後も上昇が続き2010年の国勢調査によれば6割に達している。

　未婚率の上昇は，同時に20歳台での結婚の発生を減少させるため，結婚年齢の上昇をもたらすことになる。**図 P-4** には，平均初婚年齢の上昇と第1子出産年齢との関係を示した。この図から明らかなように，女性の平均初婚年齢は1973年頃から徐々に上昇を始め，この上昇に連動して第1子の出産年齢も上昇した。日本の場合，出産の98%は婚姻内，すなわち法律婚によって成立した女性からの出産が多くを占める。したがって，20歳台から30歳台の未婚率が上昇することによって，平均初婚年齢が上昇を引き起こし，その結果として遅延化した結婚の開始時期に連動して，出産の遅延化現象を引き起こすことになる。

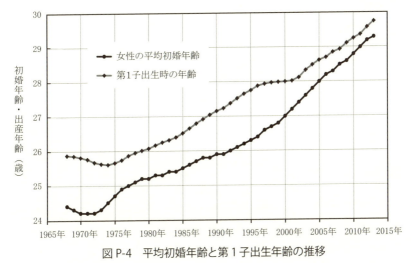

図 P-4　平均初婚年齢と第1子出生年齢の推移
（資料）厚生労働省「人口動態統計」.

しかしながら，こうした結婚の遅延化や出生開始時期の変化のみならず，未婚化の進行によって，男女のパートナーシップ関係を持たない人々が増加する。言い換えれば人口再生産活動に入らない人口，いわゆる生涯未婚の増加である。国勢調査で観察される生涯未婚率は，人口学では 50 歳時の未婚率と定義される[5]。1990 年の 50 歳時の女性の生涯未婚率は 4.3％に過ぎなかったが，2010 年には 11.1％に上昇している。この生涯未婚率が上昇した人々は 1990 年に 30 歳前後の年齢を過ごした人々に該当する。したがって，生涯未婚率が上昇し始めた世代は 20 歳台，30 歳台を通じて未婚率を上昇させ，年齢別出生率の遅延化とその水準低下をもたらすことになる。国立社会保障・人口問題研究所の推計によれば，2025 年の 50 歳時の女性の生涯未婚率は 18.9％になるものと推定されている（国立社会保障・人口問題研究所 2013）。この人々は 2005 年に平均出生年齢である 30 歳にあった人々で，同世代の 5.3 人に一人の女性は 50 歳に達するまで未婚であることを意味する。

その結果，出生順位別の出生率に未婚化現象が影響を及ぼし，第 1 子の出生率を低下させることになる。人口動態統計から得られる母の年齢別出生数を出

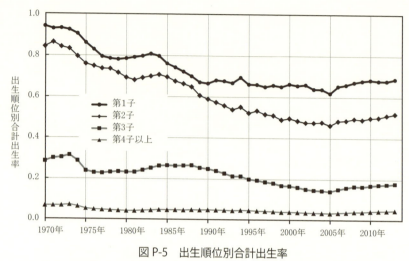

図 P-5　出生順位別合計出生率
（注）厚生労働省『人口動態統計』ならに総務省『人口推計』に基づき筆者の計算に基づく.

生順位別に集計し，年齢別の女性人口によって除すことにより出生順位別年齢別出生率が求められる．これを年齢合計した数値が出生順位別合計出生率である．出生順位別にみた出生率低下の特徴は，その中でも第1子の出生率低下が顕著である．

　以上，人口学的観点からみた日本の出生率低下を要約すると，第1子の出生順位別合計出生率は，1970年に0.94を示し，期間別に観察される出生率にタイミング効果（出生の繰り延べや先取りよる出生率変動の影響）があると仮定しても，女性の多くが第1子を生んでいたものと推定することができる水準にあった．その後，1973年のオイルショック以降，我が国の出生率に一時的な上昇などのゆらぎはみられたものの，第1子の出生順位別合計出生率は持続的で長期的な低下が進行した．1990年に公表された前年の合計出生率は，1.57ショックと呼ばれ，日本の出生率低下が大きな社会的関心を引き起こし年であったが，その年の第1子合計出生率は0.66となり，1970年の水準の7割の水準に縮小した．そして，この低い第1子合計出生率の水準は現在もほぼ変わらず，2012年の統計で0.68を示している．第1子の出生率が減少すれば，連動して第2子

目や第3子目の出生率も低下することになる。

　第二の特徴は，女性の出生年齢の上昇である。第1子の平均出生年齢によってみると，1970年当時の平均年齢は25.8歳であったが，1990年に27.2歳，そして2007年には28.9歳へと上昇した。このように少子化の進展とともに出生タイミングに遅れがみられ，出産の遅延化，すなわちテンポ（tempo）効果がみられ，期間を単位として計測される合計出生率の低下に強い影響を与えた可能性を示唆している。

　第三の特徴は，出生年次別の女性人口集団，これを出生コーホートと呼ぶが，この集団が15歳からほぼ生み終えたとみられる年齢である50歳時までに観察された年齢別出生率をコーホート合計出生率と言う。この指標には低下傾向がみられる。1954年出生コーホートのコーホート合計出生率は，50歳時点で2.03を記録していたが，1955年出生コーホートのそれは1.98と徐々に低下が始まった。1955年生まれの出生コーホートは30歳を迎えた年次が1985年で，ちょうど結婚から出生行動に入った時期に，初期の年次別出生率の低下期に遭遇している。1960年生まれの世代は2010年に50歳に達し，コーホート合計出生率は1.85と，1950年代生まれの世代より明らかに出生率水準が低下している。最新のデータが得られる1963年生出生コーホートでは，さらに1.71を記録している。40歳に達した時点のコーホート合計出生率をみると，1950年生まれが2.02,1960年生まれが1.83，1970年生まれが1.44である。このように，若い出生世代ほど出生の年齢累積値の水準に低下がみられ，最終的なコーホート合計出生率が以前の出生世代の水準にまで到達することは出来ないものとほぼみなすことができる。すなわち，カンタム（quantum）効果と呼ばれる最終的な子ども数の減少が存在することを示唆している。

　第四の特徴は，有配偶者割合の顕著な縮小傾向である。すでに日本の年齢別未婚率の上昇は繰り返し指摘されているところである（金子 2004）。この再生産年齢の前半期における未婚者割合の上昇とそのほぼ余数の関係にある有配偶者割合の縮小傾向は，嫡出出生数が出生全体の98％を占める日本社会では，結婚形成の遅れ（late marriage）と生涯未婚率の上昇によって出生率は明らかな

回復傾向として現れない可能性がある。

　以上のような日本の出生率の人口学的特徴を踏まえたうえで，欧州諸国の出生動向との類似性とその違いをみることにしよう。

第2節　欧州諸国などの出生率低下と反転のメカニズム

　欧州における出生率動向は地域により，また時期的にみても多様な形で推移してきている。そのような出生率の動向について，とくに西欧先進諸国の出生率動向に着目して，オーストラリアの人口学者であるマクドナルド等は，先進諸国の出生率動向には二つの傾向を示すグループが存在していることを指摘している（McDonald 2008）。それによれば，出生率が低下した国々のうち合計出生率（TFR）が1.5を下回ったことがない国々と，1.5以下に低下した国々があり，第一のグループに共通する特徴は，過去20年間以上にわたって「家族に優しい制度」を導入し，そのための家族政策を進めたことに特徴があると述べている。一方，第二のグループの特徴は，家族と国の役割が明確に分けられ，出産や子育て，老親の扶養・介護は家族が行うものという伝統的な価値観が存在し，広範な家族政策を導入することに消極的な国々であると指摘している。

　欧州のうち，イタリアやスペイン等の南ヨーロッパ，さらに中東欧諸国，そして日本を含む東アジアの諸国は，マクドナルが指摘する合計出生率で1.5以下に低下した国々である。イタリアの人口学者ビラーリらは，合計出生率でみて1.3を下回る極めて低い水準の出生率を超低出生率（the lowest low fertility）と呼んだ（Billari and Kohler 2004）。ビラーリの南ヨーロッパや中・東欧の出生動向に関する研究は，超低出生率社会の国々における異なる二つの傾向を明らかにしている（Billari 2008）。それらは，第一に，「出産の遅延化」，「第2子や第3子への出産の拡大の減少」などである。中・東欧の超低出生率については，「晩産化を伴わない（あるいは軽微な晩産化）」，「第2子や第3子への子ども数の拡大が少ない」，「子どものいない人々（無子のカップル）が少ない」な

どの特徴を明らかにしている。

ここまでみた欧州諸国の出生率は，年次別に観察された期間合計出生率の特徴である。期間合計出生率は，出生コーホート間で結婚の遅延や出生のタイミングに遅れが生じる場合，期間合計出生率は大きく低下することがある。したがって，コーホート合計出生率の変動についてみておく必要がある（人口学研究会 2010, p.71）。

OECDのファミリーデータベースによる1950年と1965年の出生コーホート別合計出生率を比較してみると，データの得られる27ヵ国のうち，15年の間隔をおいた二つの出生コーホート間でコーホート合計出生率の水準が2前後の水準に低下した後，その水準にほぼとどまっている国々がある。それらの国々には，ニュージーランド（1950年生まれ2.55から1965年生まれ2.25）を始めとして，ルーマニア，オーストラリア，スロバキア，フランス，チェコ共和国，ノルウェー，アメリカ，スウェーデン，ハンガリー，デンマーク，フィンランドの国々で，1965年出生コーホート合計出生率は1.91から2.04の範囲にある。一方，スペイン，ポルトガル，ブルガリア，ギリシャ，日本，リトアニア，エストニア，カナダ，スロベニア，イタリア，オランダ，オーストラリア，クロアチア，ベルギーの1965年出生コーホート合計出生率は，最も低いイタリアの1.49からクロアチアの1.88の範囲にある。

これらの国々の期間の合計出生率の低下には，低下時期に違いはあるが，少なくとも出生コーホート別にみて，その最終的な出生水準に低下がみられないか，あるは僅かな低下にとどまっている国々とそうでない国々が存在し，後者の国々の出生率水準の回復は今のところ低調である。しかし，前者のグループの国々では期間合計出生率は1.8から2.0以上の水準への顕著な回復がみられている。

フランスの1960年代後半生まれのコーホート合計出生率は，1890年頃から1900年頃に生まれたコーホート出生力の水準と同等の水準に近く，その間に生まれたコーホート世代で強い変化が観察されると指摘している（Thévenon 2008）。そして，過去10年間の出生率の人口学的な特徴として，出産年齢の遅

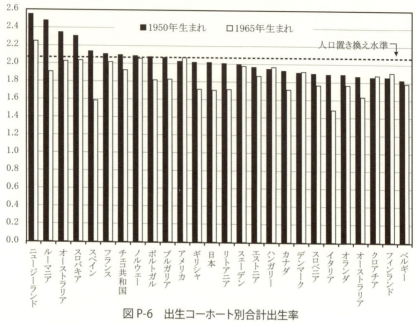

図 P-6　出生コーホート別合計出生率

（資料）OECD Family Database, http://www.oecd.org/els/Social/family/database

延化がみられ出生タイミングの変化があったと指摘されている。この平均出産年齢の上昇は2000年代に入ってからの30歳代後半女性の出生率上昇をもたらしており，1970年代生まれの女性によって延期された出生の大部分が現在追いつきつつあるとみられている。

　このように出生率の低下には，国によって人口学的にみても多様な側面があり，第一に欧州の中でも北欧や西欧地域の比較的高めの低出生力地域があり，この地域の少子化と南欧の少子化，第2子や第3子出生の遅れが目立つ中・東欧州の少子化の人口学的特徴とは異なる。すなわち，少子化には晩産化（テンポ効果）要因と非婚を含む第2子以降の出生の減少（カンタム効果）が大きく関与し，その変化の現れ方は社会によって様相が異なっている。[6]

　多くの人口学者が欧州諸国の出生率の反転上昇には，出生タイミングの歴史的変化，すなわちテンポ効果による低出生率の出現を示唆しているが，ビラー

リの研究では中・東欧諸国や南欧諸国の低出生率には少なからず第2子以降の出生の減少（カンタム効果）が大きく関与している可能性が指摘されている（Billari 2008）。また，欧州の出生率反転に関する期間合計出生率への影響をコーホート出生率のテンポ変化の分析を行ったボンガーツらの研究によれば，2000年代に入ってからの出生率の上昇は，出生力の延期のペースの低下によって説明できることを明らかにしている（Bongaarts and Sobotka 2012）。日本の出生率低下について，金子はコーホート出生率の分析から欧米のテンポ効果による，出生遅延傾向の終息がもたらす期間合計出生率の反転上昇に対して，日本のそれは期間合計出生率の上昇傾向はあるものの，欧米のような構造的なものとは異なる点を明らかにしている（金子 2010）。

第3節　少子化の社会経済的背景要因

　1970年代前後から出生率が人口置換水準以下へと低下する現象が多くの先進諸国でみられるようになった。そして，この出生率の低下には，国や地域によって人口学的にみて多様な低下プロセスとその後の出生率の反転現象の違いがみられた。この出生率変動をもたらした社会経済的な背景要因について，おおよそ共通した理解がみられる。

　少子化をもたらしている背景要因として上げられるものとしては，第一に，「価値観の変動」，第二に「女性の教育水準の向上」，そして第三に「青年期の不確実性の増大と青年期移行の遅延」などが指摘されている。そのような諸要因の変化は，1960年代に北ヨーロッパで始まり，先進諸国全体に広がった「個人の自主性の強調」，「男女性別分業」，ならびに従来の規範的・制度的な価値観の否定といった人口行動に影響を及ぼす変化を生みだした。これが1990年前後に登場した出生率低下の説明仮説である「第二の人口転換」をもたらすポスト・モダンの出産選好を生みだし，同棲・婚外子，新しい家族行動，すなわち，結婚の遅延や出生の時期の高年齢への先送りを生み出したと考えられている（Kaa

1987；阿藤 1997；Billari 2008)。

　また，1970年代から西側諸国に現れた様々な傾向はフランスにおいても見られ。その特徴として，第一に，若年層への教育投資が増加し，両親の家を出て，労働市場へ入る年齢を遅らせたこと。第二に，女性の労働市場への参加が拡大し続けてきたこと。第三に，若い世代の比較的高い失業率と労働市場の不確実性が高まったこと。第四に，価値の変化が起き，「社会の個人主義化」が進んだこと。そして，第五に，男女の平等に関する関心が高まったことなどが指摘されている（Thévenon 2008b)。

　オーストリアの人口学者ルッツ等は，「低出生力の罠仮説：ヨーロッパ諸国の出生の延期と少子化の進展へ向かわせる諸力」と題する論文の中で，次のように指摘している（Lutz ほか 2006)。出生率低下の背景要因として，第一に「伝統的な家族パターンの変化」，第二に「女性の教育の普及」，第三に「急速な社会変動と経済のグローバル化」，そして第四に「社会の世俗化」を掲げ，現代の避妊技術の普及は「性と出産（生殖）の間の進化論のリンク」が壊れたと指摘し，現代の再生産は単に個々人の選択と文化的に決定されている規範的な関係に過ぎないと述べている。すなわち，それぞれの社会における女性の役割に関する社会規範と希望する子ども数に関する社会規範によって出生力水準は決定されるという。そして，先進諸国にみられる出生率は「出生率低下のスパイラル」を生じる3つのメカニズムがあり，第一のメカニズムは人口学的ダイナミズ上で起きている「人口学的メカニズム」で，人口置換水準を割り込んだ出生率社会では，生殖年齢の女性数の減少をもたらす。そして，第二のメカニズは「社会学的なメカニズ」で，実際のコーホートの出生力を決定する要素である「希望子ども数」が実際に低下してくることによりもたらされる出生率低下があるという。そして，第三のメカニズムは，「経済学的なメカニズム（イースタリンの相対所得仮説とも呼ばれる）」で，生活水準と期待所得のギャップが，出生コーホートのサイズの違いにより，結婚や出生行動に影響するメカニズムがあるという。そして，出生率低下の3つのメカニズが連鎖し，より低い出生率を生じさせてしまうと指摘している。

一方，マクドナルド（McDonald 2008, p21）は東アジアの低出生率の深刻さについて，第一に，家庭における女性差別が存在していること。第二に，今後親になる世代が教育・雇用面で激しい競争にさらされた大規模世代であること。第三に，労働市場が終身雇用から短期雇用へと大きな変化にさらされていること。第四に，東アジア経済が，バブル経済の崩壊と1997年の金融危機が国際競争の激しい製造業に依存した体質であったことを指摘している。そして，東アジアでは，家族と国の役割が明確に分けられており，家族の面倒は家族でみるべきという伝統的価値観が存在し，広範な家族政策を導入することに消極的であったことなど，東アジアの伝統的家族モデルによって出生率の低下が強く進んだことを述べている。

近年の東アジアの低出生率に関して，落合（2013）は1970年代以降の社会変化の特徴を近代社会の基本原則を継承しつつ国民国家と産業資本主義に特徴付けられた「第一の近代」と，それとは区別されるグローバル化と個人化に特徴付けられる「第二の近代」の概念を提示した。また「第二の近代」には，「少子化や生涯独身者の増加など人々の一生や家族関係などのミクロなスケールの変化にも関わっている」と指摘している。そして「第一の近代」と「第二の近代」をそれぞれ「第一の人口転換」と「第二の人口転換」に関連づけ，欧米社会の「第一の近代」から「第二の近代」への構造転換が比較的緩やかに進むのに対して，アジアの近代の特徴としてその構造転換が「圧縮された近代」と「半圧縮された近代」があることを見出している。そして，出生率に関しては，アジアでは「第一の近代」と「第二の近代」が圧縮されて起きるため，出生率は急激に低下するが，欧米では，同棲の増加や離婚率の上昇といった男女のジェンダー関係の変容や個人の自立と「第二の近代」に対応した社会制度や規範が出来上がっているという見方を示している。東アジアについては，社会の再構成の理念が「家族主義」に依存し，「東アジアにおける人口転換と家族の変化をもたらしているのは個人主義ではなく，家族主義である」と指摘している（落合 2013, p90）。

以上みてきたように，出生率低下に関する社会経済的な背景要因は，多くの

研究においてほぼ共通した文脈で理解されていると考えることができる。そして，少子化が進行する社会と出生率が回復基調にある社会では，家族に関わる社会規範や価値観がどのように形成されているかということや，それがそれぞれの国の家族・労働政策としてどのように展開されているのかによって，出生率の水準と推移に違いをもたらしていると考えられる。

第4節　家族政策と労働政策の効果と役割

　出生力水準の多様性について，人口学者ビラーリは，家族主義と福祉制度，ジェンダー，家族政策及び子どもを持つ経済的費用をあげている。そして，福祉制度が，社会民主主義型，自由主義型，家族主義型，保守主義型によって出生率に及ぼす影響がことなっていると指摘している（Billari 2008）。また，OECD諸国の少子化対策について論じたテベノンの論文によれば，ほとんどの欧州諸国が家族支援政策を導入・拡大し，家族支援策は，子どもを持つことに対する様々な障壁を下げること，ならびに希望の子ども数と実際の出生数のギャップを埋めるための支援策として行われてきたと指摘している（Thévenon 2008b）。また，「結婚外で生まれる子ども」と離婚による「ひとり親」の増加，および再婚家族の増加は，国が家族（特に低所得者層に対する）のサポートを必然的に増加させるようにしてきたと述べている。また，多くの欧州諸国は両親が仕事と家庭生活のより良いバランスをとることを可能にする政策や，女性の労働市場への参加を奨励する政策を重要項目として掲げ，家族給付と家族サービスへの政府の総支出を近年急激に上昇させてきていると分析している。

　国による家族向けの公的社会支出をOECDの資料から比較してみると，この分野の財政規模がGDPに占める割合は，OECD諸国の平均は1980年の対GDP比1.6%から2009年に2.6%へと拡大してきている。国別にみると，アイルランドのGDP比4.24を筆頭に，比較的出生率の高い国々のGDPに占める家族向けの政府支出が高い。図中に示された国々のGDP比で3%を超え，2009年の

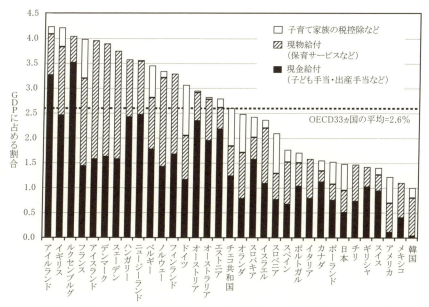

図 P-7　GDP に占める現金給付，サービス給付，及び税控除など，2009 年
（資料）OECD Family Database, http://www.oecd.org/els/Social/family/database

合計出生率が 1.6 未満の国々はルクセンブルグ，ハンガリー，ドイツのみで，他の国々は全て 1.8 を超える。一方，家族向けの支出が GDP 比で 2% 未満の国々は，いくつかの例外を除きおしなべて合計出生率は低い。イタリア，スペイン，ポルトガルギリシャといった南欧の国々がこのグループに該当し，合計出生率も 1.5 未満である。そして，日本の GDP に占める家族向け支出の割合は 1.48% で，2009 年の合計出生率は 1.37 であった。韓国も同様に低い水準にある。GDP 比が低く，出生率が高い例外的な国々は，アメリカ，メキシコならびにチリである。アメリカのように社会保障が市場を通じて行われ社会では，家族政策という所得の再分配や所得移転といった手段とは異なる原理が働いているものと考えられる。またメキシコやチリにみられる新興国の出生行動は，それ自体が旧来の出生パターンの特徴を持っているために例外的になっているものとみられる。

福祉国家の多くが，家族向けの公的支出を行い，この水準と出生率には一定の強い関係がみられる。家族向けの政策は国によって，それぞれ特徴がある。①子育てのための現金給付（子ども手当や児童手当など子ども数や子どもの年齢に応じて公的に支払われる現金給付），②保育施設や保育ママなど公的に提供される様々な保育サービスの提供，ならびに③子育て家族への税控除など，地方や中央政府の財源を通じた家族政策が行われる（Thévenon 2008a）。OECD諸国の出生率低下に対する政策の特徴は，北欧の国々の家族政策は，幼児のいる家族への強力な家族支援によって特徴付けられる。日本でも良く知られているように，高福祉高負担と呼ばれる北欧型福祉国家は，しかしながら国によって家族政策に違いがある。たとえば，デンマークはOECDに加盟する国々の中では比較的に育児休暇の期間が長く，手厚い育児休暇中の所得保障がある。さらに公的な保育の割合も高く，3歳未満の子どもの約半数は公的保育を受けていると言われている。つまり，北欧の家族政策の特徴は，男女とも雇用を維持したまま出産育児期には父親と母親が利用できる育児休業制度が，所得保障のもとに存在し，職場復帰後は公的保育がサポートする仕組みとして出来上がっている（OECD 2009）。

　南欧諸国の特徴は，政府による児童手当など現金給付や保育サービスなどのサポートがより限定的である。南ヨーロッパ諸国では出生率と女性の就業率はともに低く，貧困率も高いと指摘されている。とくにこれらの国々は財政赤字のために家族への現金給付額は非常に低く，育児休暇は非常に長いが無給で不十分であるという指摘がされている（Thévenon 2008a）。

　フランスの家族政策については，2009年のOECD諸国のGDPに占める現金給付，サービス給付，及び税控除などの家族向けの公的支出はOECD諸国の中で四番目に高く，GDPの3.98%である。3歳未満の子どもの保育所への入所率は他の国よりはるかに高く，利用者にとって近くてアクセスが良く，早ければ2歳か3歳から利用できる。2008年のOECD統計では，3歳未満児の保育施設への入所割合は，デンマークが65.7%と最も高く，次いでオランダの55.9%，アイスランドの55.0%，ノルウェーの51.7%と続き，フランスは48.4%を示し

ている。OECD 諸国の平均が 30.0％であることと比較し，その水準は高い（OECD 2013）。

フランスの家族政策の歴史は欧州諸国の中でも 20 世紀前半から導入されたことは多くの文献からもすでに明らかにされている。フランスの家族政策は，第一に，家族の所得保障（生活保護）政策から始まり，家族の収入にかかわらず 2 人以上の子どもを持つ家族への大きな所得移転を行う児童手当と減税政策が進められてきた（内閣府 2006；神尾 2007）。1970 年代に入って家族政策は福祉国家の観点から，片親家庭へのサポートと住宅手当の導入などへ拡大され，1980 年代に入ってからは仕事と家庭生活の調和に対するサポートが主要な政策となった指摘されている。とくに 1985 年に育児親手当と乳幼児手当制度が創設された。テベノン（Thévenon 2008a）の指摘によれば，フランスの家族政策の特徴として，子どもが生まれた後，母親が最初の子どもの誕生の後にフルタイムの仕事に残ることを支援し，仕事の中断を抑制して労働時間を短縮させるように奨励する傾向があると分析している。そして，この誘因のユニークな組み合わせが，幼児と暮らしながらフルタイムで働く女性が比較的多い理由の一部を説明するとしている。しかし，その後に誕生する子どもの数の増加にともなって，女性の就業率は低下するとも述べている。また，OECD 諸国の出生率の低下とその反転に関連した，家族政策変数の出生率に及ぼす影響の研究から，政策変数の効果が確認されている（Luci and Thévenon 2013）。

このように，OECD 諸国の家族・労働政策に関する比較研究を手がかりに家族政策が出生率に及ぼす影響効果についてレビューしてきたが，「子どもを生み育てる」という家族の再生産行動に，国家が強く関与している社会では，少なくとも出生率水準は 1990 年代半ばから反転上昇しつつあり，家族の再生行動を家族の私的領域の問題として政策展開を押しとどめれば，長期的な公共の利益を失う可能性を示唆している。

第5節　日本の少子化対策への示唆

　欧州諸国における出生率低下の反転・上昇傾向には，近年の人口学的研究が示すように出生行動の遅延化にブレーキがかかり，30歳代における出生の取り戻し傾向がみられることである。ただし，全ての国々で，以前のような人口置換水準の出生率に回復するような出生率の反転・上昇ではないことに注意しなければならない。出生率の反転上昇は，とくにフランスにおいてこの傾向が顕著で，パートナーシップを築くカップルに，第1子出生へと向かう傾向が強くある。日本の出生動向と大きく異なる点は，第1子出生水準の強さである。フランスの場合，2003年の統計で女性の8割強が第1子出生を経験していると報告され，出生の遅延が取り戻されてきている。

　現代社会のように，学卒後のほぼ全ての女性たちが就業する社会においては，就業と出産子育ての両立が不可欠となる。欧州諸国における出産と子育てに関連する家族・労働政策の展開は，当初においては福祉的な観点から広がってきたが，1970年代の半ばから広がった経済のグローバル化や女性の労働市場への進出といった大きな社会変化の結果，出生率低下に直面し，人口減少と高齢化の危機を認識するようになった（ビラバン・デュパキエ 1990）。そうした考え方は欧州の各国に共通に認識されており，母親や父親のための育児休業制度等の就業継続を前提とした制度，児童手当給付や減税の仕組み，子育て家庭に対する所得の移転の仕組みが導入されている。このような，出産と子育てに対する政府の積極的な関与が，欧州の出生率反転・上昇した国々でみられる

　一方，日本の第1子出生率の低さには，未婚率上昇と第1子出生後の就業継続の低さが内在しており，そのことが極めて高い結婚と出産の機会費用を生み出している（高橋重郷 2008；守泉理恵 2008）。したがって，欧州における就業継続を可能にするための家族・労働政策は，日本の低出生率を考えた場合に極めて大きな意味を持っている。さらに，若者世代の非正規就業の増加にみられるように，結婚・家族形成期にある年齢層の経済的安定を支えることが必要

である。日本社会は，出産や子育てが，いまだに夫婦やその家族の私的行為としてみる考え方が根強く残っており，子どものいる多様な家庭を国や社会が積極的に支える仕組みを構築することが重要であると考えられる。

注

(1) 統計はユーロスタットに基づく（http://epp.eurostat.ec.europa.eu/portal/page/portal/statistics/ 2013年11月30日確認済み）。
(2) 人口置換水準の出生率である合計出生率およそ2.1前後の出生率を長期的に理想的な水準とする考え方は，1974年に政府の人口問題審議会が取りまとめた白書『日本人口の動向―静止人口をめざして―』の中に示されている（人口問題審議会 1974）。
(3) ユーロスタットとは，欧州連合統計局が収集する加盟国の経済，財政，人口などの各種統計を公表している機関で，欧州諸国の出生率や各種人口が提供されている。また，OECD（経済協力機構）は，1948年に第2次世界大戦後の世界経済の再建に向けて活動を始めた国際機関で，先進諸国を中心に現在34ヵ国が加盟している。OECDは加盟国の，経済，財政ならびに人口統計を収集し，データベースとして公表している。
(4) 合計出生率は，英語の Total Fertility Rate の訳語で，合計特殊出生率あるいはTFRとも表記する場合がある。かつては粗再生産率ともいった。厚生労働省が公表する人口動態統計や新聞報道などでは「合計特殊出生率」と表現されている。この指標は，ある年次の女性の年齢別出生数を同年齢の女性人口で除した数値である年齢別出生率を計算し，この値を年齢15歳から49歳の年齢範囲で足し上げた値である。ここで留意しなければならない点は，本来出生行動は同年に生まれたコーホート集団が時間の経過（年齢経過）とともに出生行動を経験し，同時出生集団の出生活動が終えた時，最終的な平均完結出生児数が統計的に観察できる。これをコーホート合計出生率という。コーホート合計出生率の観察には長期の観察期間を必要とするため，ある年次に観察された年齢別出生率を仮設コーホートとして見立てて，ある年次に観察された出生率のように出生するものと仮定したときの期待生涯子ども数として表現したものである。したがって，コー

ホート合計出生率に対して期間合計出生率とも呼ぶ。
(5) 生涯未婚率とは，50歳時点で一度も結婚をしたことのない人の割合で，45～49歳と50～54歳の未婚率の平均値で指標化される。資料：国立社会保障・人口問題研究所『人口統計資料集』(2014年版)』，同『日本の世帯数の将来推計（全国推計）2013（平成25）年1月推計』。
(6) テンポ（タイミング）効果ならびにカンタム効果の概念については，現代人口辞典（人口学研究会 2010, p.35, p.206）。

参考文献

阿藤誠（1997）「日本の超少産化現象と価値観変動仮説」『人口問題研究』53(1), pp.3-20。

阿藤誠（2011）「超少子化の背景と政策対応」阿藤誠ほか編『少子化時代の家族変容』東京大学出版会，pp.1-16。

OECD編著，高木郁朗監訳（2009）『国際比較：仕事と家族生活の両立―OECDベイビー＆ボス総合報告書』明石書店。

落合恵美子編（2013）『親密圏と公共圏の再編成―アジア近代からの問い』京都大学学術出版会。

金子隆一（2004）「少子化の人口学的メカニズム」大淵寛・高橋重郷編著『少子化の人口学』原書房，pp.15-36。

金子隆一（2008）「結婚の変化と夫婦の出生行動変化」京極高宣・高橋重郷編『日本の人口減少社会を読み解く』中央法規出版，pp.38-41。

金子隆一（2010）「わが国近年の出生率反転の要因について―出生率推計モデルを用いた期間効果分析」『人口問題研究』66(2), pp.1-25。

神尾真知子（2007）「フランスの子育て支援」『海外社会保障研究』160, pp33-72。

国立社会保障・人口問題研究所（2012）『日本の将来推計人口（平成24年1月推計）』。

国立社会保障・人口問題研究所（2013）『日本の世帯数の将来推計（全国推計）2013（平成25）年1月推計』。

鈴木透（2012）「日本・東アジア・ヨーロッパの少子化―その動向・要因・政策対応をめぐって」『人口問題研究』68(3), pp.14-31。

髙橋重郷（2004）「結婚・家族形成の変容と少子化」大淵寛・髙橋重郷編著『少子化の人口学』原書房，pp.133-162。

髙橋重郷（2008）「少子化と女性就業」京極高宣・髙橋重郷編『日本の人口減少社会を読み解く』中央法規出版，pp.74-77．
内閣府（2006）『フランス・ドイツの家族生活—子育てと仕事の両立』．
ビラバン，J. N., J. デュパキエ，岡田實訳（1990）『出産飢饉—現代フランス人口事情』中央大学出版部．
守泉理恵（2008）「少子化と女性の機会費用」京極高宣・髙橋重郷編『日本の人口減少社会を読み解く』中央法規出版，pp.78-81．
Billari, Francesco C. and H. P., Kohler（2004）"Patterns of Low and Lowest-Low Fertility in Europe," *Population Studies*, 58(2), pp.161-176.
Billari, Francesco C.（2008）"Lowest-Low Fertility in Europe: Exploring the Causes and Finding Some Surprises," *The Japanese Journal of Population*,.6(1),pp.2-18.（フランチェスコ・C．・ビラーリ，鈴木透訳（2008）「ヨーロッパの極低出生力—要因の探求とその後の意外な展開—」『人口問題研究』64(2), pp.25-45）
Bongaarts, John and Tomáš Sobotka（2012）"A Demographic Explanation for the Recent Rise in European Fertility," *Population and Development Review*, 38(1), pp.83-120.
European Commission（2005）"Confronting Demographic Change: a New Solidarity Between the Generations," *Green Paper*（http://ec.europa.eu/green-papers/#2005，2013年11月30日確認済み）．
Goldstein, Joshua R, Tomáš Sobotka and Aiva Jasilionien,（2009）"The End of 'Lowest-Low' Fertility," *Working Paper 2009-029*, Max Planck Institute for Demographic Research.
Lesthaeghe, Ron（2010）"The Unfolding Story of the Second Demographic Transition," *Population and Development Review,* 36(2), pp.211-251.
Luci, Angela and Olivier Thévenon（2011）"Does Economic Development Explain the Fertility Rebound in OECD Countries?," *Population and Societies*, France: INED, No.481.
Luci, Angela and Olivier Thévenon（2013）"The Impact of Family Policy Packages on Fertility Trends in Developed Countries," *European Journal of Population,* 29(4), pp.387-416.
Lutz, Wolfgang, Vegard Skirbekk, and Maria Rita Testa,（2006）"The Low-Fertility

Trap Hypothesis: Forces That May Lead to Further Postponement and Fewer Births in Europe," *Vienna Yearbook of Population Research 2006*, pp. 167-192.

McDonald, Peter (2006) "An Assessment of Policies That Support Having Children from the Perspectives Of Equity, Efficiency and Efficacy," *Vienna Demographic Yearbook*, pp.213-234.

McDonald, Peter (2008) "Very Low Fertility Consequences, Causes and Policy Approaches," *The Japanese Journal of Population*, 6(1), pp.19-23.（ピーター・マクドナルド（佐々井司訳（2008）「非常に低い出生率：その結果，原因，及び政策アプローチ」『人口問題研究』64(2)，pp.46-53）

OECD (2013) http://www.oecd.org/social/soc/oecdfamilydatabase.htm（2013年11月30日確認済み）.

Thévenon, Olivier (2008a) "Family Policies in Developed Countries: Contrasting Models," *Population and Societies*, France: INED, No.448.

Thévenon, Olivier (2008b) "Does Fertility Respond to Work-Life Reconciliation Policies in France?," CESifo Conference on Fertility and Public Policy.

van de Kaa, D. J. (1987) "Europe's Second Demographic Transition." *Population Bulletin*, 42(1).

（髙橋重郷）

第1章　日本における少子化対策の展開:
エンゼルプランから子ども・子育てビジョンまで

はじめに

　高出生率・高死亡率の多産多死から，低出生率・低死亡率の少産少死へと転換する「人口転換」は，18世紀後半から1930年代にかけて欧米先進諸国で経験され，それ以外の国では19世紀後半〜20世紀初頭から1950年代後半にかけて，最初に日本で転換が完了した。出生率の低下は，人口置換水準（合計出生率で約2.1）にとどまるとみられていたが，1960年代後半からは再び先進諸国で継続的な出生率の低下が始まり，多くの国で出生率は置換水準を下回るに至った。この事態は「第二の人口転換」とも表現され（van de Kaa 1987），個人主義の広がりや結婚・出生の価値観の変化，近代的避妊の普及などが原因であると指摘された（阿藤 1997）。また，女性の社会進出や産業構造の変化に伴う就業環境や就業行動の変化，家庭内を含む社会生活全般におけるジェンダー役割変化・平等性の問題との関連も指摘されている（Brewster and Rindfuss 2000；McDonald 2000；Ahn and Mira 2002；Kohler et al. 2002；Castles 2003；Rindfuss et al. 2003；Adserá 2004；Kögel 2004；Engelhardt et al. 2004；Billari and Kohler 2004；山口 2009）。現在は，同棲・婚外子・共働きなど多様なライフスタイルが認められた国々で低出生率は緩和・回復し，性役割分業が強固な家族主義が強い国々では仕事と家庭の両立困難・結婚のハードルの高さ等から出生率が低迷し続けている傾向がある。こうした中で家族政策の有用性も議論されており（d'Addio and d'Ercole 2005；Gauthier 2007；Letablier et al. 2009；Thévenon 2011 ほか），経済の発展と高出生率の両立が可能であること，

その背景には特に女性の働き方にかかわるワーク・ライフ・バランスや両立支援が寄与している事実を指摘した研究もある（山口 2009；Myrskylä et al. 2009）。

　今，先進諸国は，合計出生率が1.5を下回る水準に低下した超少子化国と，1.5を超えて置換水準近傍までの範囲で出生率を回復・維持する緩少子化国とに二分されている。こうした差が生まれる状況には，個々の国の文化や社会状況の違いに加えて，家族政策による各国政府の介入の仕方が影響している可能性が高い。超少子化国のひとつとして低出生率に悩む日本では，どのような対策が取られてきたのか。第1章では，1990年から2012年（おもに民主党政権まで）の期間における日本の少子化対策の展開についてまとめ，今後の展望と残されている課題について考察する。

第1節　日本の少子化対策の概要とこれまでの展開

　日本では1990年代から「少子化対策」として低出生率への対応が始まり，当初は関係省庁で合意した形の政策プランとして位置づけられていた。しかし，出生率の低下に歯止めがかからない事実や，人口減少が現実となってきた統計的証左が次々に明らかになってきたことを背景として徐々に政策としての重みを増し，2000年代に入ると社会保障政策の柱の一つとして少子化対策が議論されるようになった。また「安心して子どもを生み育てられる社会」の実現に向け自治体や企業に行動計画策定を義務付けた次世代育成支援対策推進法（以下，次世代法）や，政府を挙げて取り組むことを明記した少子化社会対策基本法も制定されるにいたった。国連人口部が調査している政府の基本姿勢でも，日本は1996年まで低出生率に対して「不介入（No Intervention）」との回答であったが，2003年には「出生率引き上げを意図した政策を有する」との回答に変わった（UN 2004）。この点については，2003年に成立した「少子化社会対策基本法」が大きな転換点であったとされる。たとえば，阿藤（2005）は，この法律のなかで「少子化に歯止めをかける」との文言が入ったことを日本政府の

姿勢の転換原因として挙げた。また，大日向（2007）は，その前文について，「結婚や出産が個人の選択にゆだねられるべきものであることは一応，認めつつも，少子化対策はそれを凌ぐ優先課題であるとする文面である」と指摘した。その後，2006年の「新しい少子化対策について」でも，少子化対策の目標は「出生率の低下傾向の反転」であると明記した。現在は，結婚・出産が個人の権利であるという点は一貫して前提としながら，国レベルで少子化是正という視点を持った政策展開を意識しているといえよう。

　毎年の合計出生率が低下する理由には，女性の出産タイミングが遅くなっていく「晩産化」と，女性が生涯に持つ平均子ども数の減少，つまり「少産化」が挙げられる（守泉 2007）。これらが起こる背景には，結婚行動の変化（未婚化，晩婚化，非婚化），高学歴化，女性の社会進出，子育て費用の増加，女性の家族役割やジェンダー役割に関する考え方の変化など，さまざまな要因が複雑に絡み合っている。そうした「少子化の要因研究」が進むにつれて，少子化対策の内容は幅広い分野にまたがるようになってきた。当初は女性の仕事と家庭の両立支援，中でも保育サービスの拡充を行うことが中心だったが，そのほかにも少子化をもたらすさまざまな要因が指摘されるようになると，その政策内容は日本の職場風土や働き方の変革を目指す労働政策や，次世代の親となる子ども・若者に対する保健福祉・教育・就労支援政策，住宅やまちづくりにかかわる政策などにも広がり，多岐に及ぶようになった。また，児童手当や税制上の控除，出産費用や小児医療費の補助，育児休業中の所得補償など様々な経済的な支援も増額ないし創設されてきた。

　図 1-1 は，1990〜2014年7月までの日本の少子化対策の政策展開を概観したもので，筆者独自に5つの区分にまとめた。第1期（1990〜96年）は，保育サービスの拡充と少子化問題に対する国民的議論の喚起が中心だった。第2期（1997〜2001年）は保育サービス拡充に加え，雇用環境や働き方への批判的視点と改善の提起が行われた。続いて，第3期（2002〜2004年）では少子化関連施策のその後の基盤となる法整備が行われ，第4期（2005〜2009年秋）には法律に基づき子育て支援とワーク・ライフ・バランスの2本立てで官民一体となっ

第1期	1991年　『健やかに子どもを生み育てる環境づくりに関する関係省庁連絡会議報告書』
	1994年　エンゼルプラン・緊急保育対策等5か年事業　策定

第2期	1997年　人口問題審議会報告『少子化に関する基本的考え方について』
	1998年　少子化への対応を考える有識者会議提言 　　　　『夢ある家庭づくりや子育てができる社会を築くために』
	1999年　少子化対策推進関係閣僚会議　設置 　　　　少子化への対応を推進する国民会議　設置 　　　　少子化対策推進基本方針,新エンゼルプラン　策定(少子化対策推進関係閣僚会議)

第3期	2002年　少子化対策プラスワン(厚生労働省)
	2003年　次世代育成支援に関する当面の取組方針　策定(少子化対策推進関係閣僚会議) 　　　　次世代育成支援対策推進法及び児童福祉法の一部を改正する法律　成立 　　　　少子化社会対策基本法　成立 　　　　少子化社会対策会議　設置
	2004年　少子化社会対策大綱,子ども・子育て応援プラン　策定

第4期	2005年　次世代育成支援対策推進法に基づく行動計画　前期計画開始
	2006年　新しい少子化対策について　策定(少子化社会対策会議)
	2007年　「子どもと家族を応援する日本」重点戦略検討会議　発足 　　　　ワーク・ライフ・バランス推進官民トップ会議　発足 　　　　「仕事と生活の調和(ワーク・ライフ・バランス)憲章」「仕事と生活の調和推進のための行動指針」 　　　　社会保障審議会少子化対策特別部会　発足
	2008年　社会保障国民会議　発足 　　　　新待機児童ゼロ作戦　開始
	2009年　ゼロから考える少子化対策プロジェクトチーム　発足 　　　　次世代育成支援対策推進法,育児・介護休業法　改正 　　　　社会保障審議会少子化対策特別部会　第1次報告

第5期	2010年　子ども・子育てビジョン(新しい少子化社会対策大綱)策定 　　　　子ども手当　開始 　　　　ワーク・ライフ・バランス推進官民トップ会議　新たな合意(憲章・行動指針改定)
	2011年　待機児童解消「先取り」プロジェクト　開始 　　　　社会保障・税一体改革成案　決定(社会保障改革会議)
	2012年　児童手当　復活(所得制限再開) 　　　　子ども・子育て新システムに関する基本制度　決定(少子化社会対策会議) 　　　　子ども・子育て関連3法　成立
	2013年　子ども・子育て会議　設置 　　　　待機児童解消加速化プラン　開始 　　　　「少子化危機突破」のための具体的提案(少子化危機突破タスクフォース) 　　　　少子化危機突破のための緊急対策　決定(少子化社会対策会議)
	2014年　次世代育成支援対策推進法等の一部改正 　　　　経済財政運営と改革の基本方針2014(骨太の方針2014)

図1-1　日本の少子化対策の展開(要約)
(資料)守泉(2008)図1に最近の動きを追加して整理.

た推進体制が確立・開始された。その後,自民党と民主党の政権交代を含む第5期(2009年秋〜2013年)では,子ども手当以降に経済的支援の強化が進んだことに加え,子育て支援システムの包括的見直しの検討が進められて,子ども・子育て関連3法の成立,消費増税に伴う新制度への7000億円の財源確保が実現した。そして2014年以降,少子化・人口減少問題は最大の国難の一つとされ,少子化対策は国政における最重要課題として大きく取り上げられるにいたった。「従来の子育て支援を中心とした少子化対策のみならず,地域活性化,女性の活躍推進,若者の雇用対策,定住促進等の関連政策との連携など,様々な施策を総動員」し,「政府内に戦略本部を置くなど政府を挙げた抜本的な少子化対策」を行う(少子化危機突破タスクフォース(第2期)取りまとめより)とされ,今後,一層の少子化対策メニューの検討と充実,財政配分の強化がめざされている。

次節では,本稿における時期区分に基づいて,各期での施策展開を具体的にみていこう。なお本章では,第5期に含まれる2012年までの動きを取り上げ,2013年以降の近年の動きは第9章にて扱うこととする。

第2節　各期における少子化対策

(1) 第1期:1990〜96年

1990年6月に1989年の人口動態概況が公表され,合計出生率が1.57と丙午(1966年)の1.58を下回ることが判明した。この事実を受け,出生率の低下という問題に対して政府が本格的に対応に動き出した。「健やかに子供を生み育てる環境づくりに関する関係省庁連絡会議」が同年8月に立ち上げられ,そのとりまとめ報告書は91年1月に公表された。その報告書では,少子化の主要因として20歳代女子の未婚率上昇を挙げた。未婚化の背景としては,女性の社会進出と経済力向上,および独身生活の魅力の増大の一方で,家事・育児と仕事の両立困難,住宅問題,子どもの教育問題,仕事優先の風潮の中での家庭軽

視,性別役割分業の根強さ等に起因する結婚・育児への負担感増大があること を指摘した。この認識をふまえ,女性の仕事と家庭の両立支援,男性の家庭生 活への参加支援,住環境の整備,母子保健の拡充,ゆとり教育といった項目を 具体的対応として提示した。この報告は,のちのエンゼルプランの下地となっ た。このほかにも,少子化を扱った会議報告書,白書が次々と作られた。[3]

また,少子化問題への社会的関心を喚起するための「ウェルカムベビーキャ ンペーン」の実施(1992年4月〜)や,雑誌やテレビでの特集,少子化問題を 扱ったカンファレンスの開催など民間の運動も相次いだ。

そして,1994年12月に,最初の総合的な少子化対策となる「今後の子育て 支援のための施策の基本的方向について」(エンゼルプラン)およびその重点施 策を示した「緊急保育対策等5か年事業」が策定された。文部・厚生・労働・ 建設の4省大臣の合意で決められたもので,政策の実施期間は1995〜99年度 である。

エンゼルプランでは,少子化の要因として晩婚化の進行と夫婦出生力低下の 兆しを挙げ,これらの背景には女性の職場進出,子育てと仕事の両立困難,育 児の心理的・肉体的負担増大,住宅事情,子育てコストの増大などがあると指 摘した。そして,仕事と育児の両立のための雇用環境整備,保育サービス充実, 母子保健医療体制の充実,住宅・生活環境の整備,学校教育・家庭教育の充実, 子育ての経済的負担軽減,子育て支援の基盤整備の7項目について具体的対応 策を列挙した。その中でも,保育サービスの拡充は「緊急保育対策等5か年事 業」に基づき重点的に実施した。

(2) 第2期:1997〜2001年

少子化への国民的議論が徐々に喚起されて出生率低下に社会的関心が集まり, エンゼルプランが策定・実施されたあとも出生率の低下は止まらなかった。こ のため,厚生省人口問題審議会では,1997年2月に少子化問題について集中討 議を始め,同年10月に『少子化に関する基本的考え方について:人口減少社 会,未来への責任と選択』を公表した。ここでは少子化の原因や社会経済的背

景を詳しく分析しており，少子化の要因として未婚率の上昇（晩婚化の進行と生涯未婚率の上昇）と，夫婦が理想の子ども数を持てない現状を指摘した。今後の対応のあり方については，固定的な男女の役割分業や仕事優先の固定的な雇用慣行・企業風土の是正が重要という視点を新たに前面に打ち出し，その後の少子化対策の方向性に大きな影響を与えた。

続いて1998年7月に，内閣総理大臣主宰で「少子化への対応を考える有識者会議」が設置された。本会議が同年12月に公表した提言「夢ある家庭づくりや子育てができる社会を築くために」では，人口審報告と同じく，日本的雇用慣行と結びついている男女の性別役割分業の見直しや職場優先の企業風土の是正，多様な働き方や企業による子育て支援の推進など，労働政策に関わる分野での対策の重要性を訴えた。さらに，家庭や教育における男女共同参画の推進，地域での子育て支援と保育サービスの拡充，子育ての経済的支援などの重点分野を挙げ，この提言内容は，翌99年に策定された新エンゼルプランの下地となった。また，この会議の提言により，内閣総理大臣を議長とする「少子化対策推進関係閣僚会議」，および「少子化への対応を推進する国民会議」が立ち上げられた。

少子化対策推進関係閣僚会議は，1999年12月に「少子化対策推進基本方針」を打ち出し，この方針に沿った具体的行動計画である「重点的に推進すべき少子化対策の具体的実施計画について」（新エンゼルプラン）を策定した。新エンゼルプランの実施期間は2000～2004年度で，策定者は大蔵・文部・厚生・労働・建設・自治の6省大臣であった。

新エンゼルプランでは，エンゼルプラン時と比べて固定的な性別役割分業を前提とした職場優先の企業風土の是正という点をかなり大きく扱っている。重点施策分野は，①保育サービス等子育て支援サービスの充実，②仕事と子育ての両立のための雇用環境の整備，③働き方についての固定的な性別役割分業や職場優先の企業風土の是正，④母子保健医療体制の整備，⑤地域で子どもを育てる教育環境の整備，⑥子どもがのびのび育つ教育環境の実現，⑦教育に伴う経済的負担の軽減，⑧住まいづくりやまちづくりによる子育ての支援の8項目

で，予算も増強された。エンゼルプラン時よりも重点的に行われる事業が増え，政策内容に大きな広がりを見せている。

(3) 第3期：2002～2004年

2000年度から新エンゼルプランが始動し，2001年7月には，働き方改革重視の視点から「仕事と子育ての両立支援策の方針について」を閣議決定して，「待機児童ゼロ作戦」をスタートさせるなどした。しかし，出生率反転の兆しは見られなかった。こうした中，政府は少子化対策の見直しを行い，2002年9月に「少子化対策プラスワン」を発表した。「もう一段の対策」を考えたこの提言では，新たな視点として，若者の経済基盤の安定化を挙げ，さらに「男性を含めた」働き方の見直しという点を強調した。

少子化対策プラスワンの報告を受け，少子化対策推進関係閣僚会議では，翌2003年3月に「次世代育成支援に関する当面の取り組み方針」を決定した。この方針により，2003～2004年を少子化対策の基盤整備期間と位置づけ，対策推進のバックボーンとなる少子化関連法の立法化を進めることになった。その結果，2003年7月に少子化社会対策基本法と次世代育成支援対策推進法がともに成立した。

次世代育成支援対策推進法は10年間の時限立法であり，国，地方公共団体，そして常時雇用労働者300人以上の企業に対して，次世代育成支援行動計画を策定し，2005年4月から実施する義務を課した法律である（当時，常時雇用労働者が300人未満の中小企業は努力義務）。一方，少子化社会対策基本法は，今後の少子化対策の目的，基本的理念，施策の基本的方向，国，地方公共団体，事業主及び国民の責務を定めている。基本法制定に伴い，少子化対策推進関係閣僚会議は廃止されて，内閣府に特別機関扱いで「少子化社会対策会議」が設置された。さらに，基本法の規定により，少子化社会対策会議のもとで「少子化社会対策大綱」が2004年6月に策定された。

少子化社会対策大綱は，施策の基本的方向やポイントを列記した行動指針となるべき文書であり，これを受けて2004年12月に「少子化社会対策大綱に基

づく重点施策の具体的実施計画について」(子ども・子育て応援プラン) が策定された。第3次総合少子化対策ともいえるこの行動計画の実施期間は2005〜2009年度である。

　子ども・子育て応援プランは，大綱に挙げられた「少子化の流れを変える」ための4つの重点課題である，①若者の自立とたくましい子どもの育ち，②仕事と家庭の両立支援と働き方の見直し，③生命の大切さ，家庭の役割等についての理解，④子育ての新たな支え合いと連帯（保育サービスの展開を含む地域における子育て支援，子どもの健康の支援，妊娠・出産の支援，子育てのための安心，安全な環境）と，これらに取り組むための「28の行動」の具体的な内容・計画を列挙している。働き方の見直しの分野や子どもの教育分野においても積極的に数値目標を定めたり，次世代法に基づく地方自治体の行動計画とリンクして目標値を定めたりするなど，これまでにない特徴をもったプランとなっている。予算も増強され，単年度で0.8〜1.6兆円程度が組まれるようになった。

(4) 第4期：2005〜2009年

　2005年の合計出生率が1.26と過去最低を記録し，少子化の流れを変えられない中，2006年6月に政府は「新しい少子化対策について」と銘打った一連の追加対策メニューを提示した。これは，子どもの年齢別に子育て支援策を明記[(4)]するとともに，働き方改革の一層の推進等を含む内容となっている。

　その後，2006年12月に新人口推計が公表され，2002年推計よりもさらに厳しい出生率と人口減少の見通しが示されたことから，政府は再び少子化対策のあり方について見直しと検討を行うことを表明した。2007年2月に，少子化社会対策会議の下位組織である少子化社会対策推進会議を廃止して，新たに「子どもと家族を応援する日本」重点戦略検討会議が発足した。この会議には，基本戦略分科会，働き方の改革分科会，地域・家族の再生分科会，点検・評価分科会の4つの下部組織が設けられた。議論の結果は2007年12月に「子どもと家族を応援する日本重点戦略」として公表された。ここでは，就労と結婚・出産・子育ての二者択一構造を解消するために「働き方の改革による仕事と生活

の調和（ワーク・ライフ・バランス）の実現」と「親の就労と子どもの育成の両立，および家庭における子育てを包括的に支援する枠組み（社会的基盤）の構築」を車の両輪とした。現金給付の形での経済的支援の重要性を認識しつつも，現物給付による支援を重点的に拡充する方向性を示したのである。

　さらに，重点戦略の策定と並行して，「働き方の見直し」「ワーク・ライフ・バランス」が政府の優先的取り組み課題として前面に押し出されるようになり，2007年7月に仕事と生活の調和推進官民トップ会議が立ち上げられた。そして，同年12月にこの会議において「仕事と生活の調和（ワーク・ライフ・バランス）憲章」及び「仕事と生活の調和推進のための行動指針」が提示され，政労使による調印の上，決定された。少子化対策における働き方の見直しでは，当初，「ファミリー・フレンドリー」という言葉が使われ，子どもを持つ労働者が対象というイメージが強かったが，「ワーク・ライフ・バランス」という言葉でとらえる場合，労働者全般の働き方の見直しが少子化対策にもつながるという理解になっている。

　2008年になると，重点戦略に沿って，新たな保育制度体系の検討開始（厚生労働省社会保障審議会の下位部会「少子化対策特別部会」で議論）や，「新待機児童ゼロ作戦」の策定（推進の財源として翌年「安心こども基金」を創設）が行われた。このころから，少子化対策は年金・医療・介護とともに社会保障政策の枠組み内で明示的に扱われることが多くなった。また，少子化対策の財源確保という問題も本格的な議論が行われるようになった。同年12月に発表した「持続可能な社会保障構築とその安定財源確保に向けた『中期プログラム』」では，中福祉・中負担の社会構築のために，経済の立て直しを前提に将来的には消費税率を上げて，その税収は少子化対策を含む社会保障に使うことが明記された。

　2009年は次世代法の改正，育児・介護休業法の改正も相次いだ。改正次世代法では，企業の行動計画策定義務化の適用範囲拡大（常用労働者301人以上企業から101人以上企業へ），行動計画の公表・周知義務化などを定め，仕事と家庭の両立支援の拡充に向けて，さらに企業の取り組みを促すものになった。

なお，この法律は，成立当初，罰則がない中でどれだけの企業が行動計画の届出を行うか危ぶまれたが，2014年3月末までに，301人以上の企業の98.5%（14,580社），101人以上300人以下企業の98.4%（31,988社）が届出を行った。また，厚生労働省は，一般事業主行動計画の実施において一定の基準を達成すれば，企業からの申請により子育て支援が充実した企業である「認定」を行っているが，2014年3月末現在で1,818社が認定企業となった（うち，300人以下企業は570社）。

　2009年6月に成立した改正育児・介護休業法では，男性の育児休業取得促進をねらった「パパママ育休プラス」（夫婦とも育児休業を取得すれば，通常は子どもが1歳までのところを1歳2カ月まで休業できる制度），短時間勤務制度の措置義務化，子の看護休暇の拡充等が定められ，2010年6月30日に施行された。育児休業については，これに先だって3月に雇用保険法が改正され，2009年度までの時限措置だった育児休業給付の割増（休業前賃金の50%）が当面延長され，育児休業基本給付金・育児休業者職場復帰給付金が育休中に全額支給されることになった。

(5) 第5期：2009年秋〜2012年

　「子どもと家庭を応援する日本重点戦略」において，ワーク・ライフ・バランスを合言葉とした働き方の改革と，現物給付を中心とした子育て家庭への支援拡充を車の両輪とする方向性が定まり，これに沿って政策展開が行われてきていたが，2009年8月の衆議院議員選挙後に自民党から民主党に政権交代すると，少子化対策は子育て家庭への現金給付も重視する考え方に転換した。具体的には，「子ども手当」を中学生以下の子どもを持つ全家庭へ所得制限なしで給付するというものである。当初は一人月額26,000円を支給する計画だったが，財源問題から一人月額13,000円の支給となり，2011年10月〜2012年3月は0〜2歳及び小学生以下の第3子以降が月額15,000円，3歳〜小学生以下の第1子，第2子及び中学生が月額10,000円の支給に変更された。2012年4月以降は，支給内容は同じだが名称が「児童手当」に戻り，所得制限が復活した。所

得制限により児童手当が支給されない家庭は，中学生以下の子どもについて，一人当り一律5,000円が特例給付として支給されることになった。

一方，経済的支援も含めた包括的な子育て支援策については，2010年1月に「子ども・子育てビジョン」が閣議決定され，新政権の少子化対策に対する考え方が打ち出された。ここに掲げた政策の数値目標は平成26年度を目途として実現を目指しており，実質的に2010～2014年度を対象とした第4次総合少子化対策といえる。なお，このビジョンは，少子化社会対策基本法に定める大綱にあたる。2004年6月に定めた最初の大綱ではおおむね5年後に見直しを行うことを記しており，それに従い策定された。

子ども・子育てビジョンでは，これらの政策が「少子化対策」ではなく「子ども・子育て支援」策であること，子どもが主人公という視点を持つこと，社会全体で子育てを支えること，という考え方を基本に置いたうえで，支援の4つの柱を示した。第一に，「子どもの育ちと若者の自立支援」であり，これには子ども手当，高校の無償化，若者の就労支援などが含まれる。第二に「妊娠，出産，子育ての希望が実現できる社会の構築」であり，母子保健，小児医療の充実，待機児童の解消，新たな保育制度体系や放課後子ども対策の充実が挙げられた。第三は「地域社会における多様な子育てネットワークの構築や子育てしやすいまちづくり」に関するもので，地域の子育て拠点や子育てネットワークの充実，子育てバリアフリーの推進，ファミリー向け住宅の供給，安全なまちづくりが挙げられた。最後に，「ワーク・ライフ・バランスの実現」が掲げられ，働き方の改革と，次世代法を活用して仕事と家庭が両立できる職場環境の実現に取り組むことを明記した。

さらに，政府は子ども・子育てビジョンに基づき，その確実な実現に向けて「子ども・子育て新システム」を構築することとし，ビジョン決定と同月に少子化社会対策会議で「子ども・子育て新システム検討会議」およびその下位会議である「子ども・子育て新システム検討会議作業グループ」の設置が決定された。検討会議では2010年6月に「子ども・子育て新システムの基本制度案要綱」を公表し，これは少子化社会対策会議でも決定され，2013年度の施行を目

指すとした。ただし，待機児童解消に関しては前倒しで取り組まれ，2010年10月に首相官邸に設置された「待機児童ゼロ特命チーム」により，翌11月に国と自治体が一体的に取り組む「待機児童解消『先取り』プロジェクト」が策定された。

「子ども・子育て新システムの基本制度案要綱」では，子どもの育ち・子育て家庭を社会全体で支えるため，制度・財源・給付について，包括的・一元的な制度を構築することを目指し，施設の面でも，すべての幼稚園・保育所について，その双方の機能を一体化した総合こども園への移行をめざしていた。2012年3月には少子化社会対策会議にて「子ども・子育て新システムに関する基本制度」が決定され，改めて立法化を目指したが，民主党が提示した新システムの具体的議論は難航し，最終的に民主・自民・公明の3党合意のもとで議員修正が行われた上で2012年8月に子ども・子育て支援法など関連3法が成立した。[5]

この法律では，本格施行を平成27（2015）年度とし，それまでに「子ども・子育て会議」（本法律を受け平成25年度設置）で保育サービスの利用者認定基準や保育公定価格の設定等の具体的制度検討を進めるとした。保育施設に関しては，認定こども園のうち，幼保連携型を新たに学校及び児童福祉施設としての法的位置づけをもった単一の施設とし，認可・指導監督も一本化して既存の幼稚園・保育所に対して政策的に移行を促すとした。所管については，保育所は厚生労働省，幼稚園は文部科学省が所管するが，認定こども園は厚労省・文科省とともに制度全体は内閣府が所管することになった（ただし法律公布後2年を目処に行政の在り方を検討）。保育事業に対する給付は一本化され，すべて内閣府が所管する。子ども・子育て支援新制度の財源としては，2014年4月及び2015年10月の消費税率引き上げによる増収分のうち7,000億円を新システムに充てることが決まった。これに加え，さらに3,000億円超の財源確保を目指して合計1兆円超を投入することが目標とされた。[6]ただし，消費税の引き上げは2017年4月に延期された。

子ども・子育て支援3法では，認定こども園，幼稚園，保育園に「施設型給付」として財政支援を一本化して行うこと，小規模保育，家庭的保育（保育マ

マ），居宅訪問型保育，事業所内保育の4事業については「地域型保育給付」に位置付けて財政支援を行うこと，さらに地域子育て支援拠点事業，一時預かり事業，病児保育，放課後児童クラブ等の事業も「地域子ども・子育て支援事業」として国の財政支援を強化することを定めた。新制度の実施主体は市町村とし，保育ニーズを把握したうえで事業計画を策定して積極的に保育供給を増やすこと等も定めた。さらに市町村においても，国と同様に「地方版子ども・子育て会議」を設置することが努力義務とされた。[7]

ワーク・ライフ・バランスに関しては，2007年12月に策定された憲章・行動指針を，その後の経済情勢の変化や改正育児・介護休業法，改正労働基準法等を踏まえて見直し，2010年6月に新しい視点や取組みを盛り込んで新たな合意を結んだ。おもな改定点として，市民やNPOなどによる「新しい公共」活動への参加機会の拡大や，「ディーセント・ワーク（働きがいのある人間らしい仕事）の実現」などの新しい視点が憲章に盛り込まれた。また，行動指針の中の数値目標は，2007年合意では2017年をめどとした目標となっていたが，その後の新成長戦略等の諸施策で示された目標値との整合性を図り，2020年までに達成すべき数値に改められた。

法律上でもワーク・ライフ・バランスの普及促進につながる施行が相次いだ。2009年4月成立の改正次世代法に基づき，2011年4月から一般事業主行動計画届出が常用労働者101人以上企業で義務化され，また，同年8月からは，次世代法に基づく認定企業（くるみんマーク取得企業）において，税制優遇制度の開始が発表された。[8] 2012年7月には，改正育児・介護休業法に基づき，100人以下企業においても短時間勤務制度，育児のための所定外労働の制限等の措置を取ることが義務化された。

第3節　少子化対策の課題

日本の少子化対策は，当初は「子どもを持つ家庭，および子育て中の女性（特に働く女性）に注目した支援策」ともいえる施策メニューから出発し，少子化

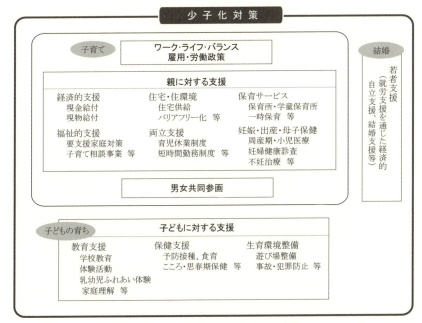

図1-2 少子化対策の分野別見取り図

の要因研究が進むにつれ，徐々に働き方の問題や，次世代に親となる若者や子どもへの対策，地域のつながりの再生など幅広い内容を持つ政策群へと発展してきた。

現状の少子化対策は，「結婚」「子育て」「子どもの育ち」という3つの視点で分類すると，**図1-2**のようになる。結婚への支援としては，若者に対する支援が挙げられ，おもに就労支援を通じた経済的自立支援，結婚支援等がある。子育てに対する支援は，妊娠・出産・子育てをする親への支援が中心であり，さらにワーク・ライフ・バランスをキーワードとした雇用・労働政策，男女共同参画政策が関連領域として密接に関係する。さらに，子どもの育ちへの支援は，次世代の親となる子どもたちの健全な成長を確保するために展開されている。この中に，乳幼児ふれあい体験や家庭理解学習といったメニューもみられるが，これらは，若者が将来の家族形成を考えるきっかけになるものとして挙げられ

ている。

　図 1-2 の中で、これまでもっともその充実に力がそそがれてきたのは親に対する支援である。仕事と家庭の両立支援、すべての家庭を対象とした地域における保育サービスの拡充、子育て家庭への経済的支援の 3 つが中心的な柱となっている。保育サービスの中でも、共働きの家庭への保育サービスの拡充については、待機児童解消策を含めてこれまで熱心に取り組まれてきた。経済的支援についても、徐々に充実してきている。今後は、これらに加えて、働き方の改革の一層の推進で仕事と家庭の両立をしやすくすることと、在宅育児の家庭を含めた包括的な子育て家庭への多様な保育支援の推進が求められる。

　少子化対策の展開において、保育サービスや福祉的支援、子どもの育ちの支援などは、地方自治体が地域の事情に合わせてきめ細かく展開していく必要がある。2015 年度開始の子ども・子育て支援新制度は、この方向性に合致しており、効果が期待される。一方で、巨額の費用が必要となる経済的支援の在り方は、国レベルで議論すべき問題である。ここには高齢者と若年層への社会保障関係費の配分の再検討といった大きな課題が含まれる。

　働き方の改革は、「ワーク・ライフ・バランス」をキーワードに進められているが、これらは労働政策分野における幅広い改革の実施を政府が担うとともに、企業の理解と協力を取り付けることも不可欠である。さらに、子育てしやすい社会の構築という観点からは、ワーク・ライフ・バランスは男女共同参画の推進とともに展開させていくことが必要だろう。現在、一般的に、就労の有無にかかわらず育児はおもに女性の役割となっており、過重な育児負担感・育児不安が生じるリスクを高めている。働き方を変え、性別役割分業に対する意識を柔軟にし、子育ての場に父親＝男性労働者の参加を促すことは、子どもを安心して産み育てられる社会の構築に必要不可欠である。なお、ワーク・ライフ・バランスは、その中に仕事と家庭の両立支援を含むが、もっと大きく労働者全体の仕事と生活の調和を目指すもので、必ずしも直接少子化対策としての効果をねらったものではない。ワーク・ライフ・バランスの実現は、いわばそのほかの子育て支援策が有効に機能するための環境整備の側面があり、これを推進

することが副次的に出生率改善に寄与するという性格を持つといえる。

　一方で，低出生率の大きな原因としては未婚者の増加という問題がある。1990年代から連綿と少子化対策が拡充されてきたにも関わらず，出生率という数字の面では効果がほとんど見られないのは，未婚化・非婚化といった結婚行動の変化の流れを変えられなかったことも大きい。現在は，結婚したいのに経済的問題からできないという若者が増えている状況をふまえて，若者の就労支援による社会的・経済的自立支援が少子化対策の一環として挙げられている。子育て支援に比べ，結婚促進という効果を期待する政策は，手段的にも，場合によっては倫理的にも容易ではない。しかし，この部分の低出生率への寄与が高いことはわかっており，今後結婚支援をどう考えるかは大きな課題となろう。2013年以降，新たに自民党政権のもとで少子化対策が展開されているが，結婚支援も政策的に重視するとの方針が示された。

　また，少子化対策における新たな視点としては，晩婚化と晩産化という，結婚・出産のタイミングの問題がある。人々が希望する子ども数を持つことを支援するのであれば，たとえば20歳代で結婚・出産に踏み切れる環境の整備という，「タイミングの早期化」にも留意しなくてはならない。2010年実施の「出生動向基本調査」によると，初婚同士夫婦の「理想子ども数」は2人が46.6%，3人以上が43.6%であり，両者を合計すると全体の90.2%を占める（国立社会保障・人口問題研究所 2012a）。結婚意欲がある35歳未満未婚男女の「希望子ども数」も，2人が男性63.6%，女性60.8%，3人以上が男性20.7%，女性25.6%であり，子どもを2人以上希望する人が全体に占める割合は男性84.3%，女性86.4%である。妊娠・出産には，生物学的な適齢期というものが存在するため，婚外子を忌避する文化が強い日本で2人以上の子どもを持つためには，なるべく早く結婚し，出産を開始して，「生みそびれ」のリスクを低下させる必要がある。とくに，第3子以上の子どもの希望の実現には，晩産化に歯止めをかけることも重要である。結婚や出生のタイミングを早める効果を持つ政策を実施することで，最終的には，生涯に持つ子ども数の上昇につながる側面があることも指摘されている（Hoem 2008）。今後は，具体的施策を議論する際に，

希望する子ども数を達成できる可能性を高めるという意味で，結婚・出産タイミングの早期化に寄与する政策という観点も考慮すべきではないかと考えられる。

おわりに

　日本において，少子化対策は 1990 年以降およそ四半世紀にわたって行われてきた。しかし，その政策効果に関する評価は定まっていない。その原因は，ひとつは，少子化対策のような多岐にわたるメニューを持つ政策プランの政策効果分析自体が難しいという問題のためであり，もうひとつは何の指標をもって政策効果を測るかという問題があるためである。少子化対策のメニューを見ると，「少子化の原因」を特定するのが難しいことを反映して，保健政策，社会保障政策，労働市場政策，住宅政策，教育政策，税制など多くの分野の政策が列挙されている。これらをすべて把握し分析するのは至難の業である。しかし，少子化対策に振り向けられる財源の大幅な増額が難しい中では，少ない予算をもっとも効果的な政策に重点的に配分する必要がある。この判断のためには政策効果の研究が欠かせないだろう。

　結婚すること，子どもを持つこと——ともに個人の選択の自由であり権利である。それらを選ぶか選ばないかは，さまざまな要因や個人的事情に左右されるもので一様ではない。それゆえ少子化を解決する「特効薬」はなく，低出生率の状況を変えるには，現在の少子化対策のように幅広い分野で息の長い取り組みを行っていく必要がある。これからの時代に，多くの人が結婚・出産・子育てを前向きに選択していけるようにするには，性別役割分業にとらわれることなく，男女双方が家庭の内でも外でも生き生きと暮らせる社会にしていくことが重要である。多様な生き方を認め，支える社会づくりが，暮らしやすさ，生きやすさの実感を通して出生率の上昇にも寄与していくことになるだろう。

注

(1) 阿藤（2005, p43）。
(2) 大日向（2007, pp.247-248）。
(3) 1990〜96年の間に公表された政府関係の会議等の報告書や少子化を特集した白書には次のものがある。1990年1月『これからの家庭と子育てに関する懇談会報告書』；同年3月『平成元年厚生白書：長寿社会における子ども・家庭・地域』；1991年12月「子どもと家庭に関する円卓会議」（厚生大臣主宰）提言『子どもと家庭アピール：子育て新時代に向けて』；1992年11月『平成4年度国民生活白書：少子社会の到来，その影響と対応』；1993年7月『たくましい子ども・明るい家庭・活力とやさしさに満ちた地域社会をめざす21プラン研究会報告書』（厚生省児童家庭局長の私的研究会）；1994年4月『平成5年版厚生白書：未来をひらく子どもたちのために─子育ての社会的支援を考える』；1996年5月『平成8年版厚生白書：家族と社会保障─家族の社会的支援のために』。
(4) 妊娠・出産から乳幼児期，未就学期，小学生期，中学生・高校生・大学生期の4区分でそれぞれの年齢に対応する子育て支援策を挙げた。
(5) 子ども・子育て支援法，就学前の子どもに関する教育，保育等の総合的な提供の推進に関する法律の一部を改正する法律，子ども・子育て支援法及び就学前の子どもに関する教育，保育等の総合的な提供の推進に関する法律の一部を改正する法律の施行に伴う関係法律の整備等に関する法律。
(6) 2014年3月24日に開催された子ども・子育て会議の配布資料では，新支援制度の実現には，保育の量的拡充に4,068億円程度，質の改善に0.6兆円程度で合計1兆円超が必要とした。しかし，消費税収から7,000億円しか確保できていないため，質の改善部分については0.6兆円程度を確保できた場合だけでなく，3,003億円程度に削った場合の具体的配分プランも示した。
(7) 2014年2月28日時点で，都道府県・市区町村を合わせた1,789団体のうち，設置措置済みが1,481団体（82.8％），今後対応予定が275団体（15.4％）で，合計98.2％が対応している。
(8) 平成23年4月1日〜27年3月31日までの間に行動計画が認定を受けた場合，認定日を含む事業年度に取得・新築・増改築を行った建物について，認定日を含む事業年度の決算において償却限度額の32％割増しの償却を認めるというもの。

参考文献

阿藤誠（1997）「日本の超少産化現象と価値観変動仮説」『人口問題研究』53 (1), pp.3-20。

阿藤誠（2005）「少子化と家族政策」大淵寛・阿藤誠編著『少子化の政策学』原書房。

大日向雅美（2007）「少子化と子育て支援」小峰隆夫・連合総研生活開発研究所編『人口減・少子化社会の未来：雇用と生活の質を高める』明石書店。

国立社会保障・人口問題研究所（2012a）『平成 22 年わが国夫婦の結婚過程と出生力：第 14 回出生動向基本調査』厚生労働統計協会。

国立社会保障・人口問題研究所（2012b）『平成 22 年わが国独身層の結婚観と家族観：第 14 回出生動向基本調査』厚生労働統計協会。

守泉理恵（2007）「先進諸国の出生率をめぐる国際的動向」『海外社会保障研究』第 160 号，pp.4-21。

守泉理恵（2008）「次世代育成支援対策」兼清弘之・安藏伸治編著『少子化時代の社会保障』原書房。

山口一男（2009）『ワークライフバランス：実証と政策提言』日本経済出版社。

Adserá, Alícia（2004）"Changing Fertility Rates in Developed Countries: The Impact of Labor Market Institutions," *Journal of Population Economics*, no.17, pp.17-43.

Ahn, Namkee and Pedro Mira（2002）"A Note on the Changing Relationships Between Fertility and Female Employment Rates in Developed Countries," *Journal of Population Economics*, 15(4), pp.667-682.

Billari, Francesco C. and Hans-Peter Kohler（2004）"Patterns of Low and Lowest-Low Fertility in Europe," *Population Studies*, 58(2), pp.161-176.

Brewster, Karin L. and Ronald R. Rindfuss（2000）"Fertility and Women's Employment in Industrialized Nations," *Annual Review of Sociology*, 26, pp.271-296.

Castles, Francis G.（2003）"The World Turned Upside Down: Below Replacement Fertility, Changing Preferences and Family-Friendly Public Policy in 21 OECD Countries," *Journal of European Social Policy*, 13(3), pp.209-227.

d'Addio, Anna Cristina and Marco Mira d' Ercole（2005）"Trends and Determinants of Fertility Rates in OECD Countries: The Role of Policies," *OECD Social, Employment and Migration Working Papers*, no.27 (http://dx.doi.org/10.1787/

880242325663).

Engelhardt, Henriette, Tomas Kögel and Alexia Prskawetz (2004) "Fertility and Women's Employment Reconsidered: A Macro-Level Time Series Analysis for Developed Countries, 1960-2000,"*Population Studies*, 58:1, pp.109-120.

Gauthier, Anne H., (2007) "The Impact of Family Policies on Fertility in Industrialized Countries: A Review of the Literature," *Population Research and Policy Review*, vol.26, pp.323-346.

Hoem, Jan M. (2008) "Overview Chapter 8: The Impact of Public Policies on European Fertility,"*Demographic Research*, vol.19(10), pp.249-260 (http://www.demographic-research.org/Volumes/Vol19/10/).

Kögel, Tomas (2004) "Did the Association Between Fertility and Female Employment Within OECD Countries Really Change Its Sign?," *Journal of Population Economics*, 17, pp.45-65.

Kohler, Hans-Peter, Francesco C. Billari and José Antonio Ortega (2002) "The Emergence of Lowest-Low Fertility in Europe during the 1990s," *Population and Development Review*, vol.28(4), pp.641-680.

Letablier, Marie-Thérèse, Angela Luci, Antoine Math and Olivier Thévenon (2009) The Costs of Raising Children and the Effectiveness of Policies to Support Parenthood in European Countries: A Literature Review, *Documents de Travail*, no.158, INED.

McDonald, Peter (2000) "Gender Equity in Theories of Fertility Transition," *Population and Development Review*, vol.26(3), pp.427-440.

Myrskylä, Mikko, Hans-Peter Kohler and Francesco C. Billari (2009) "Advances in Development Reverse Fertility Declines," Nature, Vol.406:6, pp.741-743.

Thévenon, Olivier (2011) "Family Policies in OECD Countries: A Comparative Analysis," *Population and Development Review*, vol.37(1), pp.57-87.

Rindfuss, Ronald R., Karen Benjamin Guzzo and S. Philip Morgan (2003) "The Changing Institutional Context of Low Fertility," *Population Research and Policy Review*, vol.22, pp.411-438.

van de Kaa, D. J. (1987) "The Europe's Second Demographic Transition," *Population*

Bulletin, 42(1), Population reference Bureau.
United Nations (2004) *World Population Policies 2003*.

(守泉理恵)

第2章　少子化をもたらした未婚化および夫婦の変化

はじめに

　本章では少子化と言われる現象がいつ頃からどのような過程で進展したのかを概観し，その背景として着目すべき未婚者のライフスタイルの変化や夫婦の出生行動や特徴変化を解説する。[1]婚外出生が少ない日本における少子化を理解するためには，出生率の低下が初婚行動の変化として生じているのか，夫婦の出生行動あるいは結婚解消行動の変化として生じているのかを区別する視点が有効である。そこで第1節では，2010年代までの期間合計出生率（合計特殊出生率とも呼ばれる）の低下が，晩婚化や非婚化などの初婚行動の変化でどの程度説明できるのか，それ以外の要素としての夫婦の行動変化（出生や離死別・再婚）による寄与がどのように推移しているのかを示したい。続いて，第2節では出生率低下に大きく寄与している未婚化の原因を探るため，若者の交際行動やライフスタイルの変化に着目する。初婚過程の一部と考えられる交際行動を含む広義のパートナーシップ状況の変化を概観するとともに，それがどのようなライフスタイルの変化と連動しているのかを確認する。1990年代に入ると，それまでの晩婚化に加え，結婚後の夫婦の出生行動にも変化が見られている。初婚年齢の上昇以外に日本の夫婦にどのような変化が生じているのであろうか。夫妻の出会い方，夫妻の地位の組み合わせ，親との同別居，夫妻の働き方など結婚を特徴づける近年の変化を第3節で観察する。最後に，夫婦の出生意欲と出生力に関する生理学的制約に着目し，子ども数に関する意識の推移とともに，夫婦のセックスレスの問題や不妊や流死産が増加しつつある現状を指摘する。

第1節　出生力指標が示す少子化

(1) 初婚行動の変化と夫婦の出生・結婚解消行動の変化がもたらす合計出生率の変動

　近年の日本における出生力の低下は，どのような指標で示すことができるであろうか。子どもの生まれやすさを最も単純な形で観察するならば，毎年の出生数の推移を見ればよい。しかし出生数では人口規模の異なる時代や社会で比較することができない。出生数を人口1,000人あたりで示した粗出生率は，人口規模は統制できるが男女比や年齢構造の違いによる影響を受ける。ならば母の年齢別の出生数を，その年齢の女性人口で割った年齢別出生率はどうであろうか。確かに年齢構造の違いを気にせずに出生率の動向を観察することができるが，年齢分だけ多数の指標が存在し，女性の生涯にわたる出生力を総合的に評価するのには不向きである。そこで，女性の年齢別出生率を全年齢（一般に再生産年齢と言われる15歳から49歳）について合計したものが，期間合計出生率であり，人口の規模や男女比，年齢構造が異なる時代や社会における出生力を比較できるという利点から，近年最もよく使われる出生力指標となっている。この指標は，「仮に女性集団が再生産年齢の間死亡することなく，また当該の年齢別出生率にしたがって子どもを生んだ場合に，最終的に生む1人当たり平均の子ども数」と解釈することができる（人口学研究会　2010）。

　さて，この期間合計出生率は，日本ではほとんど子どもを生まない未婚者も含めた女性の出生力指標である。しかし，出生力の変動要因を理解する上で，出生率の低下が，結婚しない人の割合の増加によるところが大きいのか，結婚した夫婦が子ども生まなくなっているのかを明らかにすることは重要である。そこで，この節では，期間合計出生率の低下に，晩婚化や非婚化といった初婚行動の変化と夫婦の出生・結婚解消行動の変化がそれぞれどの程度寄与しているのかを定量的に示してみたい。[2]

要因分解を行うため年齢別出生率について次のようなモデルを考える。女性の年次別年齢別出生率は、その年齢までに初婚を経験した女性の初婚年齢別分布と、妻の初婚年齢別・各時点年齢別の出生率で決定されるものとする。妻の初婚年齢別・各時点年齢別出生率は、初婚年齢と出生歴のわかる調査データをつかって、一般的なパターンを抽出する。ここでは国立社会保障・人口問題研究所が実施している「出生動向基本調査」のデータを用い、夫婦の出生行動が比較的安定的であった、妻1932～1957年生まれの夫婦の実績を標準パターンとした[3]。

上記の初婚年齢別・各時点年齢別出生率の標準パターンは、観察期間まで初婚が続いた夫婦のデータに基づいている。しかし現実には、離婚や死別によって初婚が解消された夫婦が存在し、そうした女性の出生率は初婚が継続している女性に比べ過小である可能性が高い。モデルによる過大な出生率を現実の値に補正するため、実績値とモデル値の乖離をもとに算定された離死別再婚効果係数を算出し、それを調整係数として用いる。1932～1957年生まれ女性のデータを用いて得られた離死別再婚効果係数は0.978であった。これは離死別再婚者を含む全女性の出生率はモデル値の97.8%であることを意味する。

妻の年齢別出生率のモデルは、例えば、女性25歳の年齢別出生率を例に挙げると、

女性25歳時の年齢別出生率＝
　（25歳時点未婚者の割合×25歳未婚者の出生率（0.0）
　＋初婚年齢24歳の女性割合×初婚年齢24歳女性の25歳時出生率
　＋初婚年齢23歳の女性割合×初婚年齢23歳女性の25歳時出生率
　　　・・・
　＋初婚年齢16歳の女性割合×初婚年齢16歳女性の25歳時出生率
　＋初婚年齢15歳の女性割合×初婚年齢15歳女性の25歳時出生率）
　×離死別再婚効果係数（0.978）

となる。未婚者出生率については、日本では未婚で子どもを生み、その後も未婚状態を継続する女性は極めて少ないことを前提に0.0とした。当該年齢における初婚年齢別の女性の比率は、その女性集団の15歳以降の年齢別初婚率に他ならない[4]。生まれ年別に年齢別出生率を算出し、それを年次別に組み合えて

15歳から49歳まで合計することによって合計出生率のモデル値を得ることができる。

（2）反実仮想的な合計出生率の算出

さて，前節で示したように，年齢別出生率はそこに含まれる女性の初婚年齢別の分布と，初婚年齢別・各時点年齢別出生率の積和を離死別再婚効果係数で調整することによって再現できる。ここで，初婚行動の変化，夫婦の出生行動の変化の寄与を個別にとらえるために，このモデルに反実仮想的なデータをあてはめたシミュレーションを行う。シミュレーションは2つ行う。まず，①年齢別初婚率も妻の初婚年齢別・各時点年齢別出生率も変化が無かった場合の合計出生率を基準値として算出する。この場合，初婚年齢別・各時点年齢別出生率は前節で示した標準パターンを用いるが，初婚率については1940年～1951年生まれ女性の平均年齢別初婚率を標準パターンとして用いる。②もう一つのシミュレーションでは，年齢別初婚率のみ現実通りに未婚化が進んだ実績値を用い，妻の初婚年齢別・各時点年齢別出生率には標準パターンを用いる。すなわち，①と②との差は初婚行動の変化によってもたらされたと解釈できる。さらに②と期間合計出生率実績値[5]との差は，初婚率の変化では説明できない要因，すなわち主に夫婦の結婚後の出生行動の変化による効果を表すと考えることができる。

図2-1には，①初婚・夫婦出生行動不変の合計出生率（基準値），②初婚のみ現実通り変化した合計出生率，そして実績値を示している。1990年頃までは，出生率低下の多くが初婚行動の変化によって説明されることが分かるが，1990年代以降，初婚行動の寄与に加え，それだけでは説明できない低下分が生じており，これは，夫婦の初婚年齢別出生率がかつての標準パターンよりも低くなっていることを示唆する。2000年代前半までこうした夫婦の出生行動の低迷は続くが，2005年以降状況が再び変化する。初婚率の低下による出生率の低下が下げ止まった一方で，夫婦の出生行動の変化分はむしろプラスに転じ出生率を回復に向かわせている。

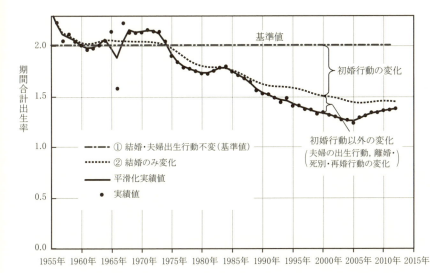

図 2-1　初婚行動およびそれ以外の行動に規定されるモデル合計出生率の推移

(注) 1940～51 年生まれ日本人女性の年齢別初婚率，および 1932 年～1957 年生まれ女性の初婚年齢別・各時点年齢別出生率を標準パターンとし，両者とも標準パターンを用いた合計出生率の基準値，年齢別初婚率のみ実績値を用いたモデル値，および実績値を示した．初婚行動の変化の効果以外には，夫婦の出生行動および離婚・死別・再婚行動の変化による効果が含まれる．基本的な考え方は岩澤（2008）に従っているが，2012 年までデータを更新した．

　各時点間の変化量を初婚行動の変化の寄与と初婚行動以外の変化の寄与（主に夫婦出生行動の変化の寄与）に分けて示してみると，合計出生率の基準値 2.01 から 2012 年の 1.38 までの変化量は，約 90％が初婚行動の変化，約 10％が夫婦の出生行動の変化で説明できることがわかる．1990 年代に合計出生率を引き下げていた夫婦の出生行動の変化の効果がその後弱まった背景には，1990 年代以降断続的に取り組まれてきた次世代育成のための支援策が，減退の方向に向かっていた夫婦の出生行動を一転して後押しした可能性も考えられる．一方で，初婚率の低下による出生率の引き下げ効果は依然として大きく，今日の初婚率の低迷に変化が無い限り合計出生率が 1.5 を上回るのは難しい状況であることもわかる．

　ただし，初婚率の低下が続く一方で，夫婦の出生行動に変化がないことにつ

いては，夫婦が子どもを持つことに関するハードルが高くない，とは単純に解釈できない。日本では，結婚の目的が限りなく子どもを持つことと重なりつつある。たとえば，未婚者が結婚のメリットとして挙げる最も大きな要素は「子どもや家族が持てる」であり，未婚女性の理想・予定のライフコースや未婚男性の期待するライフコースにおいて，結婚し子どもをもたない DINKS を挙げる割合は極めて少ない（国立社会保障・人口問題研究所 2012b）。結婚意欲と出生意欲の強い相関関係も認められる（内閣府 2012）。つまり，結婚に踏み切る男女のほとんどは，子どもを持つことを主要な目的としており，そうした意欲，見通しが高い男女のみが結婚に至っていると考えられる。夫婦の出生力が変わらず，初婚率だけ低下している実態は，子どもを持つ意欲が低い，あるいは見通しが立たない男女が増えていることを強く示唆する。

第2節　未婚化をもたらした若者の意識・ライフスタイル変化

(1) 結婚のメリット・経済基盤・配偶者とのマッチング

　前節で見たように，今日の合計出生率の低下には初婚率の低迷が大きく寄与している。日本における結婚離れはどのように進んでいるのだろうか。初婚のパターンを女性の生まれ年別にみると，1950年生まれ以降から平均初婚年齢の上昇で示される晩婚化が進み，1956年生まれ以降からは生涯未婚率（50歳時未婚者割合）の上昇，すなわち非婚化が顕著になっている。国勢調査によれば2010年の生涯未婚率（1960～61年生まれ女性の生涯未婚率）は 10.6％であり，1980年の4.5％の2倍の水準に達している（国立社会保障・人口問題研究所 2013）。

　ではこうした初婚率の低下はなぜこれほどまでに進展したのだろうか。初婚率低迷の背景にある若者の状況についていくつかとりあげたい。Dixon（1971）によれば，結婚の発生は3つの側面によって影響を受ける。一つは結婚の望ましさであり，結婚に他の状況にないメリットがあれば結婚は促進され，もし他

により望ましい状況があれば，結婚は抑制される。二つ目は結婚のしやすさであり，結婚生活を営むために必要な経済基盤や住居の確保が難しい状況では結婚は成立しない。最後の側面は結婚相手の得られやすさである。結婚適齢期男女の人口バランスに不均衡が生じたり，そうした男女が出会いにくい状況下では結婚は抑制される一方，若い男女が交流する場や見合い制度の存在は結婚を促進する。

　結婚の望ましさの側面に着目すると，従来，結婚には様々なメリットがあると考えられてきた。多くの伝統的な社会において，結婚は子どもを生み育てる場として社会が認めた男女関係であり，結婚することで大人としての地位が付与されたり，配偶者の協力なくして生活を維持することが困難な社会も多い。こうした時代や社会に比べ，日本を含む今日の先進国では，結婚のメリットが薄れつつある。国立社会保障・人口問題研究所が実施した「出生動向基本調査」では，未婚者に結婚することの利点を訊ねているが「社会的信用や対等な関係が得られる」「生活上便利になる」といったことを挙げる未婚者の割合が調査回ごとに減少している（国立社会保障・人口問題研究所　2012b）。

　また，結婚の望ましさは，競合するライフスタイルの利点が高まることでも相対的に低下する。結婚に移行しない未婚者の居住パターンとしては単身世帯，親との同居，パートナーとの同棲などが考えられるが，単身での生活の利便性が高まったり（単身世帯向けのサービスの充実など），親との同居によるメリットが大きかったり（居住コスト，生活費の抑制など），婚前同棲に対する社会的寛容性が高まるといった変化があると，結婚に移行するインセンティブが減少することになる。1960年代後半の北欧を皮切りに，欧米では婚前同棲が普及し，それが晩婚化をもたらした（Kiernan 2002）。日本では，欧米の水準ほどには同棲の増加が観察されていないが，20代後半から30代前半の未婚男性の7割，同未婚女性の8割が親と同居しており（国立社会保障・人口問題研究所 2012b），親との同居が結婚に代わる居住スタイルとなっていることがわかる。

　以上の状況は「結婚しない」人の割合が増加している背景と考えられるが，今日の未婚化には「結婚できない」要因も存在する。その一つが，結婚生活を

維持するための経済基盤の悪化である。こうした傾向は，日本のみならず先進国全体にあてはまると言え（Blossfeld 2005），経済の低成長が若年の家族形成にマイナスの影響を与えていることが指摘されている。日本についても正規雇用者割合が 1990 年代以降低下しており，労働市場の二重化が若者に不利に作用していること（OECD 2008），そうした不利な状況にある若者の結婚意欲が低いこと（鎌田 2012）などが指摘されている。

ただし，若年層をとりまく経済環境の悪化だけで今日の未婚化がすべて説明されるわけではない。結婚の変動を説明する三つめの側面である相手の得られやすさといった側面も半世紀の間に大きく変容した。まず未婚男女の人口バランスに関して言えば，男性未婚者の過剰状態が続いている。男性は女性よりも 5% 多く誕生する一方で，男性の死亡率が十分低いため青年期においても男性の過剰状態が続く。さらに，一般に男性は数年年下の女性と結婚することが多いが，若年齢ほど人口が少ない人口減少下では，男性にとって配偶者候補となる女性人口が常により少ない状況が続く。人口移動率の男女差や外国人の流入，再婚の頻度などによって現実の結婚市場にはバリエーションが生じるが，総じて男性の生涯未婚率は女性よりも高くなることが予想される。このような男女の結婚年齢差と年齢分布の特徴によって結婚相手の需給バランスが崩れることを結婚難（marriage squeeze）という。

しかし相対的な男性の過剰人口は男性の未婚率上昇の理由にはなるが，女性の未婚率上昇の説明にはならない。相手の得られやすさに関連するもう一つの重要な要素は，男女の人口比のみならず学歴など結婚相手として重視される属性（選好）とその構造である。日本では社会経済的地位について妻方上昇婚，すなわち妻よりも夫のほうが高い方が望ましいという考え方があるが，男女の学歴差が縮小したり女性のほうが高学歴になると，高学歴女性と低学歴男性にとって配偶者候補が構造的に不足することになる。米国において黒人女性に未婚が多い理由としては，有業の黒人独身男性の人口が女性に比べて少ないという結婚市場における不均衡が指摘されている（Wilson 1987）。日本でもこうした学歴構造のミスマッチが近年の初婚率低下をある程度説明することが示され

ている（Raymo and Iwasawa 2005）。学歴以外にも，未婚男女が結婚相手に望む条件は様々にあるが，近年その条件が厳しくなる傾向にある。たとえば「出生動向基本調査」によれば，未婚男性では相手に「家事・育児の能力」を求める人の割合が増えており，未婚女性でも，相手に「経済力」「職業」「家事・育児の能力」を求める人の割合が増えている（国立社会保障・人口問題研究所 2012b）。未婚男女は増加しているものの，自分が求める条件に合致する相手が希少であれば結婚は成立しない。

最後に男女のマッチングの機会に関する状況を見てみよう。伝統的社会では，結婚相手の選択が個人に自由にまかされることは珍しく，相手を選ぶ範囲に一定のルールがあったり，決定プロセスに親や親族が関わることが少なくない。今日の日本では，結婚適齢期の男女が様々な機会の中で主体的に結婚相手を見つけるが，接点のない男女が街中で出会うといった偶発的な出会いは今日においても少数派である。日本でも 1960 年代半ばまで，親族や職場の上司などの紹介による見合い結婚が過半数を占めており，残りは「友人やきょうだいを通じて」「職場や仕事を通じて」といった身近な人間関係や生活の場で配偶者と出会っていた（後掲表 2-1 参照）。今日では見合い結婚が 1 割を下回り，友人，職場のほか，学校も主要な出会いの場となっている。1960 年代以降の未婚化が，どのような出会いによる結婚の減少と結びついているのかを調べると，見合い結婚と職場を通じた出会いによる結婚の減少が大きいことが明らかになっている（岩澤 2013）。一方，インターネット上の交流サイトなど，これまでにない出会いの場も登場しており，マッチング文化の再構築につながるかが注目されるところである。

（2）異性との交際とライフスタイルの変化

前項ではなぜ若者が結婚に移行しないのか（できないのか）を説明したが，結婚離れを理解するためには，結婚発生の重要な要件である男女の親密な関係構築の動向にも目を向ける必要がある。未婚化は進んでいるが男女の交際には変化はないのか，あるいは，男女の交際自体に変化が起きているのかでは未婚

化の解釈が大きく異なってくる。

　未婚者の交際も含めた全人口のパートナーシップ構成比の時代変化を見てみよう。「出生動向基本調査」では未婚者の交際状況を「婚約者がいる」「異性の交際相手がいる」「異性の友人がいる」「交際相手なし」の4区分でとらえている。これを，男女別に離死別者，有配偶者を含めて年齢層別に構成比を示したのが**図 2-2** である。1992年調査と2010年調査を比較すると，どの年齢層でも有配偶者の割合が減少しているが，その他にも20代の男女で異性の友人がいる割合が減少し，代わって異性の交際相手が全くいない割合が伸びていることがわかる。さらに18～34歳における異性の交際相手がいない未婚者のうち，交際を希望していない人の割合は男性で44.9％，女性で45.8％となっており（国

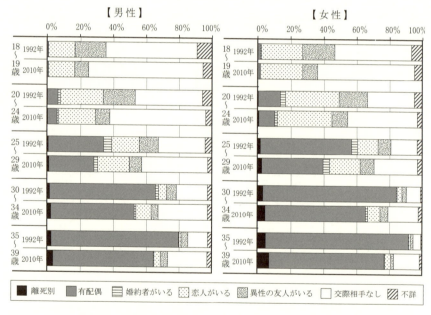

図 2-2　男女別，年齢別にみたパートナーシップの構成比

（資料）国立社会保障・人口問題研究所（2012b）．
　（注）国勢調査から推定される各年次調査の配偶関係構成（離死別，有配偶，未婚）と，「出生動向基本調査（独身者調査）」（第10回（1992年），第14回調査（2010年））から得られる未婚者の交際状況から各年齢層でのパートナーシップの構成比（％）を推定したもの．

立社会保障・人口問題研究所 2012b），未婚化の背景には異性との交際行動の低迷の他，交際意欲自体も低調であることが示唆される。

　こうした未婚者における交際行動の低迷の背景を，未婚者のライフスタイルの変化からさぐってみたい．**図 2-3** は「出生動向基本調査」で調べた未婚者のライフスタイルを 1997 年と 2010 年で比較したものである．1997 年に比べて 2010 年に「あてはまる」と回答した人が減った項目は，男女とも「気軽に一緒に遊べる友人が多い」であった．逆に「仕事のために，私生活を犠牲にすることがよくある」と回答した人が男女ともに増加した．また男性では「一人の生活を続けても寂しくないと思う」が増加し，女性では「生きがいとなるような趣味やライフワークを持っている」が増加している．2000 年代に入り，交友に関わる活動が低調になった一方で，仕事や趣味といった活動に重点が移ってい

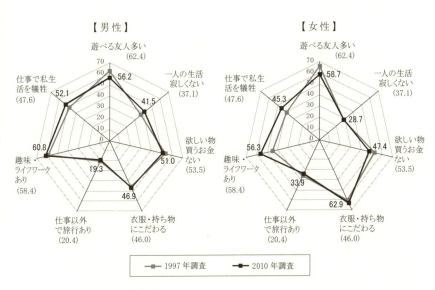

図 2-3　調査年別にみた，未婚者のライフスタイルの実態

（資料）国立社会保障・人口問題研究所（2012b）．
　（注）「出生動向基本調査（独身者調査）」（第 11 回（1997 年），第 14 回調査（2010 年））．対象は 18 ～34 歳未婚者．「あてはまる」と「どちらかといえばあてはまる」を合計した回答割合（％）．「仕事で私生活を犠牲」は，職業を持つ人のみ回答．2010 年調査の数値は太字，1997 年の数値は（　）内に表示．

る傾向が見える。結婚離れは、生活の個人化といった流れの中で生じている交友離れ、交際離れの延長線上にあると考えられるかもしれない。

第3節　近年の夫婦の特徴と求められる社会的支援

　本章前半では日本の少子化において結婚離れや交際離れの影響が大きいことを示したが、後半では結婚した夫婦の変化に着目する。

　出生行動に関わる夫婦の変化としては特徴的なことを3つ挙げることができる。まず、前半の分析とも関係するが、晩婚化によって初婚年齢の高い夫婦が増えているということである。初婚年齢の高さは、夫婦の最終的な子ども数（完結出生児数）の減少につながる。実績データをもとに妻の初婚年齢別に完結出生児数を調べると、28歳をさかいに初婚年齢がそれより高くなると平均完結出生児数が2人を下まわり、35歳以上になると1人を下回る（国立社会保障・人口問題研究所 2012c）。日本では2005年以降妻の平均初婚年齢が28歳を超えており、ここからも夫婦の完結出生児数が平均で2人を上回ることが難しい状況になっていることがわかる。

　2つめの特徴は、夫妻の出会いから婚姻までの期間が長期化していることである。「出生動向基本調査」によれば1980年代半ばに結婚した初婚どうし夫婦の平均交際年数が2.54年であったのに対し、2000年代後半に結婚した夫婦の交際年数は4.26年に伸びている（国立社会保障・人口問題研究所 2012a）。また、現在の配偶者と同棲期間を経て結婚した夫婦は、1995年前後に結婚した夫婦では12％であったのに対し、2000年代後半では33％に上昇しており（**表2-1**）、交際期間延長の一部はこうした同棲経験者の増加で説明される。結婚の決断までに時間を要する背景としては、恋愛過程よりも相手の情報が効率的に得られることで交際期間が短くて済む見合い結婚の割合が減少していることや、キャリア継続を望む女性が適切な結婚タイミングを見つけにくいこと、夫婦よりも行動が自由な恋愛関係を好む人が増えたこと、経済環境の悪化により結婚

表 2-1 結婚年別にみた夫婦の特徴別構成比

(単位：%)

夫婦の特徴	結婚年 1963～67年	1978～82年	1993～97年	2008～10年	夫婦の特徴	結婚年 1963～67年	1978～82年	1993～97年	2008～10年
総数	100.0	100.0	100.0	100.0	総数	100.0	100.0	100.0	100.0
夫妻の出会い					夫従業上の地位				
職場や仕事の関係で	28.2	29.4	35.4	31.5	正規	–	89.9	88.2	82.2
友人を通じて	13.4	20.0	26.0	28.6	パート・派遣	–	0.3	2.4	9.1
学校で	2.8	6.5	9.2	11.7	自営	–	8.6	8.2	6.4
街なかや旅先で	7.7	6.4	4.9	6.1	無職・学生	–	1.2	1.1	2.3
サークル・クラブ活動	3.5	4.9	5.2	3.6	夫企業規模				
アルバイトで	0.0	1.3	4.3	4.7	30人未満	–	–	14.7	14.8
幼なじみ・隣人関係	3.5	2.2	1.7	1.9	30-100人未満	–	–	13.0	10.6
見合い・相談所	40.8	28.2	10.4	6.4	100-1000人未満	–	–	30.1	28.2
その他	0.0	1.2	2.8	5.6	1000人以上	–	–	22.6	19.5
婚前同棲期間有無					官公庁	–	–	7.8	9.1
あり	–	–	11.8	32.8	パート	–	–	2.4	9.1
なし	–	–	88.2	67.2	自営	–	–	8.2	6.4
婚前妊娠有無					無職・学生	–	–	1.1	2.3
あり	4.4	11.6	14.8	17.2	夫職業				
なし	95.6	88.4	85.2	82.8	農林自営	–	–	4.5	3.4
夫妻年齢組み合わせ					専門管理	–	–	39.0	44.0
妻年齢下方婚	4.7	5.7	9.2	16.3	事務職	–	–	14.9	11.1
妻年齢同類婚	25.1	30.5	39.2	42.7	販売・サービス職	–	–	23.4	22.3
妻年齢上方婚（5歳未満）	37.4	36.1	28.0	19.5	工場などの現場労働	–	–	16.9	16.8
妻年齢上方婚（5歳以上）	32.8	27.7	23.6	21.5	無職・学生	–	–	1.2	2.4
夫妻学歴組み合わせ					妻従業上の地位				
妻学歴下方婚	9.8	18.5	22.8	23.6	正規	30.4	38.0	40.3	40.1
妻学歴同類婚	63.3	47.9	43.3	44.3	パート・派遣	6.4	13.8	16.1	23.7
妻学歴上方婚	26.9	33.7	33.9	32.1	自営	15.3	10.3	3.3	1.6
親との同別居					無職・学生	47.9	38.0	40.3	34.7
母別居・死亡	–	68.3	81.5	81.3	妻企業規模				
妻方母同居	–	6.5	5.8	9.1	30人未満	–	4.3	8.1	9.7
夫方母同居	–	25.2	12.7	9.6	30-100人未満	–	4.3	5.7	5.9
親との同・近・遠居					100-1000人未満	–	9.2	13.7	14.9
母遠居・死亡	–	–	39.6	43.2	1000人以上	–	9.2	9.7	7.1
妻方母近居	–	–	27.9	24.5	官公庁	–	9.2	3.2	2.6
夫方母近居	–	–	13.9	13.6	パート	–	8.5	16.0	23.7
妻方母同居	–	–	6.3	9.1	自営	–	4.3	3.3	1.6
夫方母同居	–	–	12.4	9.6	無職・学生	–	51.1	40.3	34.7
夫きょうだい順位と親との同別居					妻職業				
長男・夫親同居	–	21.7	10.6	7.6	農林自営	–	0.7	0.7	0.5
長男・別居	–	31.7	53.9	55.3	専門管理	–	10.9	16.8	22.7
長男・妻親同居	–	1.7	3.4	6.0	事務職	–	24.6	25.1	21.5
非長男・夫親同居	–	4.2	2.1	2.1	販売・サービス職	–	7.2	13.5	16.3
非長男・別居	–	35.8	27.7	26.0	工場などの現場労働	–	4.3	3.1	4.2
非長男・妻親同居	–	5.0	2.4	2.9	無職・学生	–	52.2	40.8	34.8
					夫妻就業組み合わせ				
					夫大中正規×妻正規	–	–	24.6	23.7
					夫大中正規×妻非正規	–	–	9.4	12.7
					夫大中正規×妻無職	–	–	21.4	17.0
					夫小正規×妻正規	–	–	14.5	12.5
					夫小正規×妻非正規	–	–	8.1	8.3
					夫小正規×妻無職	–	–	12.5	10.8
					夫非正規×妻正規	–	–	0.9	3.4
					夫非正規×妻非正規	–	–	1.1	4.9
					自営	–	–	7.6	6.7

(注)「出生動向基本調査」(夫婦調査)(第7～14回調査). 調査時点で結婚持続期間が15年未満, 初婚年齢50歳未満の初婚の妻に限定. 夫の就業情報は結婚前, 妻の就業情報は結婚直後.

生活の準備が遅れがちになる，といったことが考えられる。

3つめの特徴は，妊娠をきっかけに結婚する夫婦の割合が増えたということである。初婚にしめる婚前妊娠結婚（「できちゃった結婚」「授かり婚」）の割合は，人口動態統計の個票から推計することができるが，婚前妊娠結婚の定義を初婚から7ヶ月以内に出生が発生したケースとすると，1975年には初婚の7％弱であった婚前妊娠結婚は2000年代には2割を超え，2010年の推定値は19.0％であった（岩澤・鎌田 2013）。

このように，近年の夫婦は従来の夫婦よりも初婚年齢が高く，出会いから結婚までの婚前交際期間が長く，同棲を経て結婚している割合が高く，妊娠をきっかけに結婚している割合が高いという特徴がある。この他にも夫妻の属性や居住形態などから近年の夫婦を特徴付けることができる。表2-1は，「出生動向基本調査」における調査時点で結婚持続期間が15年未満，初婚年齢50歳未満の初婚の妻を対象とし，夫妻の様々な属性の構成比を結婚年別に示したものである。

近年になるほど構成比が拡大している結婚のタイプを挙げると，すでに述べた婚前同棲期間を経た結婚や婚前妊娠結婚の他，妻の年齢が夫よりも高い妻年齢下方婚や年齢同類婚，妻の学歴が夫よりも高い妻学歴下方婚，夫妻の親との別居婚や妻方親との同居婚，とくに夫長男で親と別居しているケースや妻方同居婚といったものとなる。また，夫妻の結婚時の働き方に着目すると，夫非正規雇用や専門管理職，妻正規雇用や非正規雇用，妻専門管理職，妻販売・サービス職などが増加し，夫妻の働き方の組み合わせでみると，夫大中企業正規雇用×妻非正規，夫非正規×妻非正規などが増加している。今日の夫婦は，1990年代以前に比べ，夫優位である特徴が薄れ，夫方よりも妻方の親との関係が強くなり，共働き夫婦が増えるとともに，夫も妻もともに非正規雇用あるいは専門管理職である割合が高まっていると言える[7]。

こうした変化は夫婦の出生行動にも影響をあたえると考えられる。妻の高学歴化や就業率の高まりは，出産・子育てで仕事をやめた場合の機会費用を高めることになる。就業と子育ての両立支援策が充実しているかが出生の意思決定

にますます影響することになるであろう。また，非正規雇用者は正規雇用者にくらべ収入や待遇において不利になりやすいため，非正規雇用者として働く夫妻が増加しているということは，経済的な不安定さを理由に出生を躊躇する夫婦が増加することにつながりかねない。子育ての直接コストの軽減につながるような政策は，そうした夫婦の不安を緩和することになろう。親と別居する夫婦が増えていることも，親からの子育て支援や同居によって得られる居住コストの軽減が期待できない夫婦の増加を意味し，出生にマイナスの影響を与える可能性がある。親族に代わる公的子育て支援のニーズが高まっていることを示唆している。

第4節　夫婦の出生意欲と不妊の現状

(1) 夫婦の出生意欲

前節では夫婦を特徴づける夫妻の属性や環境がこの数十年で変化してきており，それぞれの立場における出産に対するハードルに合わせたニーズへの対応が求められていることを述べた。ここでは，そもそも夫婦が子どもをほしいと思っているのか，何人持つつもりなのか，といった出生意欲の動向を見ていこう。

夫婦の出生意欲は，現実の制約を考慮しない「理想子ども数」や，実際に持つつもりの「予定子ども数」や今後持つつもりの「追加予定子ども数」，さらに数年以内の出産計画といった短期的な出生意欲など様々な方法で把握することができる。ここでは「出生動向基本調査」のデータを用い，1990年代以降20年にわたる夫婦の出生力低下が理想子ども数や予定子ども数の低下といった子ども数に関する考え方の変化を伴ったものであるかを確認してみたい。

表2-2の上段には，調査年から過去5年以内に結婚した夫婦の理想子ども数と予定子ども数の平均値を初婚年齢別に示した（回答者は妻）。理想子ども数については初婚年齢が35歳未満であれば2010年時点でも2人を超えており，総

表 2-2　夫婦の理想子ども数，予定子ども数，既往出生児数，追加予定子ども数の推移

出生意欲・出生力指標			調査年						
			1977年	1982年	1987年	1992年	1997年	2002年	2005年	2010年

理想子ども数（人）（結婚持続期間5年未満）										
初婚年齢	総数	2.42	2.49	2.51	2.40	2.33	2.31	2.30	2.30
	24歳以下	2.45	2.51	2.51	2.41	2.36	2.39	2.40	2.54
	25〜29歳	2.38	2.49	2.54	2.42	2.35	2.30	2.31	2.35
	30〜34歳	2.25	2.33	2.50	2.36	2.16	2.23	2.18	2.13
	35歳以上	-	-	1.86	2.08	1.87	2.10	2.05	1.91

予定子ども数（人）（結婚持続期間5年未満）										
初婚年齢	総数	2.09	2.22	2.28	2.14	2.11	1.99	2.05	2.08
	24歳以下	2.14	2.30	2.35	2.20	2.14	2.19	2.20	2.41
	25〜29歳	2.05	2.17	2.28	2.15	2.14	1.98	2.08	2.15
	30〜34歳	1.77	1.95	2.00	1.91	1.91	1.75	1.87	1.88
	35歳以上	-	-	1.48	1.35	1.45	1.47	1.43	1.50

既往出生児数（人）										
結婚持続期間	総数	1.89	1.93	1.96	1.90	1.84	1.79	1.77	1.71
	5年未満	0.93	0.80	0.93	0.80	0.71	0.75	0.80	0.71
	5〜9年	1.93	1.95	1.97	1.84	1.75	1.71	1.63	1.60
	10〜14年	2.16	2.16	2.16	2.19	2.10	2.04	1.98	1.88
	15〜19年	2.19	2.23	2.19	2.21	2.21	2.23	2.09	1.96
	20年以上	2.41	2.29	2.32	2.23	2.23	2.30	2.30	2.22

追加予定子ども数（人）										
結婚持続期間	総数	0.32	0.32	0.30	0.32	0.32	0.35	0.34	0.36
	5年未満	1.16	1.43	1.35	1.34	1.36	1.23	1.24	1.36
	5〜9年	0.27	0.28	0.30	0.34	0.34	0.37	0.42	0.48
	10〜14年	0.07	0.06	0.05	0.07	0.07	0.07	0.08	0.13
	15〜19年	0.03	0.01	0.01	0.01	0.01	0.01	0.02	0.03
	20年以上	0.01	0.01	0.00	0.00	0.00	0.01	0.00	0.00

今後子どもを持つつもりの夫婦割合（％）										
結婚持続期間	総数	21.9	20.8	20.6	21.6	21.3	24.4	23.8	25.4
	5年未満	73.7	83.6	82.3	83.1	84.2	79.5	79.5	84.8
	5〜9年	22.3	24.0	26.3	28.3	28.7	30.9	34.5	39.1
	10〜14年	5.5	4.8	4.6	5.7	5.3	6.3	7.0	10.8
	15〜19年	2.0	1.1	0.9	0.7	1.1	1.0	1.4	2.6
	20年以上	0.5	1.0	0.4	0.2	0.2	0.4	0.2	0.0

（注）「出生動向基本調査」（夫婦調査）（第7〜14回調査）．妻50歳未満の初婚どうし夫婦について，回答者は妻．

数における平均値の推移を見ても 1980 年代に比べると直近ではやや低くなっているものの 1990 年代以降は安定的に推移している。予定子ども数は，初婚年齢が 30 歳を超えると平均で 2 人を下回る傾向があるが，時代変化をみると 2002 年調査時に総数の平均値が 2 人を下回ったが，その後再び 2 人を回復している。

　以上から，少子化の進展は必ずしも理想的な子ども数や持つつもりの子ども数の減少を伴っていないことがわかる。さらにここで，表 2-2 の下段に示した各調査時点における結婚持続期間別にみた既往出生児数（調査時点までの累積出生児数）と追加予定子ども数の推移を見てみよう。まず既往出生児数については，1990 年代以降，結婚持続期間 5〜9 年，10〜14 年で低下傾向が見られ，ほぼ完結出生児数と見なせる結婚持続期間 15〜19 年の値も，2005 年，2010 年調査で低下傾向が顕著となっている。しかし，追加予定子ども数をみると，既往出生児数の低下に呼応するように上昇している。すなわち，既往出生児数の低下は出生の先送りの結果であると解釈でき，先送りされた追加予定子ども数の平均値は 2010 年時点で過去 30 年で最も高い値となっている。子どもを持つつもりの夫婦割合も 2000 年以降上昇し，とくに結婚持続期間 5〜9 年の夫婦では，1977 年時 22.3％であった子どもを予定している夫婦は，2010 年では 39.1％とほぼ 4 割にまで上昇している。同様に各調査時点で未婚者を含め子どもを持つつもりの女性（挙児希望女性）の人口と割合を推定した岩澤・三田（2007）によると，1982 年に 978 万人前後であった挙児希望女性人口は，2005 年には 1,147 万人前後と推計され，約 20 年で 17％増加していた。期間合計出生率が 1.26 という最低値を記録した 2000 年代は，多くの出生が先送りされた結果，子どもを持ちたいと考える女性，夫婦が最も多い状況であったと理解することができる。

（2）性交頻度，不妊と流死産

　このように 2000 年代は過去にない水準で子どもを持つことを希望する夫婦が多い状況となっている。こうした夫婦が実際に出生に至るかどうかは，社会

経済環境などが好転し出生の決断につながるかどうかという社会経済的制約の状況と，妊娠が成功し出生までに至るかといった生理学的制約の状況に依存する。前者については，様々な次世代育成支援策や就業と子育てとの両立支援といった取り組みと出生行動を論じた他章に譲るが，ここでは生理学的な制約，すなわち供給側面の現状についてまとめてみたい。

　出生力の供給側の側面は，さらに性交の頻度，受胎確率，妊娠の継続の側面に分けることができる（Davis and Blake 1956）。性交については夫妻の心身面の状況や生活パターンが鍵となる。健康上に問題があったり，別居や単身赴任など，夫妻が物理的に離れている状況では性交頻度は低下する。長時間労働など，夫妻の生活パターンが合わないことも性交頻度にはマイナスの影響を与える。さらに夫婦の性交頻度は結婚持続期間とともに減少する傾向があるため（Wood 2009），晩婚化や出生の先送り傾向は，性交頻度の低下を通じて出生力にマイナスの影響をもたらすと考えられる。近年の日本人夫婦のセックスレスに関する調査研究では，2000年代を通じてセックスレス夫婦の割合が上昇していることや（北村 2011），子どもを望んでいる夫婦でもセックスレスが多いこと（Moriki 2012）などが指摘されており，夫婦の生活時間やコミュニケーションの見直しが状況改善の鍵であることが指摘されている。しかし，一方で夫婦の性行動は生活上の優先事項や子どもの位置づけなど，文化的な側面と密接に関わっており，容易に変化を期待することは難しいことも指摘されている（Moriki 2012）。

　続いての受胎確率については，栄養失調や加齢が受胎確率を下げることが知られている（Menken et al. 1981；Weisntein et al. 1993）。先進国は栄養状態が良い反面，晩婚化による妊娠年齢の高齢化は受胎確率にマイナスの影響を与えることになる。また出産後の母乳哺育中は不妊状態となるので（Bongaarts and Potter 1983），日本のように母乳哺育割合が高く，期間も長い国は産後の不妊期間が相対的に長い可能性がある[8]。その他女性のストレスや喫煙，過度のダイエットなど，都市的な生活様式の中には受胎確率にマイナスに作用するものも少なくない。実際に，現代の日本では，子どもを持つことを希望しながら妊娠

表2-3 子どもの有無・妻の年齢別にみた、不妊についての心配と治療経験

子どもの有無 妻の年齢		総数	(客体数)	(不妊を)心配したことはない	心配したことがある	(再掲)現在心配している	医療機関にかかったことはない	検査や治療を受けたことがある	(再掲)現在受けている	不詳	不詳
2010年調査総数	総数	100.0%	(6,705)	59.4%	31.1	5.5	14.5	16.4	1.5	0.2	9.5
	20～29歳	100.0	(652)	65.3	28.1	10.6	17.8	10.1	2.6	0.2	6.6
	30～39歳	100.0	(2,866)	56.7	36.5	8.2	18.3	17.8	2.3	0.3	6.9
	40～49歳	100.0	(3,185)	60.7	26.8	1.9	10.4	16.3	0.5	0.1	12.5
子どものいない夫婦	総数	100.0%	(914)	40.6%	52.2	26.8	23.3	28.6	8.4	0.3	7.2
	20～29歳	100.0	(194)	50.0	44.3	24.7	27.3	17.0	7.2	0.0	5.7
	30～39歳	100.0	(461)	41.2	52.5	34.3	25.8	26.0	10.8	0.7	6.3
	40～49歳	100.0	(258)	32.2	57.8	15.1	15.9	41.9	5.0	0.0	10.1
子ども1人の夫婦	総数	100.0	(1,495)	51.4	42.5	7.3	18.4	23.9	1.5	0.2	6.1
	20～29歳	100.0	(250)	69.6	24.4	6.4	15.2	8.8	0.8	0.4	6.0
	30～39歳	100.0	(735)	48.0	46.7	10.2	22.2	24.2	2.2	0.3	5.3
	40～49歳	100.0	(509)	47.2	45.6	3.5	14.5	31.0	0.8	0.0	7.3
2005年調査	総数	100.0	(5,932)	63.8	25.8	4.0	12.1	13.4	1.2	0.4	10.4
	子いない	100.0	(745)	49.0	44.7	22.4	19.6	24.3	6.8	0.8	6.3
2002年調査	総数	100.0	(6,949)	58.3	26.1	4.8	13.0	12.7	1.2	0.4	15.6
	子いない	100.0	(881)	41.2	48.2	26.3	21.7	25.5	7.5	1.0	10.6

(資料) 国立社会保障・人口問題研究所 (2012a).
(注) 「出生動向基本調査」(夫婦調査) (第12～14回調査). 妻50歳未満の初婚どうし夫婦について.

にいたらない不妊に悩む夫婦が多数存在する。**表 2-3** には「出生動向基本調査」による，不妊についての心配と治療経験の状況を示した。不妊を心配したことがある（または現在心配している）夫婦の割合は，2010 年 31.1%で，子どものいない夫婦ではこの割合は 52.2%にのぼる。また，実際に不妊の検査や治療を受けたことがある（または現在受けている）夫婦は全体で 16.4%，子どものいない夫婦では 28.6%であった。不妊治療中の夫婦は子どものいない夫婦で 8.4%，子どもが 1 人いる夫婦でも 1.5%存在する。また不妊を心配したり，検査や治療経験のある夫婦の割合は，過去の調査に比べ増加していることもわかる。

　さらに，仮に妊娠に至っても，流死産によって出生に至らないこともある。妊娠が流死産に終わる確率は妊娠年齢と相関しており，妊娠年齢が 30 歳以下のときは 10%を下回るが 35 歳で 15%，40 歳で 30%を超える（国立社会保障・人口問題研究所 2012a）。一方，妻の実際の妊娠年齢は，晩婚化等を背景として上昇傾向が続いている。1980 年代前半には 27.5 歳であった平均妊娠年齢は，2005〜09 年では 30.4 歳と 3 歳ほど上昇している（国立社会保障・人口問題研究所 2012a）。流死産経験増加の背景には，こうした妊娠年齢の上昇も寄与しているとみられ，今後も晩産化傾向が続く見通しの中，流死産リスクの高まりに注意していく必要がある。

おわりに

　日本の少子化は 1970 年代後半から 1990 年頃まで初婚率の低下によって進展し，その後夫婦の出生力の低迷期（初婚年齢別にみた夫婦の出生ペースの遅れ）を迎えたが，2005 年頃から夫婦出生力は回復基調（過去の先送りのキャッチアップ）を示している。その結果 2012 年時点では，1970 年代以降の出生率低下分の約 9 割が結婚の遅れおよび結婚離れによって説明される事態となっている。単身生活や親との同居における利便性が高まるなど結婚のメリットが相対的に薄れる中で，若者の雇用環境が悪化し，結婚生活に必要な経済基盤を確立

できない若者も増えている。結婚相手との出会いの場も，見合い結婚や職場結婚を促進する環境が縮小するとともに，結婚相手に求める条件が男女とも厳しくなっていることがマッチングをますます困難にしている。若者のライフスタイルは友人との交際よりも仕事や趣味が優先される生活に変わってきており，生活の個人化が異性との交際を阻む傾向にある。

　近年の夫婦は，長い交際期間の後，高い年齢で結婚する傾向にあり，夫が年上といった男性優位の結婚や片働きの結婚，夫方の親との同居婚に代わり，共働き，妻方の親との同居婚などが増えている。また，働き方については夫妻ともに専門職が増える一方で，非正規雇用の割合も増えており，既婚者においても経済的なリスクが高まっている状況が見える。

　少子化が進んだ1970年代以降，理想子ども数や予定子ども数といった夫婦の子ども数に関する考え方が変化した状況は確認できず，1990年代以降の既往出生児数の減少は追加予定子ども数の上昇をともなっており，出生の断念ではなく先送りであることがわかる。合計出生率の底を記録した2000年代は，実は出生意欲の高い夫婦の割合が最も増大した時期であったとも言え，そのような中で，出生力に対する生理学的な制約の影響が目立つようになってきている。すなわち，出生を望んでも妊娠できない不妊に悩む夫婦の増加や，妊娠年齢の高齢化に伴う流死産経験の増加が出生率を引き下げる要因として重要性を増している。こうした問題を解消するためには妊娠や出生に関する男女の健康に対する社会的関心を高める必要があるとともに，予定子ども数の未達成につながるほどの出生の先送りを回避するために若い世代の家族形成に対する支援を手厚くする取り組みが必要であろう。

注

（1）　本章で示す分析結果には，国立社会保障・人口問題研究所「全国将来人口推計」「出生動向基本調査」の各プロジェクトの成果が含まれており，本稿で使用した「人口動態統計」「出生動向基本調査」に関する分析結果には，統計法第32

条の規定に基づき，調査票情報を二次利用したものが含まれている。
(2) 結婚行動と夫婦の出生行動の要因分解については，これまで廣嶋（2000a, 2000b），金子（2004），岩澤（2008）などがあり，1970年代から2000年前後までの合計出生率の70〜75%が初婚行動の変化で説明されるという見解で一致している。
(3) 初婚から調査時点までについて，経過年数別の人年（person-year）データを作成した。このデータには，妻の初婚年齢および各時点の年齢，そして出生が生じた年は1，それ以外を0とした事象変数が含まれる。なお，結婚前の出生は結婚と同時に発生したものとみなした。これを，妻の初婚年齢別・各時点の年齢別に集計し，当該リスク人口に対する事象数の比率を妻の初婚年齢・各時点年齢別出生率の標準パターンとした。
(4) 年齢別初婚率は，人口動態統計による届出遅れを補正した同居年別・同居年齢別初婚数に基づき求め，それを女性の生まれ年別に組み替えて使用した。
(5) 本分析では，実績値を算出する際，日本人の女性から生まれた日本国籍児の数を分子とし，分母人口は10月1日人口ではなく，生存のべ年数を用いている。従って，分子に外国人女性の生んだ日本国籍児を含み，分母に10月1日人口を用いている厚生労働省大臣官房統計情報部公表の合計（特殊）出生率よりも低めの数値となっている。
(6) 内閣府による「結婚・家族形成に関する調査」（2010年）によると，現在の配偶者・恋人と知り合いになったきっかけが「インターネット」であった割合は男性10.0%，女性9.6%を占めている（内閣府 2011）。
(7) 未婚者割合の増加も加味した構成比の変化については岩澤（2013）において推計されている。
(8) 内閣府による「少子化社会に関する国際意識調査」（2005年）の結果によると，出産後母乳哺育をした割合は，スウェーデン92.6%，日本81.1%，韓国68.4%，アメリカ45.3%，フランス43.7%であり，日本はスウェーデンに次いで高い。また母乳哺育期間が1年以上の割合は日本が44%と5カ国で最も高い（内閣府 2006）。

参考文献

岩澤美帆（2008）「初婚・離婚の動向と出生率への影響」『人口問題研究』64(4),

pp.19-34。
岩澤美帆（2013）「失われた結婚，増大する結婚：初婚タイプ別初婚表を用いた 1970 年代以降の未婚化と初婚構造の分析」『人口問題研究』69(2), pp.1-34。
岩澤美帆・鎌田健司（2013）「婚前妊娠結婚経験は出産後の女性の働き方に影響するか？」『日本労働研究雑誌』No.638, pp.17-32。
岩澤美帆・三田房美（2007）「晩産化と挙児希望女性人口の高齢化」『人口問題研究』63(3), pp.24-41。
金子隆一（2004）「少子化の人口学的メカニズム」大淵寛・高橋重郷編著『少子化の人口学』原書房, pp.15-36。
鎌田健司（2012）「若者の就業行動と婚姻率の低下」小崎敏男・牧野文夫編著『少子化と若者の就業行動』原書房, pp.123-149。
北村邦夫（2011）「〈第5回男女の生活と意識に関する調査〉結果報告」『現代性教育研究ジャーナル』No.7, pp.1-6。
国立社会保障・人口問題研究所（2012a）『わが国夫婦の結婚過程と出生力：第 14 回出生動向基本調査』。
国立社会保障・人口問題研究所（2012b）『わが国独身層の結婚観と家族観：第 14 回出生動向基本調査』。
国立社会保障・人口問題研究所（2012c）『日本の将来推計人口（平成24年1月推計）』。
国立社会保障・人口問題研究所（2013）『人口統計資料集 2013』。
人口学研究会（2010）『現代人口辞典』原書房。
内閣府政策統括官（共生社会政策担当）（2006）『平成 17 年度「少子化社会に関する国際意識調査」報告書』。
内閣府政策統括官（共生社会政策担当）（2011）『結婚・家族形成に関する調査報告書』。
内閣府（2012）『平成 24 年版子ども・子育て白書』。
廣嶋清志（2000a）「1970 年代半ばからの合計出生率低下：コーホート出生率によるシミュレーション分析」島根大学法文学部『経済科学論集』26, pp.1-39。
廣嶋清志（2000b）「近年の合計特殊出生率の要因分解：夫婦出生率は寄与していないか？」『人口学研究』26, pp.1-19。
Blossfeld, H.-P., E. Klijzing, M. M. Mills, and K. Kurz, eds. (2005) *Globalization, Uncertainty and Youth in Society*, Oxon: Routledge.

Bongaarts, J, and R. G. Potter (1983) *Fertility, Biology, and Behavior: An Analysis of the Proximate Determinants*, New York: Academic Press.

Davis, K. and J. Blake (1956) "Social Structure and Fertility: An Analytic Framework," *Economic Development and Cultural Change*, 4(3), pp.211-235.

Dixon, Ruth B. (1971) "Explaining Cross-cultural Variations in Age at Marriage and Proportions Never Marrying," *Population Studies*, 25(2), pp.215-233.

Kiernan, K. (2002) "Cohabitation in Western Europe: Trends, Issues, and Implications," Booth, A. and A. C. Crouter eds., *Just Living Together: Implications of Cohabitation on Families, Children, and Social Policy*, New Jersey: Lawrence Erlbaum Associates, pp.3-31.

Menken, J., J. Trussell, and S. Watkins (1981) "The Nutrition Fertility Link: An Evaluation of the Evidence," *The Journal of Interdisciplinary History* 11(3), pp.425-441.

Moriki, Yoshie (2012)「Mothering, Co-sleeping, and Sexless Marriages: Implications for the Japanese Population Structure」『社会科学ジャーナル』74, pp.27-45.

OECD (2008) *Jobs for Youth: Japan*.

Raymo, J. M. and M. Iwasawa (2005) "Marriage Market Mismatches in Japan: An Alternative View of the Relationship between Women's Education and Marriage," *American Sociological Review*, 70, pp.801-822.

Weinstein, M., J. Wood and C. Ming-Cheng (1993) "Age Patterns of Fecundability," Gray, R., H. Leridon, and A. Spira eds., *Biomedical and Demographic Determinants of Reproduction*, Oxford: Oxford University Press, pp.209-227.

Wilson, W. J. (1987) *The Truly Disadvantaged: The Inner City, the Underclass, and Public Policy*, Chicago: University of Chicago Press.

Wood, J. W. (1994) *Dynamics of Human Reproduction: Biology, Biometry, Demography*, New Brunswick: Transaction Publishers.

(岩澤美帆)

第3章　結婚・出産前後の女性の就業と子育て支援環境

はじめに

　40年にわたる低出生率は日本の少子高齢化を加速させており，現行の社会保障制度の基盤を不安定なものにするだけでなく，労働力の減少，社会の活力の低下など長く将来にわたって日本社会にマイナスの影響を与える可能性が指摘されている。これに対し，2012年に発足した安倍政権は，その成長戦略の中核に労働市場における女性の活躍を掲げており，結婚・出産を経た女性の就業率を上昇させるために積極的な対策を講じることが検討されている。このような女性の活躍を後押しするためには，女性の就業と結婚・出生行動の実態を詳細に把握することが必要であり，その問題点の指摘や多様な施策の効果分析など，政策への有効なインプリケーションを提示することが喫緊の課題となっている。

　1.57ショックを契機として1990年代から本格化した少子化対策は，「新エンゼルプラン」「次世代育成支援対策推進法」「子ども・子育て応援プラン」など様々に展開されてきた。むろん，少子化対策としての子育て支援と仕事と家庭のバランスを支援するための両立支援は，本来別の問題として区別されるべきものであるが，これら二つの観点は多くの面で重なる部分もあり，近年の少子化対策においては，女性の仕事と家庭の調和，両立を目指す「ワーク・ライフ・バランス」が，国が優先的に取り組む課題として全面に押し出されている。しかしながら，女性が結婚・出産・子育て期に労働市場から退出するM字型の就業パターンは依然強固であり，近年M字の底があがってきているとはいえ，その状況が解消されているとはいえない。

本章では，国立社会保障・人口問題研究所が実施した「出生動向基本調査」（2012a, 2012b）やその他の調査データをもとに，近年における結婚・出産前後の女性の就業状況や意識および子育て支援環境の時系列的な変化を明らかにする。とくに結婚・出産といったライフイベント時の就業状況により両立支援や家族のサポートはどのように異なるのか，その変化や就業状況別の出生力にも注目し，現代の女性の就業と結婚・出産・子育てとの関係について考察を試みる。

本章の構成は，以下の通りとなっている。第1節では，出産・育児期における女性の就業に着目し，M字型カーブと言われてきたわが国の年齢別労働力率の時系列的な変化とその変化の要因を考察する。続く第2節では，未婚女性の結婚・出産・子育て期に関するライフコースの理想や予定について，1980年代後半から近年までの傾向を「出生動向基本調査（独身調査）」の結果にもとづいて議論する。またここでは，「両立コース」「再就職コース」「専業主婦コース」といった女性の理想のライフコース観に学歴，働き方，結婚・子育て・ジェンダーに関する意識がどのように影響しているかについて，多項ロジット分析により検証する。第3節では，前節のように未婚女性のライフコース意識が変化する一方で，実際の女性のライフコースには変化がみられるのか，とくに結婚前後，出産前後の就業状況の時代変化について，同じく「第14回出生動向基本調査（夫婦調査）」の結果をもとにその傾向を把握する。第4節では出産後の子育て支援や制度の利用について，女性の就業状況別に把握し，時代変化を概観する。また，厚生労働省が実施した「21世紀出生児縦断調査」[1]及び「21世紀成年者縦断調査」（厚生労働省 2013）の結果から，出産前の妻の就業状況や子育て支援環境等がどの程度その後の出産を促しているのかを示し，女性の働き方の多様化といった視点からの知見を紹介する。

第1節　結婚・出産・育児期における女性の就業

(1) M字型カーブの現状

　戦後の労働市場におけるサービス業の普及や高学歴化に伴い，学卒後の女性が仕事に就く機会は拡大し，男女の賃金格差も縮小してきた。しかしながら，結婚や子育て期の女性の就業パターンには大きな変化はみられず，その硬直化も繰り返し指摘されている（今田 2006）。わが国の女性の労働力率を年齢階級別にみると，いわゆる「M字型」就業カーブを示しており，これは未婚期に就業していた女性が，出産・子育て期に労働市場から退出し，子育てが一段落したあとで再び労働市場に戻る傾向が強いことを意味している（岩間 2008）。このような傾向は，スウェーデン，アメリカなどの欧米諸国ではすでにみられず，こうした国では女性の就業カーブは男性と同様「台形型」を示すものが多い。

　しかし一方で，M字型の底は近年になるほど上昇しており，またその年齢別パターンの傾向にも変化が見出されている。「労働力調査」（総務省）を分析し

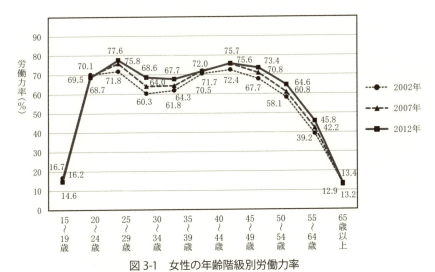

図 3-1　女性の年齢階級別労働力率

（資料）「労働力調査」（総務省 2002, 2007, 2012）．

た守泉（2012）によると、1980〜2010年にかけてM字の底である25〜34歳の若年層での就業率は大きく上昇し、また両肩はともに高くなったことが指摘されている。さらに、年齢別パターンについても1980年には「25〜34歳」をM字の底としていたが、2010年においては「30〜39」歳が底となっている。実際に図で確認してみよう。**図3-1**は、2002年、2007年、2012年の女性の年齢階級別労働力率のデータを示したものである。

2012年の労働力率では、「25〜29歳」（77.6％）と「45〜49歳」（75.7％）を左右のピークとして、「30〜34歳」「35〜39歳」を底とするM字型カーブを描いている。

この傾向を10年前と比較すると、20代以降の全ての年齢階級で労働力率が上昇しているが、とくに注目すべき変化は、20代後半から30代後半にかけての労働力が大きく上昇している点であり、上昇幅が最も大きいのは「30〜34歳」である（2002年から2012年にかけて8.3ポイント上昇）。また、50代前半〜60代前半までの比較的高い年齢層における労働力率も上昇しており、「55〜59歳」の女性では、58.1％から64.6％へと6ポイント以上増えている。

（2）有配偶女性労働力の上昇と共働き家庭の増加

それでは、このような20代後半から30代における女性の労働力率は、配偶関係別に見ても変化しているのだろうか。**図3-2**は、同じく2002年と2012年の配偶関係別の年齢階級別労働力率を示している。

未婚女性では30代までの年齢階級ではほとんど変化がみられないのに対し、有配偶女性の場合は、この10年間に20代から30代にかけて全ての年齢階級で上昇がみられる。とくに「25〜29歳」「30〜34歳」では、10年前と比較してそれぞれ45.5％→55.5％、46.7％→55.6％と10ポイント近く上昇しており、このことは結婚・出産期にあたる女性が結婚した後も働くようになったことを意味している。また、「20〜24歳」「35〜39歳」においても約5ポイント弱伸びているのに対し、未婚者では20代前半の労働力率が低下していることにより有配偶者での増加が相殺され、この年齢階級全体としては変化がないようにみ

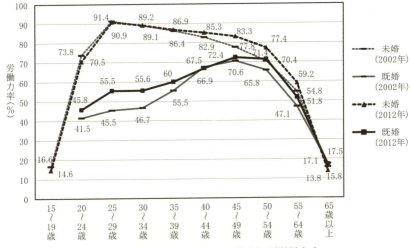

図 3-2　配偶関係別，女性の年齢階級別労働力率
(資料)「労働力調査」(総務省 2002, 2012).

える。

　この点について平成 24 年度の『女性労働の実情』では，2002～2012 年にかけての年齢別就業率変化の要因分解がなされている。それによると，「25～34 歳」の就業率上昇は 02～07 年と 08～12 年とで要因による寄与度が異なり，02～07 年の就業率上昇は，就業者に占める未婚者割合の高まりと有配偶女性の就業率の上昇の両方の効果が同程度であったが，08～12 年の就業率上昇では，有配偶女性の就業率上昇の効果が大きく，未婚者割合の変化効果はむしろ労働力率を下げる方向に寄与していた。

　このような有配偶女性労働力の上昇を世帯数の変化からみてみると，1980 年代以降，夫妻ともに雇用者である共働き世帯は年々増加し，1992 年にはついに共働き世帯が専業主婦世帯を上回っていることがわかる（厚生労働省　2012）。その後多少の変動はあるものの，1997 年からは一貫して共働き世帯が多くなり，2011 年には専業主婦世帯が 787 万世帯に対して，共働き世帯は 1,054 万世帯とその差はひらきつつある。このような共働き世帯の増加は，1990 年代初めのバブル経済崩壊以降，長びく不況を背景に，所得の減少，リストラの増加，

企業の倒産などの雇用不安がこれまで家計の主な担い手であった男性をも巻き込み、妻の就業を促した結果とも考えられる（岩間 2008）。とくにこの10年間で結婚・出産・育児期にあたる女性の就業は増加しており、M字型カーブの底も浅くなってはいるが、その就業状況・就業形態は女性自身の希望にどの程度沿ったものであるのかを丁寧に見ていくことも必要である。

　政府の新成長戦略（平成22年6月18日閣議決定）では、25歳から44歳の女性の就業率を現在の66.6％から2020年までに73％へと急速に高めることが目標とされている。女性労働力率に関する内閣府の試算によると、①M字の谷にあたる30〜34歳、35〜39歳、40〜44歳の労働力率を25〜29歳と同じに仮定した場合、2010年の労働力人口より120万人の増加が見込め、さらに、2010年の労働力調査によると「就業希望者（現在就業しておらず、求職活動はしていないものの就業を希望している女性）」が、25歳から49歳を中心に342万人にのぼっていることから、これを②潜在的労働力人口と考えることもできる。この数は女性労働力人口2,768万人に対して12.4％（男性を加えた全労働力人口の5.2％）と非常に大きな潜在力（ポテンシャル）であると同時に、未だ就業希望があるにもかかわらず仕事に就けない女性が多いことを示唆している。このほか、③潜在的労働力人口のM字型カーブが解消した場合、④労働力率がスウェーデンと同じ水準に上昇した場合を仮定すると、それぞれ429万人、513万人の女性労働力人口の増加が見込めるという（内閣府 2012）。ただし、結婚・出産・育児期における潜在労働力が最大限活用されるためには、様々な女性のニーズに応じたライフコース選択、雇用環境、子育てと仕事の両立施策が多角的に検討されるべきであろう。

第2節　未婚女性の結婚・出産・就業に関するライフコース意識

(1) 未婚女性の理想・予定のライフコース

　前節においては、近年になるほど女性の労働力率は上昇しているものの、依

然としてM字型カーブ自体は崩れていないこと，その一方で，出産・子育て期に就労を希望する女性は少なくないことが示唆された。では，なぜわが国は結婚や出産を機に退職する女性が多いのか。そもそも女性は様々なライフイベントと絡んでどのような働き方を望んでいるのだろうか。

本節では，未婚女性が抱いている結婚・出産・子育て期の就業に関する希望や見通しに関する時代的な変化を第9～14回「出生動向基本調査（独身調査）」の結果をもとに概観していく。同調査では，1987年から5年ごとに18～34歳の未婚女性を対象に，結婚・出産・子育てと働き方について「理想のライフコース」「予定のライフコース」という二つの側面で尋ねている。ライフコースは，主要なものとして下記の5つのコースを選択肢として提示している。

【ライフコースの内容】
「専業主婦」コース ＝ 結婚し子どもを持ち，結婚あるいは出産を機会に退職し，その後は仕事を持たない。
「再就職」コース ＝ 結婚し子どもを持つが，結婚あるいは出産の機会にいったん退職し，子育て後に再び仕事を持つ。
「両立」コース ＝ 結婚し子どもも持つが，仕事も一生続ける。
「DINKS」コース ＝ 結婚するが子どもは持たず，仕事を一生続ける。Double Income No Kids の略。
「非婚就業」コース ＝ 結婚せず，仕事を一生続ける。

図3-3は「理想のライフコース」「予定のライフコース」それぞれについて選択された分布を調査ごとに比較したものである。全体的に言えることは，理想・予定にかかわらず，「再就職」コースが最も多く選ばれているということである。調査回によって多少の変動はあるものの，結婚あるいは出産時に一旦退職し，子育て後再び仕事を持つというライフコースを理想とする女性は2010年の調査で3割強存在し，同程度の女性が，実際になりそうだとしている。

一方で，「再就職」以外のコースを選ぶ割合には大きな変化がみられる。1987年の第9回調査時に最も理想とされていたのは「専業主婦コース」であったが，1997年の第11回調査から大きく低下し，代わって結婚して子どもを持ち，仕事を一生続けるという「両立コース」が上昇し，2010年には3割を超えるまで

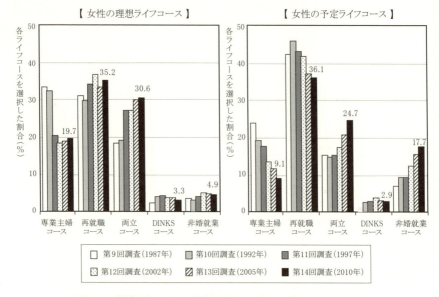

図 3-3　調査別にみた，未婚女性の理想・予定のライフコース
（資料）「出生動向基本調査」（国立社会保障・人口問題研究所　2012b）．
　（注）対象は 18～34 歳未婚者．

になった。この傾向は，実際になりそうな予定のライフコースにおいても同様であり，2010 年の調査で「専業主婦」になりそうだとしているものはわずか 1 割弱（9.1%），「両立コース」は 24.7%と大きな変化がみられる。

　上記のような結果から，1980 年代後半から近年にかけて，結婚・育児期をとおして働き続けたい未婚女性が増えつつあることは明らかである。しかし一方で「再就職コース」「専業主婦コース」を理想とするものを合わせると半数以上となり，結婚・出産を機に一端仕事をやめる，あるいは家庭役割に専念したい割合は 5～6 割で推移している。この結果に注目すると，就業継続というかたちでの両立意識はさほど高まっていないという見方もできる。

(2) 学歴，働き方別にみた理想のライフコース

　未婚者の理想・予定のライフコース意識において，専業主婦志向が減少し両

第3章 結婚・出産前後の女性の就業と子育て支援環境　81

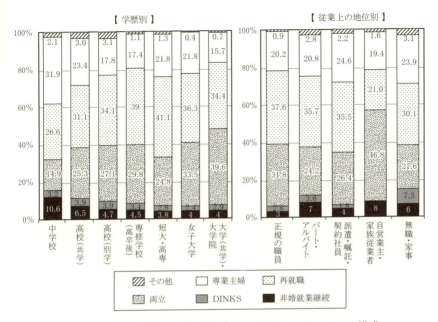

図 3-4　学歴，就業状況別，未婚女性の理想のライフコースの構成
(資料)「出生動向基本調査」(国立社会保障・人口問題研究所　2012b).
(注)　対象は 18〜34 歳未婚者.

立志向の増加がみられるが，このような傾向に学歴や就業状況などの本人の属性はどのようにかかわっているのだろうか。**図 3-4** は，理想のライフコースを学歴別，現在の従業上の地位別に示したものである。学歴別では，大学卒以上で「両立コース」を選択する割合が高いが，その傾向は女子大よりも共学・大学院卒でより高くなっている。また短大卒では「再就職コース」，中学卒では「専業主婦コース」を理想とする割合が高いが，中学卒業者自体が全体の学歴の3％弱と非常に少ないため，全体への影響は限られている。1990 年代半ば以降，女性の四年制大学進学率は上昇し，2012 年には 45.8％と短大進学率（9.8％）を大きく上回っている（文部科学省 2012）。今後予測される四年制大学進学率のさらなる上昇は，女性全体の仕事と家庭の両立志向を高めていく背景として注目されるであろう。

次に，現在の従業上の地位別に理想とするライフコースをみてみると，両立志向が強いのは，「自営業主・家族従業者」（46.8％），次いで「正規の職員」（31.8％）である。

　一方，「無職・家事」「パート・アルバイト」では，両立を理想とする割合が低く，結婚せずに働き続ける「非婚就業」，あるいは子どもを持たずに働く「DINKS」などを選択する割合が高くなっている。近年の雇用不安を背景に，女性が非正規雇用や無職となるリスクは上昇しているとみられる。不安定雇用の未婚女性が，なぜ異なったライフコース意識を持つのかについても，社会経済構造との関係において考察される必要がある。

（3）理想のライフコースに関する多変量解析

　これまで明らかなように，未婚者のライフコース意識は学歴や現在の従業上の地位などによって差がみられる。しかし，これらの要因と理想のライフコース意識との関連の相対的強さは二変量分析では十分にわからない。そこで以下では，理想のライフコース意識に学歴や現在の従業上の地位がどの程度関係しているかを検討するために多項ロジット分析を行う。また本分析では，未婚女性のジェンダー観や子育て観など，結婚・出産・子育てと就業をめぐるライフコースに影響があると推察される「意識」との関係にも注目していく。

　ジェンダー・子育て意識が女性の就業形態選択に影響を与えることは，先行研究でも指摘されている。山名（2011）によれば，妻が性別役割分業観，子育て規範（三歳児神話）に否定的であるとフルタイムで働く確率が高くなり，その傾向はわが国だけでなく，フランス，スウェーデン，アメリカで同様にみられるという。つまり，実際の女性のライフコースにおいては，本人の学歴や夫の経済状況，子どもの年齢とは別に性別役割分業観や子育て規範といった妻自身の意識が大きく影響しているということである。また，乳幼児を持つ女性の就業選択でも同様の傾向が見られ，「伝統的な性別役割規範」「母親規範（三歳児神話）」への否定的態度が強いほど就業率は高い（鄭　2006）。これらの知見から，「意識」と出産・子育て期における就業選択の間には強い関連があり，未

婚者の理想のライフコースにおいても本人の持つジェンダー・子育て意識が影響していると考えられる。

使用する分析データは，第10回，12回，13回，14回(2)の「出生動向基本調査」の独身者票であり，分析対象は18～34歳の未婚女性である。従属変数は理想のライフコースとしての「両立コース」「再就職コース」「専業主婦コース」であり，これらを選択肢とした多項ロジットモデルを用い分析した。

説明変数は，「学歴」「(現在の) 従業上の地位」，そしてジェンダー・子育て・結婚をめぐる意識については，①「夫婦における性別役割分業観」，②「子育て観（三歳児神話）」，③「結婚後の自己目標」に着目する。実際の設問において提示された考え方は章末の付表に示してある。コントロール変数として「(現在) 年齢」「調査回」「居住地 DID（人口集中地区）」を加えた。

各変数と理想のライフコースとの関係性については，学歴が高いほど機会費用が高い（離職することで失う所得が高い）といった状況から，高学歴者は「専業主婦コース」よりも「両立コース」を志向し，現在の働き方においても，同様の背景により，無職や非正規雇用よりも正規雇用の方が両立志向が強くなると予測される。また意識に関しては，非伝統的価値観を持っているほど，「専業主婦」より「両立コース」や「再就職コース」を理想とする傾向が強いと予想する。

表3-1は多項ロジットモデルによって推定された係数を示している（分析に使用した変数の内容と記述統計は章末の付表に示した）。まず，「意識変数」を加えていないモデル1の結果をみると，「学歴」の影響は予想どおりであり，学歴が高いほど「専業主婦」よりも仕事と育児の「両立」を理想とする可能性が高くなる結果となった。「高校卒」を基準とした場合「大学・大学院卒」「専修卒」「短大，高専卒」の順で「両立」を理想とする可能性が高いが，「中学卒」では反対に「両立」を志向する可能性が低い。この傾向は，「再就職コース」を理想とする可能性でも同様にみられるが，「両立コース」ほどは顕著ではない。

次に「従業上の地位」との関係をみると，現在「パート・派遣」であると「正規の職員」と比較して「両立コース」や「再就職コース」を理想とする可能性

表 3-1 未婚女性の「理想のライフコース」についての多項ロジットモデルの推定結果

変数	モデル1 両立／専業主婦			モデル1 再就職／専業主婦			モデル2 両立／専業主婦			モデル2 再就職／専業主婦		
	β係数	有意確率	Exp(β)	β係数	有意確率	Exp(β)	β係数	有意確率	Exp(β)	β係数	有意確率	Exp(β)
本人の学歴												
大学以上	1.273	***	3.572	0.570	***	1.768	0.913	***	2.492	0.438	***	1.549
短大・高専	0.287	***	1.332	0.326	***	1.386	0.237	***	1.267	0.310	***	1.364
専修学校	0.639	***	1.894	0.524	***	1.689	0.436	***	1.546	0.447	***	1.564
中学	−0.340	**	0.712	−0.310	**	0.734	−0.288		0.750	−0.263	*	0.769
高校	Ref.		Ref.	Ref.		Ref.	Ref.		Ref.	Ref.		Ref.
従業上の地位(現在)												
無職	−0.459	***	0.632	−0.430	***	0.650	−0.258	*	0.772	−0.367	***	0.693
自営・家族従業	0.208		1.232	−0.079		0.924	0.357	*	1.429	0.015	*	1.015
派遣・パート	−0.166	**	0.847	−0.103		0.902	−0.078		0.925	−0.082	*	0.921
正規の職員	Ref.		Ref.	Ref.		Ref.	Ref.		Ref.	Ref.		Ref.
年齢5歳階級												
19歳以下	0.081		1.085	0.075		1.078	0.140		1.150	0.110	*	1.116
30〜34歳	0.123	*	1.131	−0.018		0.983	0.080		1.083	−0.010		0.990
25〜29歳	0.190	**	1.209	−0.064		0.938	0.073		1.075	−0.078	*	0.925
20〜24歳	Ref.		Ref.	Ref.		Ref.	Ref.		Ref.	Ref.		Ref.
調査回												
14回	0.788	***	2.199	0.673	***	1.961	0.248	**	1.282	0.466	***	1.593
13回	0.767	***	2.153	0.566	***	1.761	0.196	**	1.217	0.334	***	1.397
12回	0.782	***	2.187	0.777	***	2.175	0.193	**	1.213	0.528	***	1.696
10回	Ref.		Ref.	Ref.		Ref.	Ref.		Ref.	Ref.		Ref.
DID区分												
非DID	0.117	*	1.124	0.092	*	1.097	0.136		1.146	0.100		1.105
DID	Ref.		Ref.	Ref.		Ref.	Ref.		Ref.	Ref.		Ref.
家族・ジェンダー意識												
性別分業	…	…	…	…	…	…	1.093	***	2.982	0.647	***	1.909
3歳児神話	…	…	…	…	…	…	0.976	***	2.653	0.212	***	1.236
個人目標	…	…	…	…	…	…	0.265	***	1.303	0.131	***	1.139
定数項	−0.916			−0.272			−6.124	***		−2.543		
−2 対数尤度	3690.93						10816.67					
Cox-Snell R2	0.073						0.26					
カイ二乗検定	678.06 ***						2610.62 ***					
N	8,922						8,687					

*** <0.01   ** <0.05   * <0.1

(注) 1) 分析対象は「出生動向基本調査」(独身者調査)における18〜34歳未婚女性. 家族・ジェンダー意識に関する3項目を全て尋ねている第10, 12, 13, 14回データを使用.
2) 家族・ジェンダー意識は、4段階の回答(「賛成」「どちらかと言えば賛成」「どちらかと言えば反対」「反対」)を非伝統的である順に4, 3, 2, 1とスコア化して投入した.

を引き下げ,「自営・家族従業」である場合はその可能性を高める結果となっている。この結果は,自営などの非雇用者の働き方が,育児の都合に合わせやすい状況を反映していると推察され,子育てに携わる雇用者においても自営業に近い労働柔軟性が重要であると思われる。

次に結婚・子育て・ジェンダーに関する意識変数を説明変数に加えた場合の結果を見てみよう。モデル2においては,上述の諸変数をコントロールした上でも,非伝統的な意識が,「両立コース」あるいは「再就職コース」を理想とする可能性を高めているという結果が得られた。とくに,「性別役割分業観」「三歳児神話」などの意識において,非伝統的であるほど「専業主婦」志向より「両立」を志向する確率が高くなる。また「両立コース」ほど顕著ではないが,非伝統的な意識は「専業主婦コース」よりも「再就職コース」を理想とする可能性を高めることが分かる。結婚・子育て・ジェンダー意識の変化は,結婚・出産時の就業継続だけでなく,結婚・出産時に家庭に入っても状況が整えば再度就業を志向する既婚女性の増加を促す可能性を示唆している。

第3節　結婚・出産前後の就業状態の変化

第2節では,未婚女性の理想とするライフコース意識においては,近年になるほど結婚や出産と仕事との両立志向が高まっており,その傾向はより現実に近い意識である予定のライフコースでも同様に見られた。また第1節でも触れたように,近年のM字型の底の上昇と,底にあたる年齢の上昇は,有配偶女性の労働市場への参入増加が大きく影響している。それでは,結婚・出産・子育て期の女性は,実際にどのような就業行動をとっているのだろうか。意識の変化と同様に,出産後も就業を継続する「両立」の割合は実際に増加しているのだろうか。この点を明らかにするために,本節では「出生動向基本調査(夫婦調査)」の結果をもとに結婚時,妊娠時,出産後の就業継続率とその時代的な変化をみていくこととする。同報告書では,妻の結婚・出産前後の働き方を以下

のように定義し，結婚年次別あるいは出産年次別の時代的変化を示している。

【妻の結婚前後の就業変化】
就業継続　　　：結婚を決めたとき就業～結婚直後就業
結婚退職　　　：結婚を決めたとき就業～結婚直後無職
結婚後就業　　：結婚を決めたとき無職～結婚直後就業
結婚前から無職：結婚を決めたとき無職～結婚直後無職

【妻の出産前後の就業変化】
就業継続（育休利用）：妊娠判明時就業～育児休業取得～子ども1歳時就業
就業継続（育休なし）：妊娠判明時就業～育児休業取得なし～子ども1歳時就業
出産退職　　　　　　：妊娠判明時就業～子ども1歳時無職
妊娠前から無職　　　：妊娠判明時無職～

(1) 結婚前の働き方とその後の就業継続

図3-5は結婚前後における働き方を1985年から5年ごとに示したものである。ここでも最も大きな変化は，結婚退職が減ってきたことである。1985～89年には4割弱の女性が結婚を機に仕事を辞めていたが，2005～09年には25.6%にまで減少している。また，同期間において結婚前から無職である者も増加していることが分かる（2.9%→7.5%）。一方，結婚後も就業を継続する割合は，6割前後と全期間を通じて大きな変化はみられない。さらに結婚前に就業していた者に限定して結婚後の就業継続割合を見てみると（**表3-2**），1985～89年の60.3%から2005～09年代の70.5%へと約10ポイント上昇しており，結婚退職が減少し，結婚後も就業を継続する女性が増加していることが分かる。

(2) 妊娠前の働き方とその後の就業継続

妊娠時の働き方と第1子出産前後の就業状況の変化をみると（図3-5），妊娠判明時に働いている割合は増加しているが，一方で出産時に退職する割合も増加傾向にあるため，出産後も働き続ける女性の割合は微増にとどまっている（1985～89年24.0%→2005～09年26.8%）。また，妊娠時に就業していた妻で，第1子出産後も就業を継続している割合は4割弱と，1985年以降2005年

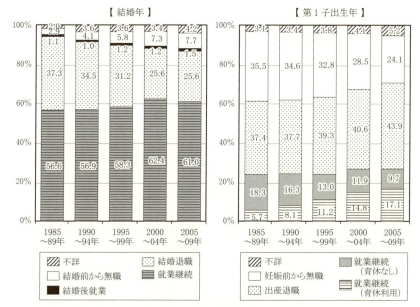

図 3-5　結婚年別，結婚前後の妻の就業変化および第 1 子出生年別，
第 1 子出産前後の妻の就業変化

(資料)「出生動向基本調査」(国立社会保障・人口問題研究所　2012a).
(注) 結婚前後については，結婚後 15 年未満の初婚どうし夫婦について．出産前後については，第 1 子が 1 歳以上 15 歳未満の初婚どうし夫婦について．

表 3-2　結婚・第 1 子出産前後の妻の就業継続割合

(単位：%)

結婚年／ 子の出生年	結婚 前後	第1子前後 (うち育児休業利用)	第1子妊娠前の従業上の地位		
			正規の職員	パート・派遣	自営業主・家族 従業者・内職
1985〜89年	60.3%	39.0　(9.3)	40.4　(13.0)	23.7　(2.2)	72.7　(3.0)
1990〜94年	62.3	39.3　(13.0)	44.6　(19.9)	18.2　(0.5)	81.7　(4.3)
1995〜99年	65.1	38.1　(17.6)	45.5　(27.8)	15.2　(0.8)	79.2　(0.0)
2000〜04年	70.9	39.8　(22.0)	51.6　(37.0)	17.6　(2.0)	69.6　(2.2)
2005〜09年	70.5	38.0　(24.2)	52.9　(43.1)	18.0　(4.0)	73.9　(4.3)

(資料)「出生動向基本調査」(国立社会保障・人口問題研究所　2012a).
(注)「結婚前後の就業継続」は，結婚前に就業していた妻が対象．「第 1 子前後の就業継続」は，妊娠判明時に就業していた妻が対象．

までの20年間でほとんど変化が見られない（表3-2）。このような結果から，結婚と就業の両立は多少しやすくなったが，出産と就業の関係はいまだトレード・オフの関係にあるといえよう。さらにこの表においては，第1子妊娠時の従業上の地位別に出産後の就業継続率を示している。これによると妊娠時「正規の職員」であった妻は，2005～09年の時点で52.9％が就業を継続しており，20年前と比較すると約12ポイントほど増えていることが分かる。一方「パート・派遣」として働いていた場合は，2005～09年の就業継続率は，18.0％と非常に低く，20年前と比較しても5ポイントほど減少しており，正規の職員とは対照的な傾向を示している。また，育児休業取得の割合も妊娠時「正規の職員」の妻は，43.1％（就業継続者の89.9％）であるのに対し，「パート・派遣」であった場合は，4.0％（就業継続者の24.0％）と大きな差が見られる。

　上記の結果より，妊娠時，妻がどのような働き方であったかにより，その後の就業継続率，育児休業取得率に大きな違いがあることが分かる。働き方の違いよって，妊娠，出産時に受けられる支援や制度に差があることは，正規雇用と非正規雇用の待遇の格差をますます拡大させている可能性がある。近年における女性労働者の非正規雇用化が，女性の就業継続や妊娠，出産などのライフイベント選択にどのような影響を及ぼしているのか詳細な分析がのぞまれると同時に，女性の働く状況に応じた，きめ細やかな両立支援，出産・子育て支援環境を整えなくてはならない。

第4節　女性の働き方と出産・子育て支援環境

(1) 出産後の働き方と子育て支援制度，施設の利用

　1992年の育児休業法施行以降，出産，子育て，またその期間の女性の就業をサポートする両立支援策，子育て支援制度が様々に展開されてきた。しかし，前節でも明らかなように，出産前後の女性の就業継続率は20年間ほとんど変化がみられず，近年においてはむしろ第1子出産をきっかけに，それまで働い

ていた女性の退職割合が微増する傾向さえも見られる。本節では，まず，母親の就業の有無や就業状況によって出産・子育ての支援制度・施策の利用割合および親族による子育て支援の状況などがどのように異なるのか，「出生動向基本調査」の結果をもとに，時代的な変化をみてみよう。

図3-6は，最初の子どもが3歳になるまでに利用した子育て支援制度・施設として，「保育園」「産前産後休業」「育児休業（妻）」「短時間休業」「育児休業（夫）」について，1985年代半以降の利用割合を示したものである。全体では，1990年以降3歳未満の「保育園」の利用率が大きく伸びており，18.9％から34.9％とほぼ倍増している。育児休業を利用した妻も増加傾向にあり，2005年以降18.2％と2割弱の利用がある。しかし夫の利用率をみてみると，同時期でも1％に満たず，全体としての利用率は極めて低い。一方，第1子出産時に妻が就業していた場合はいずれの支援も利用割合が高く，とくに「育児休業制度」は56.1％，3歳未満の「保育園」は70.5％と大きく伸びていることが分かる。

また同調査結果によると，第1子出産前後の妻の就業異動別では，正規雇用で就業を継続している妻は82.3％が育児休業制度（2002年から2007年の平均取得率）を利用しているが，正規雇用から非正規雇用・自営業に異動した妻では22.0％，非正規雇用で就業継続している妻は15.1％と，従業上の地位によって利用率に大きな差があることが明らかとなっている。

（2）出産後の働き方と祖父母の子育て支援

次に祖父母の子育て支援の変化をみてみよう（図3-6）。全体では，「夫妻どちらかの母親（子の祖母）の支援」を受けた割合は，1985年より上昇傾向にあったが，1990年代半以降は5割程度で推移している。一方，妻が第1子1歳児に時に就業している場合は，2005年以降では，61.2％とやや低下傾向にあるが，その内訳は大きく変化しており，妻方の母親から支援を受ける割合が増える一方，夫方の親からの支援は減少傾向にある。さらに「出生動向基本調査」の報告書では，第14回の結果を用いて上述の子育て支援制度の利用と夫妻の母親からの支援状況の組み合わせの傾向を，出産前後の妻の就業異動，人口規

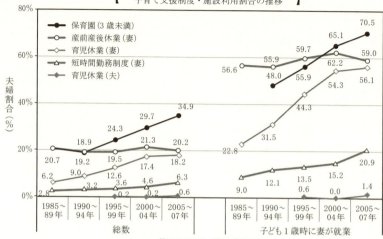

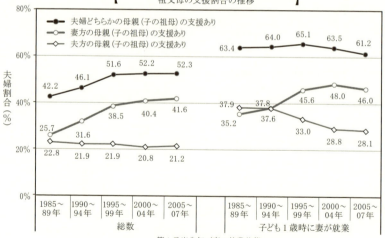

図 3-6　第1子出生年別，第1子が3歳になるまでの
子育て支援制度・施設利用割合および祖父母の支援割合の推移

（資料）「出生動向基本調査」（国立社会保障・人口問題研究所　2012a）．
（注）対象は第1子が3歳以上15歳未満である初婚どうしの夫婦．「母親の支援あり」は夫方，妻方の母親から「ひんぱんに」「日常的に」子育ての手助けを受けた割合．

模, 地域ブロック別に集計している。これによると妻が正規雇用で就業継続した場合,「制度・施設の利用」,「母親からの支援」率ともに高いが, 出産後に妻が無職であった場合は「利用した制度・施設なし」の割合が6〜7割を占めている。また, 正規雇用で就業継続する妻が人口50万人以上の都市に居住していると,「制度・施設のみの利用」の割合が半数程度に達する。同様の傾向は大都市を含む関東, 近畿といった地域ブロックでもみられ, この背景として都市部においては親との同居や近居割合が低く, 親族からのサポートが受けにくいことが指摘されている。

(3) 出産・子育て支援環境と出生力

以上のように妻の就業状況や居住地域, また親族からのサポートの有無などが, 子育て支援や両立支援制度の利用実態と関わっていることが明らかとなった。それでは, このような公的, 私的な子育てサポート, あるいは子育て支援・制度の利用実態は, 夫婦の出生力とどのような関連があるのだろうか。

先の「出生動向基本調査（第14回）」では, 利用した出産・子育て支援と妻の就業状況の組み合わせの違いによる出生意欲と出生力を比較している。具体的には, 1歳以上の子どもを持つ夫婦を対象に, 子どもが3歳になるまでに利用した制度や施設, 母親（子の祖母）の支援の有無と第1子出産後の妻の就業状況の組み合せによる予定子ども数と出生子ども数の比較をしている（表3-3）。それによると「支援を受けた就業継続型」「支援を受けた再就職型・専業主婦型」「支援を受けない再就職型・専業主婦型」の平均予定子ども数は, それぞれ1.99人, 2.00人, 1.79人であり, 同じく平均出生子ども数は, それぞれ1.67人, 1.75人, 1.75人であった。この結果は, 同じ「専業主婦（再就職型を含む）」であっても親や制度等の支援がない場合は, 第2子以上を予定する割合が低いなど出生意欲が低いことを示している。一方, 実際の平均出生児数となると「支援を受けている就業継続型」が1.67人と最も少なく, 出生の予定を実現するペースに遅れがみられる。妻が両立を実現し, 出生意欲も高いにもかかわらず, 実際の出生ペースに遅れがみられることは, やはり就業と出産・子育

表 3-3　支援の有無と妻の就業状況の組み合せ別，予定子ども数，出生子ども数

母親からの支援と制度・施設の利用状況	平均予定子ども数	平均出生子ども数
「支援を受けた就業継続型」	1.99人	1.67人
「支援を受けた再就職型・専業主婦型」	2.00人	1.75人
「支援を受けない再就職型・専業主婦型」	1.79人	1.75人

（資料）「出生動向基本調査」（国立社会保障・人口問題研究所　2012a）．
　（注）　対象は1歳以上の子を持つ結婚持続期間10年未満の初婚どうしの夫婦．ただし，平均予定子ども数の算出にあたっては，出生こども数が1人の夫婦に限定している．「支援を受けた」とは夫方，妻方の母親から「ひんぱんに」「日常的に」子育ての手助けを受けた場合か，制度・施設に関する選択肢について少なくとも1つの利用があった場合．

の両立環境が十分でない可能性を示唆する．

　実際，近年の出生率低下には第2子出生の低迷も大きく効いており，第2子出生選択に影響する背景・要因分析の重要性が指摘されている。「21世紀出生児縦断調査」及び「21世紀成年者縦断調査」の特別報告では，第2子を生む選択やタイミングが，第1子出産前後の妻の就業変化，育児休業の有無，夫の家事・育児参加，祖父母との同別居，妻の育児不安や負担感，その他学歴，夫の職業，居住地の社会経済的属性などによりどのような影響を受けているのかをハザード分析により明らかにしている（厚生労働省　2013）。

　それによると，第1子出産後10年の間に第2子が出生する関連要因として「第1子出産前後の妻の就業変化」は，出産前後ともに無職であった妻に比べて，出産により正規雇用を退職した妻，ならびに育児休業制度を利用して正規雇用を継続している妻において，第2子出生が起きやすい傾向が認められた。さらに第1子出産後4年以上の場合には，育児休業制度を利用して正規雇用を継続している妻は，それ以外の就業経歴の妻よりも第2子を出生する確率が高いことが明らかとなり，このことは，育児休業制度の利用が第2子の出生を促す要因であることを示唆している。

　また，子育て支援環境として「夫の家事・育児参加」「祖父母との同居」に注目してみると，夫の育児参加が多いほど第2子出生が促される傾向がみられ，それはとくに世帯収入に対する夫の収入割合が妻と同程度かそれより低い場合，

つまり世帯における経済的な役割分担がより平等か妻の方が優位である場合においては夫の育児参加と第2子出生に強い正の関連がみられた。なお，祖父母と同居していることも第2子出生を促す要因であり，同調査においても，家族や親族の子育てサポートは出生を促す重要な要因であることが確認されている。さらに，このような子育て支援環境は，「第1子出産後（半年後）における妻の就業状況」によってもその影響が違ってくることも明らかとなっている。妻が働いていた場合，3歳未満で第1子の保育所利用があるか，祖父母と同居しているかの場合に第2子出生がおきやすい。しかし，妻が無職であった場合には保育所の利用は第2子出生と負の関係を持ち，祖父母との同居についても統計的に有意な関連は認められない。第1子出産後も妻が働いている場合は，保育所などの公的サポートや親族の私的なサポートいずれもが，第2子出生にとって重要な要因であるとされる。

　本節では，第1子出産後の妻の就業状況により，育児休業制度や保育所など子育て施設の利用程度および夫や祖父母の子育て支援の状況が異なっていることが明らかとなった。とくに第1子出産後，妻の就業の有無，公的・私的支援の状況によって，第2子の出生のタイミングも異なることが示唆された。今後，これらの諸要因がどのような関連を持つのかさらに究明されなければならない。

　また，本節の結果で特に注視しなければならないのは，妻が無職で公的な子育て支援・制度，親族や家族からの子育て支援ともに得られていないケースである。この点に関しては，2004年に総務省がおこなった新エンゼルプランの政策評価報告書『少子化対策に関する政策評価書』での子育ての負担感の分析において「仕事と子育ての両立の負担感の緩和については十分とはいえないものの総じて緩和されてきているが，子育てそのものの負担感は緩和されなかった」との指摘がされている（松田 2013）。また，その原因としては子育ての経済的負担感が増大していること，とくに専業主婦世帯においては子育てそのものの負担が大きいことも問題とされているとの意見もある。いまだ結婚・出産期において約6割以上の女性が離職をしている状況のなか，就業せず子育てに専念している母親への有効な子育て支援体制もさらに検討されるべき課題である。

おわりに

　日本の将来推計人口によると，わが国の人口はおよそ40年後には現在の4分の3程度にまで減少し，人口に占める生産年齢人口の割合も現在の6割程度までに低下するといった急速な人口減少・少子高齢社会を迎えることが見込まれている。このような中，将来にわたる持続可能な社会にむけた少子化対策と女性の労働力参加の促進は，社会全体で取り組むべき最重要課題であると思われる。

　実際この20数年の間に，結婚・出産・子育てをめぐる女性の就業意識は大きく変化しており，とくに高学歴化が進んだ若い世代，また子育て，ジェンダーに関して非伝統的な意識を持つ未婚者ほど仕事と家庭の両立志向は強い。他方，同時期において保育所の増設や待機児童の解消など保育サービスの拡充や育児休業制度の改正，さらにワーク・ライフ・バランスを基軸とした働く女性・家族への両立・子育て支援等も様々に展開されてきた。しかしながら本章でもふれたように，いまだ女性の6割以上が結婚，出産などを機に離職し，育児休業制度や保育所などの両立支援を利用できる者は一部の就業継続者に限られている。とくに育児休業制度の利用については，妊娠時の女性の就業形態による差が大きく，正規雇用者では約9割とほとんどの者が育児休業制度を利用しているのに対して，非正規雇用であった場合は24％と4人に1人の割合でしか利用していない。

　この点に関して守泉（2012）は，1990年以降の非正規雇用の拡大が，就業継続する女性の増加に歯止めをかけており，女性全体の就業継続率の上昇を阻む要因として大きな影響を及ぼしているとする。とくに有期雇用のパート，アルバイト，派遣社員，契約・嘱託社員などは，正規雇用とは異なり，様々に展開されている制度や支援の対象から外れてしまうことが多く，結果として結婚，出産等で仕事を辞める割合は高まってしまう。さらに重要な点は，このような非正規雇用が，学卒直後の若い女性にも広がっており，これから仕事と家庭の

両立問題に直面する世代に，十分な支援策が届かない可能性を指摘している。

また，第4節で取り上げた縦断調査（厚生労働省　2013）の結果からは，第1子出産時に正規雇用で育児休業制度を利用した場合に第2子の出産確率が高くなっており，妊娠，出産前後の女性の働き方や制度の利用の有無が，次子を持つか否かを規定する可能性が示唆されている。女性の非正規雇用化が進む中，働き方の違いや就業の有無によって利用できる制度や公的支援に格差や不平等がおきないよう，より細かい注意が払われるべきである。

さらに，出産・子育て期の女性の就業を支えるのは，育児休業制度などの労働政策だけでなく，夫の参加や祖父母からのサポート，自治体や学校が提供する保育所や学童保育などの子育て支援環境である。本章で取り上げた先行調査からも，出産前後の妻の就業の有無や働き方により公的な子育て支援・制度の利用状況，あるいは夫や祖父母からの子育て支援の割合が大きく異なっていることがわかった。就業している妻の方が無職の妻よりも支援制度の利用率が高く親族のサポートも多い。出産後妻が働くことは，必然的に多くの子育て支援を必要とし，結果的に母親1人が子育てを抱え込むといった「子育ての孤立化」[4]を防ぐことにもつながっているとみられる。また，公的・私的子育て支援や制度の利用状況は，次の子どもを持つ意欲や実際の出生率とも密接な関係があり，利用可能な制度や子育て支援がより充実している場合に出生意欲が高く，出生が促されることも明らかになっている。現在，少子化政策として進められている子育て・両立支援が，女性やその家族にとって要請度が高く，かつ利用しやすいものであることが最も重要であろう。

付表

未婚女性の「理想のライフコース」についての多項ロジットモデル推定に使用した変数と記述統計

変数	度数	%
年齢5段階		
19歳以下	625	7.0%
20～24歳	2,894	41.9
25～29歳	1,668	32.4
30～34歳	3,735	18.7
総数	8,922	100.0
調査回		
10回	2,326	26.1%
12回	2,320	26.0
13回	1,993	22.3
14回	2,283	25.6
総数	8,922	100.0
DID 2区分		
非DID	3,072	32.7%
DID	5,850	67.3
総数	8,922	100.0
現在の働き方		
無職	717	8.0%
自営業	221	2.5
派遣・パート・アルバイト	2,123	23.8
正規の職員	5,861	65.7
総数	8,922	100.0
本人の学歴		
大学以上	1,797	23.4%
短大・高専	2,167	21.4
専修学校	1,362	14.5
高校	3,281	35.8
中学	315	4.8
総数	8,922	100.0

変数	度数	%
結婚・子育て・ジェンダーに関する意識		
結婚後は、夫は外で働き、妻は家庭を守るべきだ		
まったく賛成	633	7.3%
どちらかといえば賛成	2,878	33.1
どちらかといえば賛成	3,367	38.3
まったく反対	1,809	20.8
総数	8,687	100.0
少なくとも子どもが小さいうちは、母親は仕事を持たず家にいるのがのぞましい		
まったく賛成	3,218	37.0%
どちらかといえば賛成	4,151	47.8
どちらかといえば賛成	1,027	11.8
まったく反対	291	3.3
総数	8,687	100.0
Q結婚しても、人生には結婚相手や家族とは別の自分だけの目標を持つべきである		
まったく賛成	2,858	32.9%
どちらかといえば賛成	4,567	52.6
どちらかといえば賛成	1,116	12.8
まったく反対	146	1.7
総数	8,687	100.0

注

(1) 縦断調査（パネル調査）は、異なる時点における同一個人の属性や状況把握が可能であり、個人におきた状態変化がいかなる要因と関連が深いかを特定することができる。これに対して横断調査は、集団の一時点の状況を調べる調査のことで、男女別や年齢階級別や収入階級別など、対象者の属性別に分析し集団の断面を分析するものである。

(2) ここで分析対象とした調査回は 10, 12, 13, 14 回で、11 回は除いている。その理由としては、使用した家族・ジェンダーに関する意識の3設問全てを尋ねてい

る調査回に限定したためである。
(3) トレード・オフとは，相互に関係する複数の目的が同時には達成することができないことを意味し，トレード・オフの関係にあるという。ここでは，女性にとって出産と就業継続が同時にできない関係にあることを示している。
(4) この点に関して松田（2010）は，子育てを直接，間接にサポートしている人的ネットワーク（近隣の人，同じ子育て期の仲間，親族等）が子育て期の親を支えており，そのネットワークが築けない家庭は，子育てにおける孤立リスクが高くなると指摘している。その傾向は，子どもが0～3歳と幼いほど，母親の年齢が若いか年配であるほど，地方よりも首都圏ほど，はっきりとみられる。

参考文献

今田幸子・池田心豪（2006）「出産女性の雇用継続における育児休業制度の効果と両立支援の課題」『日本労働研究雑誌』No.553, pp.34-44。

岩間暁子（2008）「女性の就業と福祉レジーム」『女性の就業と家族のゆくえ』東京大学出版会, pp.61-93。

厚生労働省（2012）『働く女性の実情』平成24年版。

厚生労働省（2013）『21世紀出生児縦断調査及び21世紀成年者縦断調査特別報告書』。

国立社会保障・人口問題研究所（2012a）『結婚と出産に関する全国調査／わが国夫婦の結婚過程と出生力：第14回出生動向基本調査』。

国立社会保障・人口問題研究所（2012b）『結婚と出産に関する全国調査／わが国独身層の結婚観と家族観：第14回出生動向基本調査』。

国立社会保障・人口問題研究所（2012c）『日本の将来推計人口（平成24年1月推計）』。

四方理人（2004）「晩婚化と女性の就業意識」本田由紀編『女性の就業と親子関係』勁草書房, pp.57-58。

相馬直子（2004）「育児休業取得をめぐる女性内部の格差」本田由紀編『女性の就業と親子関係』勁草書房, pp.59-79。

鄭　楊（2006）「乳幼児を持つ既婚女性の就業」澤口恵一・神原文子編『第2回家族についての全国調査（NFRJ03）第2次報告書』No.2 親子，きょうだい，サポートネットワーク』日本家族社会学会全国家族調査委員会。

内閣府（2012）『男女共同参画白書』平成24年版。

内閣府（2013）『子ども・子育てビジョンに係る点検・評価のための指標調査報告書』平成 25 年版。

深堀遼太郎（2012）「近年の景気後退と有配偶女性の労働力化・非労働力化」樋口美雄・宮内環・C. R. McKenzie 編『親子関係と家計行動のダイナミズム』慶応大学出版会 , pp.183-200。

松田茂樹（2013）『少子化論』勁草書房。

松田茂樹・汐見和恵・品田知美・末盛慶（2013）『揺らぐ子育て基盤』勁草書房。

守泉理恵（2012）「女性就業と子育て支援」小崎敏男・牧野文夫編『少子化と若者の就業行動』原書房 , pp.75-96。

文部科学省（2012）『学校基本調査』。

山谷真名（2011）「妻の性別役割分業意識が就業選択に与える影響の国際比較分析―少子化に関する国際意識調査データを用いて」『生活社会学研究』No.18, pp.67-81。

労働政策研究・研修機構（2006）「仕事と生活の両立―育児介護を中心に」『労働政策研究報告書』No.64。

Catherine, H. (2003) "A New Approach to Explaining Fertility Patterns: Explaining Declining Fertility, Preference Theory," *Population and Development Review* 29(3), pp.1-26.

（新谷由里子）

第4章　女性の就業行動が結婚・出生行動に及ぼす人口学的分析

はじめに

　結婚が特に集中する年齢である20歳代から30歳代においては，一度も結婚経験のない人口，すなわち未婚人口の割合が1980年代から上昇傾向にある。こうした未婚者割合の上昇は一般に未婚化といわれる。この未婚化を促す要因は，以前では晩婚化の影響による一時的な現象と見られていたが，今日ではむしろ，生涯未婚を貫く非婚化の現れと考えられている（岩澤 2007；大橋 1993；国立社会保障・人口問題研究所 2012b；社会保障審議会人口部会 2002；山田 1996など）。また出生力の動向をみると，日本の合計出生率は1970年代半ばからほぼ持続的に低下しており，少子化の傾向が続いている。こうした未婚化・少子化をもたらす要因・背景には社会・経済的なものに留まらず，実に多くのことが取り上げられている。この章ではこうした広範な要因群の中から経済的な要因について，特に就業形態に着目した考察を試みる。なお結婚行動については，再婚行動に比べて初婚行動は出生率へ与える影響が顕著に大きいため，特に初婚行動を分析の対象とする。

　総務省統計局「就業構造基本調査」によれば，特に1990年代から男女とも30歳以下の若年齢を中心に非正規就業の割合が上昇している[1]。この非正規就業割合の上昇は，結婚行動を抑制しているとの指摘がある（永瀬 2002b；永瀬・守泉 2008 など）。他方で現在の出生率が低水準にとどまっている要因として，平成16年版『少子化社会白書』は女性の就業の変化ならびに仕事と子育てを両立できる環境整備の遅れを指摘している（内閣府 2004）。

先行研究によると，初婚ならびに出生は就業形態と大きく関連しているおり，非正規就業の場合には結婚・出生の確率が低くなるとされている。そうであるなら，非正規就業化がさらに進むことは，日本の未婚化・少子化を促進する側面があるといえるだろう。さらに，今日では結婚を契機とした離職が減少する一方で出産を契機とする離職は増加している（国立社会保障・人口問題研究所 2012a）。このことから，出生率は出生前の就業形態のみならず，出生前から出生後にかけて就業を継続するか否かによっても異なるだろう。またその逆に，就業の継続は出生するかどうかによって異なるとも考えられる（岩澤 2004；鈴木 2001；丸山 2001）。

　そこで本章では，就業構造の変化について確認した後，近年進んでいる未婚化・少子化と非正規就業の増加に代表される就業構造の変化および就業継続や離職といった就業異動[2]に関して人口学的な視点から分析を行い，就業構造ならびに就業異動が未婚化・少子化に与える影響について検討したい。

　なお，本章で扱う内容は厚生労働科学研究費補助金「家族・労働政策等の少子化対策が結婚・出生行動に及ぼす効果に関する総合的研究」（主任研究者：高橋重郷，2008～2010年度）における研究成果に依拠している。

第1節　少子化・未婚化の動向と就業構造の変化

（1）少子化・未婚化の動向

　はじめに少子化の動向について概観したい。**表4-1**は，1980年以降の年齢別出生率の推移を示したものである。この表から，29歳以下の年齢では出生率が大きく低下する一方，30歳以上では逆に上昇する傾向がみられる。この結果，これまで出生率の最も高い年齢は20歳代後半であったが，2005年に30歳代前半が最も高くなっている。ただし，29歳以下の低下幅と比べると30歳以上の上昇幅は小さく，このため2005年までの合計出生率（TFR）は低下している。

　ところで厚生労働省『人口動態統計』をみると，日本では出生する女性は

表 4-1　女性の年齢別出生率の推移

(単位：‰)

年齢	1980年	1985年	1990年	1995年	2000年	2005年	2010年
15〜19歳	3.6	4.1	3.6	3.9	5.5	5.2	4.6
20〜24歳	77.0	61.8	44.8	40.4	39.9	36.6	36.1
25〜29歳	181.4	177.8	139.8	116.0	99.5	85.3	87.4
30〜34歳	73.1	85.5	93.2	94.4	93.5	85.6	95.3
35〜39歳	12.9	17.6	20.8	26.2	32.1	36.1	46.2
40〜44歳	1.7	1.8	2.4	2.8	3.9	5.0	8.1
45〜49歳	0.1	0.1	0.0	0.1	0.1	0.2	0.2
合計出生率	1.75	1.76	1.54	1.42	1.36	1.26	1.39

(資料)　国立社会保障・人口問題研究所『人口問題研究』.

表 4-2　年齢別未婚者の割合

(単位：%)

年齢	1980年	1985年	1990年	1995年	2000年	2005年	2010年
男							
15〜19歳	99.7	99.7	99.7	99.7	99.5	99.6	99.7
20〜24歳	91.8	92.5	93.6	93.3	92.9	93.5	94.0
25〜29歳	55.2	60.6	65.1	67.4	69.4	71.4	71.8
30〜34歳	21.5	28.2	32.8	37.5	42.9	47.1	47.3
35〜39歳	8.5	14.2	19.1	22.7	26.2	31.2	35.6
40〜44歳	4.7	7.4	11.8	16.5	18.7	22.7	28.6
45〜49歳	3.1	4.7	6.8	11.3	14.8	17.6	22.5
女							
15〜19歳	99.0	99.1	99.3	99.3	99.1	99.2	99.4
20〜24歳	77.8	81.6	86.0	86.8	88.0	88.7	89.6
25〜29歳	24.0	30.6	40.4	48.2	54.0	59.1	60.3
30〜34歳	9.1	10.4	13.9	19.7	26.6	32.0	34.5
35〜39歳	5.5	6.6	7.5	10.1	13.9	18.7	23.1
40〜44歳	4.4	4.9	5.8	6.8	8.6	12.2	17.4
45〜49歳	4.5	4.3	4.6	5.6	6.3	8.3	12.6

(資料)　総務省統計局『国勢調査』. 分母は配偶関係不詳を含まない.

2011年でも97.8%が法律的に結婚した状態にある。したがって，未婚化の進行は有配偶者の割合を低下させるために，出生率を低下させる大きな要因となり得る。そこで次に未婚化の状況についてみておこう。**表 4-2** は総務省統計局『国勢調査』による年齢別未婚割合の推移を示したものである。これをみると，男女とも24歳以下ではほとんどが80%以上であり，ほぼ全員が未婚状態といえる。これが25〜29歳では，男性は1980年の55%から2010年には72%へ，女性は1980年の24%から2010年には60%へと大きく上昇している。未婚割合の上昇傾向は45〜49歳でもみられる。

以上から，特に未婚化が進んでいるのは 25～29 歳と，それに続く 30～34 歳であることが確認された。前掲表 4-1 で示したように，この年齢層は特に出生率が高い年齢でもある。現在のように結婚外からの出生が極端に少ない中では，こうした未婚化の進展は出生率を大きく低下させる要因となり得る（河野 1995）。

（2）就業構造の変化

まず，年齢別の有業者割合を時系列で比較しよう（**図 4-1**）。これをみると，年齢別の有業者割合は男女で大きく異なっている事がわかる。男性は 25～29 歳から 55～59 歳までほぼ 90％を超える水準を保っているのに対し，女性は 30 歳以下で 70％ほどまで上昇した後 30 歳代前半で低下し，その後 40 歳代にかけて再上昇して 50 歳代から低下するパターンを示している。この女性のパターンは就業率のM字型カーブとして知られる（大淵 1995）。これは，20 歳代後半～30 歳代にかけて結婚ならびに出産・育児のために離職する女性が多かったためである（大淵 1995）。ただし，M字型の谷を形成する 30 歳代前半での有業者割合の低下は年々小さくなっており，最新の 2012 年調査ではM字型というよりも台形に近くなっている。

さらに，前述のように 1990 年代から非正規就業が増加している。そこで，結婚・出生の多い年齢層である 15～49 歳を対象に，非正規就業者の割合をみてみよう。**図 4-2** をみると，1990 年代から男女とも特に 25 歳以下で非正規就業の割合が上昇している。しかし，男性の 25 歳以上では非正規就業の割合が 20％以下に留まるのに対し，女性の 25 歳以上のほぼ全年齢で非正規就業の割合が大きく上昇している。

以上から，有業割合のみならず就業形態についても，女性は男性に比べて大きく変化していることがわかる。以下では 15 歳から 49 歳までの女性を対象に分析を行うこととしたい。

ところで，別府（2007）等が示しているように，労働力状態や就業状態は配偶関係によって大きく異なっている。そこで，女性の就業人口に占める年齢別の非正規就業割合について，未婚者と有配偶者による比較を行いたい（**表 4-3**）。

第4章 女性の就業行動が結婚・出生行動に及ぼす人口学的分析　103

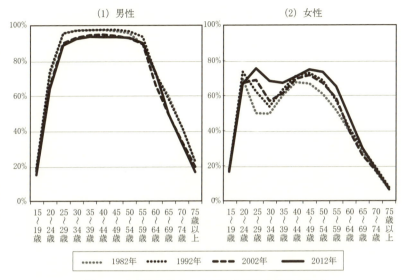

図 4-1　年齢別にみた，人口に占める有業者の割合

（資料）総務省統計局『就業構造基本調査』.

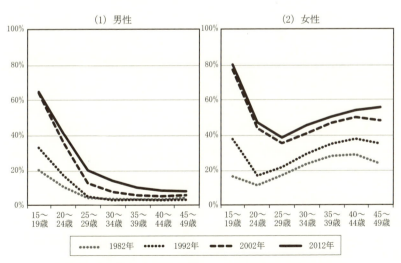

図 4-2　年齢別にみた，就業人口に占める非正規就業の割合

（資料）総務省統計局『就業構造基本調査』.

表 4-3　年齢・配偶関係別にみた，女性の就業人口に占める非正規就業割合の推移

(単位：％)

年齢	1982年	1987年	1992年	1997年	2002年	2007年
未婚						
15～19歳	16.0	27.1	37.6	59.1	77.4	77.6
20～24歳	10.0	13.5	15.2	26.2	43.4	44.6
25～29歳	13.2	15.8	14.9	18.7	31.6	34.2
30～34歳	12.9	16.7	16.5	19.9	34.5	37.0
35～39歳	11.1	14.2	14.9	17.5	33.6	33.0
40～44歳	10.4	12.0	14.7	19.5	33.1	31.3
45～49歳	10.5	12.4	12.5	16.5	34.2	30.1
有配偶						
15～19歳	32.3	56.2	38.2	43.7	71.1	71.4
20～24歳	19.8	30.5	36.8	40.8	52.3	55.9
25～29歳	18.9	24.8	32.2	36.5	44.9	49.4
30～34歳	24.8	27.1	33.2	38.9	46.4	49.3
35～39歳	29.3	34.9	37.6	43.5	52.1	55.5
40～44歳	30.0	36.9	40.3	45.0	54.0	58.5
45～49歳	24.3	32.9	37.2	42.7	51.0	56.2

(資料) 総務省『就業構造基本調査』，および別府 (2010b) による『就業構造基本調査』の再集計に基づく．

　はじめに未婚女性について，1982年から2007年までの非正規就業割合をみよう。学生の割合が小さくなると思われる25～29歳では1982年の13％から2007年の34％へ21ポイント上昇しており，35～39歳も1982年の11％から2007年の33％へ22ポイント上昇している。また有配偶女性の非正規就業割合は25～29歳では1982年の19％から2007年の49％へ30ポイント上昇しており，35～39歳も1982年の29％から2007年の56％へ26ポイント上昇している。未婚者と有配偶者を比べると，15～19歳を除く全年齢で有配偶者における非正規就業の割合が6～27ポイント上回っている。この傾向は高年齢ほど強くなっている。

　ところで15～19歳では未婚者の非正規就業割合が高く，有配偶者の非正規就業割合と大きく違わなくなっている。この理由として学生の影響が考えられる。学生の就業はアルバイト等の非正規就業である場合が多い。この間に進学率の上昇によってこの年齢層における学生の割合が上昇し，相対的に非正規就業割合が上昇したと考えられる。

以上から，特に女性の就業形態は配偶関係および年齢によって大きく異なることが確認された。

（3）女性の就業行動と初婚行動，就業異動と出生力についての先行研究

これまで，女性の就業と結婚・出産について数多くの研究が行われている。ここでは先行研究から明らかになっていることをまとめたい。

はじめに女性の就業行動と初婚行動についての先行研究からは，非正規就業の経験者は結婚・出産のタイミングが遅くなる傾向があること（酒井・樋口 2005；永瀬 2002a），女性の場合は非正規就業に比べ正規就業の結婚確率が有意に高いこと（永瀬 2002b）が明らかになっている。その一方で，就業形態ではなく高学歴・高収入ほど結婚確率は高いとの研究もある（福田 2009）。また初婚タイミングに及ぼす影響を分析した鎌田（2012）も，女性では学歴による影響が大きいとしている。

次に女性の就業と出生力を扱った研究の中から，本章が扱う出生前後における就業異動，ならびに出生前の就業形態による出生力を対象とした先行研究をみたい。はじめに出生前後の就業異動に関する先行研究からは，出生にともなう退職の確率は正規就業の女性よりも非正規就業の女性の方が高い（鈴木 2001）ほか，第1子の出生にともなう退職は減少していること（岩澤 2004；永瀬 1999；守泉 2005, 2009），第1子を出生する際に就業を継続している女性はその後も就業を継続しやすいこと（丸山 2001）が明らかになっている。また，出生時に無業だった女性の多くはしばらく後に入職しているが，その際の就業形態は非正規就業が多いとの研究結果もある（岩澤 2004）。さらに Ueda（2007）は，出産前後におけるフルタイム就業者の継続就業率について有配偶女性の30歳時点を対象にシミュレーションを行い，出産退職は3～4割，育児休業利用者と合わせた就業継続率は4～6割であると推定している。

次に有配偶女性の就業形態と出生確率を扱った先行研究からは，結婚直前もしくは学卒後に正規就業の女性は非正規就業の場合よりも出生確率は高いものの（永瀬・守泉 2008），出生のタイミングは遅いこと（岩澤 2004；酒井・樋

口 2005）が示されている。また出生順位別の出生タイミングについて分析した小島（2009）は，女性のフルタイム就業は第1子出生年齢，第2子出生年齢を上昇させる効果がある一方，週当たりの労働時間が20時間以下の場合には逆にこれらの年齢を低下させる効果があることを示している。出生前の就業形態と出生率について分析した別府（2010b）は，出生前の就業形態が正規就業である場合の出生率は同じく非正規就業の場合と比べて高いとの結果を得ている。学卒後から結婚前にかけての就業形態の変化と予定子ども数を扱った守泉（2005）は，一貫して非正規就業である場合には予定子ども数が少なくなることを指摘している。既婚女性の就業中断と既往出生児数を扱った小島（2008）は，結婚・出産退職は既往出生児数を1人にする確率を高めるものの，その他の理由による退職も既往出生児数を0人および1人にする確率を高めるとしている。さらに，小島（1995）は本章と同様に就業継続と出生確率の双方を取り上げている。そして分析結果から，出産退職については妻の学歴，職業が促進効果を，母親のパート就業が抑制効果を示すとともに，特に第1子の出生確率については見合い婚，親との同居，婚前職業が現業労働であると上昇効果を，妻の年齢，学歴，長い出生間隔が低下効果を示したと述べている。

　このように，女性の就業形態ならびに就業異動と結婚・出生力については多くの先行研究がある。しかしながら，そのほとんどが要因の説明力に関心を払っているため，未婚者の非正規就業割合の上昇によって初婚率がどの程度変化したのか，出生前から出生後にかけてどの程度が就業を継続しているか，また就業形態や就業異動のパターンによって人口全体の出生率はどう異なるかといった，マクロの視点からの分析はほとんど行われていない。

　そこで本章では特に女性の就業形態ならびに就業異動と未婚化・少子化の関係に焦点を当て，次の2点についてそれぞれ人口学的に分析を試みる[3]。その第一は，未婚者における非正規就業割合の上昇と初婚率の関連についてであり，第二は，就業形態別の就業異動率ならびに就業異動のパターンによる出生率についてである。

第2節　分析データならびに分析方法

（1）分析に用いるデータ

　女性の就業形態と未婚化・少子化の関係を分析するためには，初婚および就業形態間の異動に関するデータが必要となる。このうち，初婚に関するデータは厚生労働省統計情報部『人口動態統計』から得る。[4]

　未婚女性ならびに出生前後の有配偶女性における就業異動について分析するためには，配偶関係および就業履歴についてのデータが必要となる。この配偶関係および就業履歴を扱っている統計として代表的なものに，総務省統計局の『就業構造基本調査』がある。同調査はさらに，同居している子どもの数および年齢についてのデータがあること，調査は5年毎であるものの標本数が比較的大きいことなどといった利点を持っている。そこで本章では，分析データに総務省統計局の『就業構造基本調査』を使用する。[5]

　この調査からは被調査者の配偶状態，年齢，同居している子の数および年齢のほか，現職および前職の従業上の地位ならびに勤め先における呼称（就業形態）などの情報を得ることができる。しかしながら，同調査からは出生数や出生時の年齢といった出生に関しての直接的なデータを得ることができない。そのため本章では，親と別居する0歳児はほとんどいないと考え，同居している0歳児の数を過去1年間における出生数として，また調査時点において同居している15歳未満の世帯人員から0歳児の数を除いた世帯人員を調査1年前の時点までに出生した子どもの数として扱う。[6]

　分析期間について，未婚化と就業構造の関連に関する分析は，非正規就業の割合が大きく上昇する前の1992年と上昇が一段落した2007年について二時点間の比較を行う。また，前掲図4-2でみたように，男女とも30歳までは非正規就業割合が大きく上昇しているのに対し，30歳以上ではその上昇幅が小さい。このことから，就業形態の変化が未婚化に及ぼす影響は，特に30歳までの年齢に強く現れると考えられる。一方，厚生労働省の人口動態統計から初婚の年

齢分布をみると，初婚全体の83％以上が35歳までに発生している。このため，初婚の多くが集中しており，かつ就業形態の変化が顕著である35歳以下の未婚者をモデル化の対象とする。

有配偶女性における非正規就業の割合は，前掲表4-3で示したように1990年代から大きく上昇しており，また同時期よりいわゆる少子化対策が実施され始めている（守泉 2008）。そこで有配偶女性の出産前後における就業異動についての分析は，こうした変化が起こる以前の1987年と変化が一段落した2007年，およびその中間年の1997年とする。ところで，前述のように出生数に占める嫡出出生の割合は，1970年半ば以降の各年次とも97％以上で推移している。さらに厚生労働省『人口動態統計』から有配偶女性の出生年齢をみると，分析期間である1987年から2007年では20～39歳の出生が全出生の96％以上を占めている。そこで分析対象は20～39歳の有配偶女性とする。なお，単純化のため死亡の影響は考慮しない。

（2）分析方法

女性の就業形態ならびに就業異動と未婚化・少子化の関係については，次のように分析を行う。未婚者の就業異動率と初婚率の変化については，生命表モデルを用いて分析を行い，両者の間にある人口学的メカニズムの解明を試みる。本モデルは，初期状態である15歳時の未婚・無業人口が，年齢が進むとともに年齢別の就業異動率に従って就業形態間を異動しながら，それぞれの就業形態における年齢別の初婚確率に従って初婚していく過程をモデル化している（別府 2010a）。このように就業異動と初婚の年齢過程を同時に扱うことにより，現実における就業異動と初婚の関係についての人口学的なモデルを構築し，就業異動と初婚について定量的に分析することとしたい。分析に必要となる就業形態間の異動率については，就業構造基本調査における調査時点の就業形態および調査1年前の就業形態を用いて各就業形態間の入職率・離職率および転職率を求め，これを用いる。

次に，就業異動率および就業異動のパターン別出生率の算出方法について示

したい。1年前の就業形態をi，調査時点の就業形態をj，年齢をx，配偶関係をM，調査1年前の時点までに出生した子どもの数をc，過去1年間における出生数をB，1年前の時点における女性人口をFとすると，本章で用いる各指標は次のように表せる。

$$\text{過去1年間における就業異動のパターン別割合} = \frac{{}^{M}F_x^{ij}}{{}^{M}F_x} \quad \text{〔1〕}$$

$$\text{就業異動率} = \frac{{}^{M}F_x^{ij}}{{}^{M}F_x^{i}} \quad \text{〔2〕}$$

$$\text{出生順位別の就業異動率} = \frac{{}^{Mc}F_x^{ij}}{{}^{Mc}F_x^{i}} \quad \text{〔3〕}$$

$$\text{就業異動のパターン別出生率} = \frac{{}^{M}B_x^{ij}}{{}^{M}F_x^{ij}} \quad \text{〔4〕}$$

$$\text{出生順位・就業異動のパターン別出生確率} = \frac{{}^{Mc}B_x^{ij}}{{}^{Mc}F_x^{ij}} \quad \text{〔5〕}$$

なお，本章が扱う諸指標はいずれも調査時点までの1年間についての期間指標であり，コーホートの指標でない点には注意されたい。

第3節　未婚女性の就業異動と未婚化

(1) 未婚女性の就業異動率と初婚率

　非正規就業の割合が大きく上昇する前の1992年と上昇が一段落した2007年について，未婚者の年齢および就業形態別に就業異動率を比較しよう。**図 4-3**は，就業構造基本調査から算出した就業形態別の入職率・離職率および転職率である。

　はじめに1992年と2007年の入職率を比較すると，正規就業への入職率は20歳代で低下している。これとは逆に，非正規就業への入職率は，年次を経るに

つれて幅広い年齢で大きく上昇している。入職率が最も高くなる年齢は、正規就業では20～24歳であるのに対し、非正規就業では25～29歳と違いがみられる。次に、正規就業からの離職率は年次間の変化がほとんどみられない。一方で非正規就業からの離職率は、25～29歳以上になると1992年の水準よりも2007年の水準が高くなっている。総じてこの期間では、入職率・離職率のいずれも、非正規就業に関連した指標の上昇幅が大きい。また、正規就業から非正規就業への転職率は、1992年と2007年でほとんど変化していない。他方で非正規就業から正規就業への転職率は、幅広い年齢において上昇している。また、

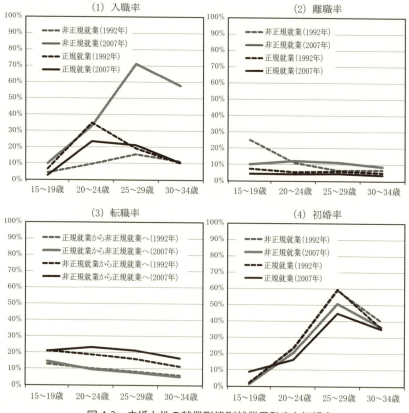

図4-3 未婚女性の就業形態別就業異動率と初婚率
(資料) 別府 (2010a).

その水準は正規就業から非正規就業への転職率よりも高い。

　ここで，特に非正規就業への入職率・離職率における時系列変化に注目すると，1992 年と比べて 2007 年における非正規就業への入職率は高くなっているが，非正規就業からの離職率には年次による変化がほとんどみられない。こうした入職率・離職率の変化からは，酒井・樋口（2005）などが指摘しているように，近年では一度非正規就業へ入職すると抜け出すことが困難になっており，非正規就業状態に長期間留まる傾向が強まっていることが示唆される。また，就業形態別の入職率と転職率の変化からは，はじめは非正規就業へ入職し，それから正規就業へ転職するというパターンが広まっている可能性があると推察される。

　最後に，推計された初婚率を就業形態別に比べると，1992 年では正規就業と非正規就業とはほぼ同水準であった。これが 2007 年では，全体として水準が低下しているが，正規就業の初婚率低下がより大きい。なお，図には示していないが，この間に無業者の初婚率も大きく低下している。この無業者における初婚率の低下は，結婚退職は減少傾向であるという先行研究（岩澤 2004；永瀬 1999 など）とも整合的である。

　以上から，近年では正規就業への入職率が低下してきている一方で，非正規就業への入職率および転職率は，幅広い年齢で高くなっていることが示された。これらの変化がほぼ同時に起こったことにより，非正規就業の割合が急激に上昇したと考えられる。また初婚率は就業形態による差は小さく，1992～2007 年の期間における初婚率低下は相対的に正規就業において一層進んでいた。これらの変化が未婚者全体における初婚率の動向に影響を与えている可能性がある。

(2) 生命表モデルから得られる諸指標

　これまでみてきた就業異動率をもとに作成した生命表モデルから得られた諸指標を**表 4-4** に掲げる。このモデルでは未婚状態を無業，正規就業，非正規就業の 3 状態に分けているが，今回の分析ではいずれの状態における平均滞在期間も短縮している。これは非正規就業への入職率が上昇するとともに非正規就

表 4-4 生命表モデルから得られた未婚女性についての諸指標

(単位:年,歳,%)

指標	1992年	2007年
平均無業期間	4.3	3.8
平均正規就業期間	5.9	4.7
平均非正規就業期間	5.2	3.8
正規就業への平均入職年齢	21.1	23.8
非正規就業への平均入職年齢	20.9	23.0
正規就業からの平均離職年齢	25.3	26.4
非正規就業からの平均離職年齢	23.5	26.3
平均初婚年齢		
無業	24.8	26.5
正規就業	26.4	27.5
非正規就業	26.6	26.7
15歳時の生涯初婚確率(%)		
無業	20.7	12.7
正規就業	48.6	30.8
非正規就業	33.4	23.2

(資料)別府(2010a)による.いずれも対象を35歳までの未婚女性に限定した指標.

業から正規就業への転職率も上昇するなど,就業異動が活発化したことにより,モデル上の人口において各状態での滞在期間が短い人が増加したためとみられる.

　作成された生命表モデルにおいて,15歳時の未婚者が分析の上限年齢である35歳までに初婚する確率は,このモデル全体の初婚確率を示す.この15歳時の生涯初婚確率をみると,両年次とも無業の生涯初婚確率が最も低く,正規就業の生涯初婚確率が最も高くなっている.時系列の変化をみると,いずれの就業状態においても生涯初婚率が低下している.

　なお,前掲図4-3で示した就業形態別の初婚率と表4-4で示した就業形態別の生涯初婚確率を比べると,特に2007年では正規就業の初婚率が非正規就業の初婚率を下回っているのに対し,生涯初婚確率では非正規就業を上回っている.これは,生涯初婚確率が35歳までの就業異動を加味した指標であることに起因する.主な就業異動である入職率をみると(図4-3(1)),正規就業への入職は初婚率が高い20歳代に集中しているのに対し,非正規就業への入職は初婚率が低下してくる30歳代でも高い.この結果,非正規就業者全体として

の生涯初婚確率は，初婚率が低い高年齢の割合が多い分だけ低くなり，正規就業者全体としての生涯初婚確率と逆転している。

さらに，モデル上の人口における初婚数の時系列変化を，就業異動率の変化による変化分と就業形態別初婚率の変化による変化分に要因分解すると，特にモデル上における20歳代後半〜30歳代前半の初婚数減少は，就業異動率の変化により全てが説明された。同期間における就業異動率の変化は特に非正規就業への入職率の上昇であり，要因分解の結果から，就業異動率の変化は20歳代の非正規就業割合を20〜30ポイント程度上昇させる効果を持つとされた。

以上の結果から，1992〜2007年における就業異動の変化によって，生涯初婚確率が低い非正規就業割合が上昇したことで未婚者全体の初婚確率が低下し，この結果，就業形態別初婚率の低下以上に未婚化が進行したといえる。

第4節　有配偶女性の就業継続と出生率

(1) 就業形態および出生の有無による就業の継続率

本節では，出生の有無ならびに出生前の就業形態の相違によって，それぞれの就業異動率の水準がどの程度異なり，また時系列でどう変化しているかを探りたい。なお，就業者の就業形態は正規就業と非正規就業がほとんどを占めるため，本章では就業形態を正規就業と非正規就業に限定する。さらに，就業異動のパターンをみると継続と離職に集中していることから，継続率と離職率はほぼ対照的に推移することになる。そこで，就業異動の分析は継続率のみを扱うこととする。

さて，過去1年間に出生した女性について，出生前後の継続率をみると（**表4-5**)，正規就業の継続率は20〜24歳では0.3〜0.4と若干低いものの，25〜29歳では0.6前後，30歳代以上では0.7超と，年齢が高くなるほど継続率も高くなっている。この結果は，1990年代のデータから30歳時点におけるフルタイム就業の継続率を推定しているUeda（2007）の推定結果と近似している。時

表 4-5 過去1年間における出生経験の有無別, 1年前の就業形態による継続率

就業形態/年齢	正規就業			非正規就業		
	1987年	1997年	2007年	1987年	1997年	2007年
過去1年間に出生経験あり						
20〜24歳	0.328	0.386	0.445	0.149	0.180	0.222
25〜29歳	0.617	0.562	0.650	0.260	0.235	0.299
30〜34歳	0.753	0.710	0.763	0.325	0.357	0.337
35〜39歳	0.773	0.775	0.842	0.295	0.377	0.400
過去1年間に出生経験なし						
20〜24歳	0.539	0.579	0.696	0.464	0.534	0.614
25〜29歳	0.728	0.718	0.760	0.685	0.659	0.773
30〜34歳	0.886	0.846	0.891	0.832	0.813	0.847
35〜39歳	0.914	0.905	0.928	0.891	0.905	0.897

（資料）別府（2010b）．

系列でみると，特に1997年から上昇傾向がみられる。これに対し非正規就業の継続率は，20歳代では0.3以下であり，30歳代でも0.3〜0.4と，全体的に水準が低い。就業形態による継続率を比較すると，正規就業の継続率に対して非正規就業の継続率はいずれの年齢もおよそ半分の水準である。

同様に過去1年間に出生しなかった場合の継続率をみると，正規就業と非正規就業のいずれも20〜24歳では0.5〜0.7，25〜29歳は0.7〜0.8，30歳代は0.9前後であり，こちらも高年齢ほど継続率の水準が高くなっている。正規就業と非正規就業を比較すると，正規就業の継続率が若干高いものの，就業形態による相違はほとんどみられない。

以上の結果，出生しなかった場合の継続率は，就業形態による相違がほとんどみられない一方で，出生した場合は非正規就業の継続率が正規就業と比べて約半分の水準であることが示された。出生した場合と出生しなかった場合の継続率を比較すると，特に非正規就業において，出生した場合の継続率は顕著に低かった。

（2）出生前後における継続率の，就業形態および出生順位による動向

本節では先行研究が指摘している，出生順位による継続率の相違について検

表4-6 過去1年間に出生経験がある女性の，1年前の就業形態による出生順位別継続率

就業形態／年齢	正規就業			非正規就業		
	1987年	1997年	2007年	1987年	1997年	2007年
第1子						
20〜24歳	0.294	0.369	0.435	0.123	0.136	0.164
25〜29歳	0.509	0.517	0.605	0.174	0.130	0.184
30〜34歳	0.571	0.619	0.694	0.295	0.277	0.231
35〜39歳	0.567	0.676	0.726	0.179	0.335	0.163
第2子						
20〜24歳	0.665	0.570	0.452	0.340	0.534	0.336
25〜29歳	0.831	0.762	0.851	0.433	0.543	0.495
30〜34歳	0.798	0.816	0.848	0.338	0.411	0.432
35〜39歳	0.866	0.922	0.926	0.392	0.443	0.592

(資料) 別府 (2010b).

証する。はじめに，正規就業について観察したい。第1子を出生する前後における正規就業の継続率は，全年齢で上昇傾向がみられる（**表4-6**）。継続率の水準をみると，20〜24歳では0.3〜0.4に留まっているのに対し，25歳以上では0.5〜0.7の水準である。一方で第2子を出生する前後における正規就業の継続率は，20〜24歳は低下傾向，25〜29歳は1997年にかけて低下しているものの，他の期間・年齢では若干上昇している。継続率の水準をみると，特に25歳以上では0.8〜0.9であり，第1子を出生する際と比べて0.1〜0.2ほど高い。

次に，非正規就業における継続率についてみよう。第1子を出生する前後における継続率は，30歳代では0.3前後の年次もあるが，20歳代では0.2未満の水準に留まっている。他方，第2子を出生する前後の継続率をみると，いずれの年齢も0.3〜0.6の水準にある。

ここで，就業形態別の継続率を出生順位により比較すると，第1子を出生する前後における非正規就業の継続率は正規就業の22〜52％，第2子を出生する前後における非正規就業の継続率は同じく42〜94％である。したがって，特に第1子を出生する前後では，非正規就業の継続率は，正規就業の継続率と比べて半分以下の水準に留まっていることが指摘できる。

以上から，出生前の就業形態が正規就業・非正規就業のどちらであっても，

第1子を出生する前後の継続率は第2子を出生する前後の継続率と比べて低いことが示された。なかでも，第1子を出生する前後における非正規就業の継続率は特に低水準であった。こうした出生順位による継続率の相違は，丸山(2001)の分析結果とも合致する。

(3) 就業を継続した場合と離職した場合における出生率の動向

女性の就業と出生はどちらかが一方的に影響を与える関係にあるのではなく，相互に影響を与え合っていると考えられる（岩澤 2004）。そこで本節では，就業異動のパターン別に出生率を推定し，時系列変化の動向を探ることとする。なお，就業異動のパターンは，就業の継続ならびに離職が異動のほとんどを占めていることから，この2つを対象とする。就業構造基本調査から推定した，過去1年間における就業異動のパターンによる出生率[7]を表4-7に示す。

はじめに，正規就業を継続した場合をみると，1987～1997年の20歳代を除く全ての年齢の出生率は上昇傾向にあるが，とりわけ1997～2007年の上昇幅は他の期間と比べて大きい。一方で正規就業から離職した場合の出生率は，1987～1997年の25～34歳では低下するが，他の期間および年齢では2007年まで上昇している。正規就業を継続した場合と離職した場合の出生率を比較すると，いずれの年次および年齢とも，就業を継続した場合の出生率は離職した場合よりも低くなっている。

次に，非正規就業を継続した場合をみると，1987～1997年の25～29歳を除く年齢では出生率の上昇がみられるものの，その水準は正規就業を継続した場合と比べ約3分の1である。他方，非正規就業を離職した場合をみると，非正規就業を継続した場合と同様に，1987～1997年の25～29歳を除く全年齢で出生率が上昇している。特に1997年以降における上昇幅は，それ以前の上昇幅よりも大きい。非正規就業を継続した場合と離職した場合の出生率を比較すると，就業を継続した場合の出生率は離職した場合の出生率よりも低い。この差は，正規就業を継続した場合と離職した場合における出生率の差よりも大きい。

ここで，就業を継続した場合と離職した場合のそれぞれについて，正規就業

表4-7 過去1年間における就業異動のパターン別出生率

就業形態／年齢	継続			離職		
	1987年	1997年	2007年	1987年	1997年	2007年
正規就業						
20～24歳	0.118	0.127	0.239	0.268	0.267	0.526
25～29歳	0.164	0.127	0.175	0.275	0.239	0.321
30～34歳	0.080	0.093	0.141	0.247	0.234	0.363
35～39歳	0.016	0.030	0.068	0.081	0.141	0.205
非正規就業						
20～24歳	0.070	0.072	0.132	0.283	0.291	0.474
25～29歳	0.062	0.053	0.075	0.295	0.258	0.420
30～34歳	0.019	0.031	0.044	0.193	0.216	0.364
35～39歳	0.003	0.007	0.013	0.068	0.124	0.170

(資料) 別府 (2010b).

と非正規就業の出生率を比較したい。まず，就業を継続した場合をみると，正規就業を継続した場合の出生率は，非正規就業を継続した場合の出生率よりも水準が0.01～0.11高いほか，上昇幅も大きい。ところが就業を離職した場合をみると，正規就業を離職した場合の出生率は，非正規就業を離職した場合の出生率と比べて20歳代では低いものの，30歳代では逆に高くなる傾向がみられる。さらに，25～34歳に限定して観察すると，非正規就業を継続した場合の出生率は，正規就業を継続した場合の24～43%に留まっている。一方，非正規就業を離職した場合の出生率は，正規就業を離職した場合に対し78～131%である。したがって，就業形態による差は就業を継続した場合において，より大きいといえる。

　以上の分析から，正規就業と非正規就業のいずれにおいても，就業を継続した場合より離職した場合の出生率が高いことが示された。また，就業を継続した場合は全ての年次で正規就業の出生率が非正規就業を上回っているが，離職した場合では就業形態による出生率の差は小さく，非正規就業の出生率が上回るケースもみられた。これらの結果から，就業形態は特に就業を継続した場合の出生率に影響を与えていることが指摘できる。

(4) 就業を継続した場合と離職した場合における,出生順位別出生確率の動向

一般に出生率は,それまでに出生した子どもの数によっても異なることが知られている。そこで本節では,過去1年間に正規就業または非正規就業を継続した場合および離職した場合のそれぞれについて,特に1年前までに出生した子どもの数が0人の女性の出生率(以下,第1子の出生確率という),および出生した子どもの数が1人の女性の出生率(以下,第2子の出生確率という)の分析を行い,出生順位によって就業異動のパターン別の出生率がどう異なるのかについて探る。

はじめに,第1子の出生確率を観察しよう。出生前の就業形態が正規就業についてみると,就業を継続した場合ならびに離職した場合のいずれも,1987～1997年の25～34歳では低下しているが,それ以外の期間および年齢では2007年まで上昇している(**表4-8**)。正規就業を継続した場合と離職した場合とを比較すると,いずれの年齢も離職した場合の出生確率は継続した場合と比べて0.1以上高い。

同様に出生前の就業形態が非正規就業についてみると,就業を継続した場合および離職した場合における第1子の出生確率は,1987～1997年では25～29歳を中心にどちらの場合も低下しているが,1997年以降ではほとんどの年齢で上昇している。出生確率の水準をみると,とりわけ非正規就業を継続した場合は低く,25歳以上の出生確率はいずれの年次も0.06以下に留まっている。さらに,非正規就業を継続した場合と離職した場合の出生確率を比較すると,離職した場合は継続した場合を0.17～0.39上回っている。この差は特に2007年で大きい。

ここで就業異動のパターンによる第1子の出生確率を,出生前の就業形態により比較したい。就業を継続した場合の出生確率をみると,いずれの年次も全年齢で正規就業の出生確率が非正規就業のそれを上回っている。この就業形態による差は最近になるほど大きくなっており,2007年の34歳以下では0.1を超えている。一方で,離職した場合の出生確率をみると,30歳代では正規就業の出生確率が上回っているのに対し,20歳代では逆に,非正規就業の出生確率

表 4-8　過去 1 年間における就業異動のパターン別，第 1 子の出生確率

就業形態／年齢	継続			離職		
	1987年	1997年	2007年	1987年	1997年	2007年
正規就業						
20〜24歳	0.116	0.128	0.277	0.284	0.283	0.508
25〜29歳	0.170	0.126	0.190	0.285	0.251	0.329
30〜34歳	0.107	0.102	0.157	0.282	0.229	0.381
35〜39歳	0.023	0.045	0.087	0.198	0.213	0.270
非正規就業						
20〜24歳	0.072	0.071	0.126	0.298	0.314	0.494
25〜29歳	0.060	0.039	0.060	0.310	0.273	0.446
30〜34歳	0.045	0.040	0.048	0.212	0.207	0.376
35〜39歳	0.007	0.016	0.010	0.178	0.184	0.242

(資料) 別府 (2010b).

が正規就業をわずかながら上回る傾向がある。したがって，非正規就業に比べ，正規就業であると第 1 子を生むタイミングが遅い傾向が強まっていると言えるだろう。

次に，第 2 子についてみると，正規就業を継続した場合の出生確率は，1987〜1997 年の 25〜34 歳では低下しているが，1997〜2007 年では 20〜24 歳を除く全年齢で上昇している（**表 4-9**）。一方，正規就業を離職した場合における出生確率は，1987〜1997 年の 25〜34 歳では低下しているが，1997〜2007 年は全年齢で上昇している。

非正規就業を継続した場合の出生確率は，1987〜1997 年の 20〜24 歳を除いたいずれの年齢においても上昇傾向である。他方で離職した場合の出生確率は，20 歳代では 1997 年にかけて一度低下しその後上昇しているが，30 歳代では一貫して上昇傾向である。

第 2 子の出生確率を就業形態により比較すると，就業を継続した場合では，いずれの年次も全年齢で正規就業の出生確率が非正規就業のそれを上回っている。それに対し離職した場合の出生確率は，20〜24 歳では特に傾向がみられず，30〜34 歳では正規就業の水準が上回っているのに対し，25〜29 歳および 35〜39 歳では逆に非正規就業の水準が上回っている。

表 4-9 過去1年間における就業異動のパターン別, 第2子の出生確率

就業形態／年齢	継続			離職		
	1987年	1997年	2007年	1987年	1997年	2007年
正規就業						
20～24歳	0.116	0.130	0.127	0.103	0.151	0.690
25～29歳	0.207	0.168	0.179	0.258	0.183	0.260
30～34歳	0.177	0.145	0.200	0.359	0.284	0.407
35～39歳	0.032	0.059	0.124	0.061	0.089	0.148
非正規就業						
20～24歳	0.079	0.071	0.184	0.208	0.121	0.484
25～29歳	0.091	0.101	0.138	0.272	0.210	0.409
30～34歳	0.037	0.054	0.077	0.268	0.275	0.397
35～39歳	0.005	0.011	0.031	0.077	0.142	0.157

(資料) 別府 (2010b).

　第1子と第2子の出生確率を比較すると，多くにおいて就業を継続した場合では非正規就業であっても第2子の出生確率が高くなる傾向がみられるのに対し，離職した場合では逆に第1子の出生確率が高い傾向がある。これは，第1子を生む際に就業継続できる人だけが継続で残っており，第2子を出生する際にはそもそも就業を継続できる環境にある人たちだけが相対的に多くなっているためと考えられる。

　以上，第1子および第2子の出生確率について行った分析結果をまとめよう。第一に，第1子と第2子のいずれにおいても，離職した場合より就業を継続した場合の出生確率が低かった。就業を継続した場合では，概して正規就業の出生確率が非正規就業のそれを上回っているのに対し，離職した場合では就業形態による出生確率の差はほとんどなかった。そして第二に，就業を継続した場合における出生確率，とりわけ第1子の出生確率は低かった。特に，非正規就業を継続した場合における第1子の出生確率は，正規就業を継続した場合と比べても格段に低い水準であった。就業を継続する場合において第1子の出生確率が低くなる背景としては，子を生まないから就業を継続しているパターンと，その逆に就業を継続したいから子を生まないパターンの両方が考えられる。いずれにせよ，第1子を生まなければ第2子以上を持つことは出来ないため，第

1子の出生確率が低下することは有配偶女性全体の出生力を引き下げる大きな要因となりうる。

おわりに

　本章では就業形態および就業異動に着目し，就業形態による就業異動率，就業形態別初婚率，ならびに就業異動のパターンによる出生率について人口学的な分析を行った。

　就業形態と初婚率の分析からは，モデル全体の初婚確率を15歳時の生涯初婚確率とすると，両年次とも無業の生涯初婚確率が最も低く，正規就業の生涯初婚確率が最も高かった。また，モデル上の初婚数の時系列変化を就業異動率の変化による変化分と就業形態別初婚率の変化による変化分に要因分解した結果から，1992～2007年における就業異動の変化によって初婚確率が低い非正規就業割合が上昇し，未婚化が進行したと考えられる。

　次に就業形態別異動率と出生率の分析からは，正規就業では出生率および出生前後の継続率がともに上昇していたが，非正規就業では就業を継続した場合の出生率ならびに出生前後の継続率は現在まで低水準に留まっていること，特に第1子の出生に関する継続率ならびに出生確率は，相対的にも絶対的にも低い水準であることが示された。これらの結果から，正規就業の場合は就業と出産の両立がある程度進んでいるものの，非正規就業の場合は就業と出産の両立があまり進んでいないように思われる。

　有配偶女性に占める正規就業の割合が1987年から2007年までほとんど変化していない中で，出生前後における正規就業の継続率および出生率が上昇していることは，有配偶女性の出生率を上昇させる要因となりうる。その一方で，近年では未婚女性・有配偶女性に占める非正規就業の割合が上昇している。現在のように非正規就業の初婚率，ならびに非正規就業を継続した場合における第1子の出生確率が低水準に留まれば，未婚化の一層の進展および有配偶女性

の出生率の更なる低下の可能性も十分にある。

　以上から，次のような政策的含意が導かれるだろう。第一に，非正規就業であっても将来に明るい展望を描きやすくし，非正規就業であっても結婚したい・できると思えるような環境を整えることが望まれる。そして第二に，結婚に伴う離職は減少しているが第１子を出生する前後の継続率は正規就業と非正規就業のいずれにおいても低いことから，特に第１子の出生について就業と出産の両立を進める等により，出生確率および継続率に存在している就業形態間の差を縮小させることである。

注

(1) こうした非正規就業の増加の要因は労働者側，雇用者側の要因のみならず労働市場や雇用慣行の影響などが複合的に合わさった結果（阿部 2008）とされている。
(2) 本章では非正規就業の区分を『就業構造基本調査』に合わせ，雇用者のうち正規の職員以外であるパート，アルバイト，派遣社員，契約社員，嘱託その他としている。また就業異動のパターンは，異動前後の就業形態が同一のものを継続，就業状態から無業状態への異動を離職，就業状態から他の就業状態への異動および無業から就業状態への異動をその他とする。なお，今回の分析は学生も含んで行っている。学生はそれ以外と就業のパターンが異なるため，分析対象年齢のうち特に学生の割合が高い20～24歳は，他の年齢と異なるパターンを示す可能性がある。
(3) 就業に大きく影響する要因の一つとして，先行研究の中には学歴をあげているものも多い。ただし，有配偶女性に限れば就業に対して学歴がそれほど影響していないとの指摘もある（日本労働研究機構2000，眞鍋2004）。本章では，分析の焦点を就業形態別初婚率，出生前後の就業形態および就業異動に絞り，学歴は明示的には扱わないこととする。
(4) 『人口動態統計』からは就業形態に関するデータが得られないため，就業形態別の初婚率については別途推計を行っている（別府 2010a）。

(5) 総務省『就業構造基本調査』については，統計法の規定に基づきデータの再集計を行った（別府 2010a, 2010b, 2011, 2012）。
(6) 『就業構造基本調査』によると，20〜39歳の有配偶女性がいる世帯はいずれの年次においても7〜8割が核家族世帯に，1〜2割が親との同居世帯である。したがって，同居している0歳児はその有配偶女性が1年間に出生したものとみなして分析を行っても影響は小さいと考えられる。
(7) 『国勢調査』ならびに『人口動態統計』から算出した有配偶出生率と，今回の分析において『就業構造基本調査』から推定した有配偶出生率を比較すると，両者は得られる年次が揃わないために単純な比較は出来ないものの，25歳以上では差がかなり小さい。このことから，本章で推定された有配偶出生率は比較的に実態を表せていると考えられる。

参考文献

阿部正浩（2008）「非正規社員の構造変化とその政策対応」『就職氷河期世代のきわどさ―高まる雇用リスクにどう対応すべきか』NIRA研究報告書，pp.25-34。

岩澤美帆（2004）「妻の就業と出生行動：1970年〜2002年結婚コーホートの分析」『人口問題研究』60(1), pp.50-69。

岩澤美帆（2007）「人口減少社会の家族形成」阿藤誠・津谷典子編著『人口減少時代の日本社会』原書房，pp.53-81。

大橋照枝（1993）『未婚化の社会学』日本放送出版協会。

大淵寛（1995）「女性のライフサイクルとM字型就業」大淵寛編『女性のライフサイクルと就業行動』大蔵省印刷局，pp.13-35。

鎌田健司（2012）「若者の就業行動と婚姻率の低下」小崎敏男・牧野文夫編著『少子化と若者の就業行動』原書房，pp.123-149。

国立社会保障・人口問題研究所（2012a）『第14回出生動向基本調査：第Ⅰ報告書』。

国立社会保障・人口問題研究所（2012b）『日本の将来推計人口（平成24年1月推計）』。

河野稠果（1995）「配偶関係と出生力」日本統計協会編『現代日本の人口問題』, pp.63-110。

小島宏（1995）「結婚，出産，育児および就業」大淵寛編『女性のライフサイクルと就業行動』大蔵省印刷局，pp.61-87。

小島宏（2008）「日本と台湾における既婚女性の就業中断と出生—JGSS と TSCS の比較分析」大阪商業大学比較地域研究所・東京大学社会科学研究所編『研究論文集 7：JGSS で見た日本人の意識と行動』大阪商業大学比較地域研究所，pp.45-55。

小島宏（2009）「東アジアにおける就業と家族形成意識・行動—JGSS, TSCS, WMFES, EASS の比較分析」『早稲田社会科学総合研究』10(1), pp.47-73。

酒井正・樋口美雄（2005）「フリーターのその後—就業・所得・結婚・出産」『日本労働研究雑誌』535 号，pp.29-41。

社会保障審議会人口部会編（2002）『将来人口推計の視点—日本の将来推計人口（平成 14 年 1 月推計）とそれを巡る議論』ぎょうせい。

鈴木春子（2001）「結婚・出産・育児期の女性の就業とその規定要因」『統計』2001 年 11 月号，pp.17-22。

内閣府（2004）『少子化社会白書』ぎょうせい。

永瀬伸子（1999）「少子化の要因：就業環境か価値観の変化か—既婚者の就業形態選択と出産時期の選択」『人口問題研究』55(2), pp.1-18。

永瀬伸子（2002a）「若年層の雇用の非正規化と結婚行動」『人口問題研究』58(2), pp.22-35。

永瀬伸子（2002b）「非正規労働市場の拡大と若年層の結婚行動の変化」高橋重郷編『少子化に関する家族・労働政策の影響と少子化の見通しに関する研究』総合報告書（平成 11～13 年度），pp.865-907。

永瀬伸子・守泉理恵（2008）「就業環境と結婚・出産タイミングおよび若年層の将来見通しの変化」高橋重郷編『少子化関連施策の効果と出生率の見通しに関する研究』平成 19 年度報告書，pp.146-178。

日本労働研究機構（2000）『高学歴女性の労働力率の規定要因に関する研究』調査研究報告書，No.135。

福田節也（2009）「わが国における配偶者選択選好の変化：2002 年以降の結婚行動にみられる新たな知見」」金子隆一編『パネル調査（縦断調査）に関する統合的高度統計分析システムの開発研究』平成 20 年度報告書，pp.263-279。

別府志海（2007）「生命表形式による労働力と就業行動の分析：1979-2002 年就業形態の変化が未婚化に与える影響—生命表手法による—」『経済学論纂』第 47 巻第 3・4 合併号，pp.549-589。

別府志海（2010a）「就業形態の変化が未婚化に与える影響—生命表手法による—」高

橋重郷編『家族・労働政策等の少子化対策が結婚・出生行動に及ぼす効果に関する総合的研究』平成 21 年度報告書，pp.71-85。

別府志海（2010b）「有配偶女性の就業形態の変化と夫婦出生力の人口学的分析」高橋重郷編『家族・労働政策等の少子化対策が結婚・出生行動に及ぼす効果に関する総合的研究』平成 21 年度報告書，pp.87-101。

別府志海（2011）「有配偶女性における就業異動と出生力の人口学的分析：1987-2007年」高橋重郷編『家族・労働政策等の少子化対策が結婚・出生行動に及ぼす効果に関する総合的研究』平成 22 年度報告書，pp.69-87。

別府志海（2012）「有配偶女性の就業異動と出生力」『人口問題研究』68(1), pp.1-13。

眞鍋倫子（2004）「女性の就労行動の学歴差―夫の収入と妻の就労」『東京学芸大学紀要Ⅰ部門』55 号，pp.29-36。

丸山桂（2001）「女性労働者の活用と出産時の就業継続の要因分析」『人口問題研究』57(2), pp.3-18。

守泉理恵（2005）「非典型労働の広がりと少子化」『人口問題研究』61(3), pp.2-19。

守泉理恵（2008）「有配偶女性の就業行動の変化と出産の機会費用：1992-2002 年」高橋重郷編『少子化関連施策の効果と出生率の見通しに関する研究』平成 19 年度報告書，pp.96-117。

守泉理恵（2009）「学歴・企業規模別にみた結婚・出産前後の女性の就業継続」高橋重郷編『家族・労働政策等の少子化対策が結婚・出生行動に及ぼす効果に関する総合的研究』平成 20 年度報告書，pp.91-105。

山田昌弘（1996）『結婚の社会学―未婚化・晩婚化はつづくのか』丸善。

Ueda, Atsuko (2007) "A Dynamic Decision Model of Marriage, Childbearing, and Labor Force Participation of Women in Japan," Japanese Economic Review, vol. 58(4), pp. 443-465.

（別府志海）

第5章　マクロ計量モデルによる家族・労働政策の出生率への影響

はじめに

　1970年代以降における少子化の持続的な進行を受けて，わが国では少子化対策の重要性が強まってきている。こうした状況において，少子化対策が出生率に及ぼす影響を定量的に把握することも重要となっている。そこで本章では，計量経済学の一つの分析手法であるマクロ計量モデルを用いることにより，少子化対策が出生率に及ぼす影響について検証を行う(1)。マクロ計量モデルとは，推定された複数の方程式から成るモデルのことであり，ここではこれに基づきシミュレーションを実施することにより少子化対策の効果を導出する。

　具体的には，少子化対策の実施を表現できると考えられる変数（少子化対策変数）を操作し，それに対する出生率の反応を見ることにより少子化対策の効果を分析する。マクロ計量モデルは，少子化対策変数や社会経済変数が様々な経路を通じて出生率に及ぼす影響を表現することができる。なお，少子化対策の内容は多岐に亘ることから，少子化対策の対象範囲を絞る必要がある。少子化対策は主に家族政策と労働政策に分けることができると考えられるが，ここでは，家族政策の具体的施策として保育環境の整備，労働政策の具体的施策として労働時間の短縮を取り上げる。後述するように，ここでいう労働政策とは，近年少子化対策として認識され始めたワーク・ライフ・バランス施策のことである。

　第1節では，わが国における少子化対策を概観するとともに，少子化対策の位置づけを明らかにする。第2節では，少子化対策が出生率に及ぼす影響につ

いて分析した事例について，マクロ計量モデルに基づく分析を中心に文献レビューを行なう。第3節では，経済人口学の理論を交えながら，本分析におけるマクロ計量モデルの構造を示す。そして第4節では，マクロ計量モデルに基づくシミュレーションの前提を示し，第5節ではシミュレーションを行うことにより，政策的含意を示した。

第1節　わが国の少子化対策

（1）家族政策

　わが国において少子化対策が実施されたのは1990年代に入ってからであるが，最初に実施された具体的な少子化対策は1992年の「育児休業法施行」だと考えられており，1995年には「育児休業給付制度」が発足し，それ以降育児休業の賃金保障は引き上げられてきている。また，1994年に政府は「今後の子育て支援のための施策の基本的方向について」（エンゼルプラン）を策定した。この新たな施策では保育所の量的拡大や低年齢児保育，延長保育等の多様な保育サービスの充実等が目標とされた（内閣府 2007）。

　その後，1999年には「重点的に推進すべき少子化対策の具体的実施計画について」（新エンゼルプラン）が策定され，旧エンゼルプランの内容を見直し，これまでの保育サービス関係を中心とした内容だけでなく，雇用，母子保健・相談，教育等の事業も加えた幅広い内容となった（内閣府 2007）。これらの少子化対策はすべて家族政策に含まれる。家族政策とは，女性の就業と出産・子育ての両立に焦点を当て，子どもの出産・育児環境の改善を促すものである。

　家族政策の実施状況をデータとして表そうとする場合，保育所定員数（通常，保育所の主な利用対象者である0〜4歳人口などで除した値を使用）や育児休暇取得の割合などのデータを用いることができる。前者は保育環境の整備状況，後者は育児休暇制度の利用状況を表すことのできる変数として捉えることができる。本章ではこれらのうち0〜4歳人口当たり保育所定員数（以下，略して

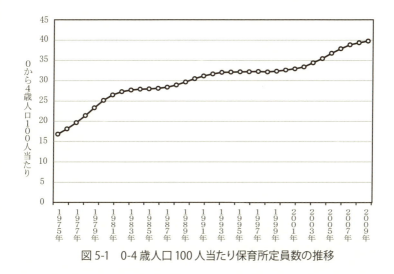

図5-1　0-4歳人口100人当たり保育所定員数の推移

保育所定員数と呼ぶ）をデータとして用いることにした。保育環境の充実は家族政策の重要な一部で，仕事を持つ女性が出産後においても就業を継続しやすい環境を整えることにより，希望する子どもを産みやすくすると考えられている。なお図5-1は，保育所定員数の推移を示したものであるが，全体的に増加傾向を示していることが分かる。

(2) 労働政策—ワーク・ライフ・バランス推進施策

1) ワーク・ライフ・バランス推進施策の位置付け

上述のように，1999年の新エンゼルプランの策定頃までは，少子化対策の目的はもっぱら女性の出産・育児と就業との両立に力点を置いたものであった。しかし，1990年代後半以降から，従来の家族政策の内容に加えて働き方の見直しという視点が重要視されるようになり，2002年に策定された「少子化対策プラスワン」では，この視点が大々的に取り上げられるようになった。そしてこれ以降においても，2003年の「次世代育成支援対策推進法」[2]の制定，同年の「少子化社会対策基本法」の施行，2004年の「少子化社会対策大綱」の閣議決定，同年の「少子化社会対策大綱に基づく具体的実施計画」（子ども・子育て応

援プラン）の決定，2006年の「新しい少子化対策」の策定，2010年の「子ども・子育てビジョン」の閣議決定など，働き方の見直しという視点は大々的に盛り込まれてきている。

働き方の見直しという視点が重要視された背景には，働く女性の増加，長時間労働と雇用の非正規化という働き方の実態を背景として，家族政策だけでは少子化対策として不十分で，働き方の見直しの視点に立った労働市場や勤務形態の柔軟化を促す労働政策も必用だという認識が強まったことがある。

この施策は，ワーク・ライフ・バランスの達成を目指した一連の施策（ワーク・ライフ・バランス施策）として位置づけられる。ワーク・ライフ・バランスとは，企業における雇用形態や勤務形態等の就業状態を根本から見直すことにより，柔軟に働ける社会の実現を目指すことによって，企業にとって効率性の高い生産性を実現しながら，個々人にとっても職業生活と家庭生活がともに充実し，満足のいくものにすることを目的とする考え方で，仕事と生活の調和を意味するものである（山口 2006）。

ワーク・ライフ・バランス施策は様々なものがあり，労働市場や勤務形態の柔軟化の推進に力点を置く労働政策だけでなく，本来は就業と出産・子育ての両立に力点を置く家族政策も含まれる（山口 2006）。しかし我が国でワーク・ライフ・バランス施策という場合には，労働市場や勤務形態の柔軟化の達成という意味合いが強い。実際，アメリカやイギリスではこの達成がワーク・ライフ・バランス施策の核となっている（労働政策研究・研修機構 2005）。したがってこれらの点から，本研究では労働市場や勤務形態の柔軟化の達成という労働政策をワーク・ライフ・バランス施策とし，就業と出産・子育ての両立という家族政策はこの施策に含めないこととする。

ワーク・ライフ・バランス施策は本来少子化対策ではないが，最近我が国ではこの施策が少子化対策として効果的だと考えられるようになっており，この点も含め，ワーク・ライフ・バランスの重要性に関する指摘が出始めている（大沢 2006；山口 2005, 2006；労働政策研究・研修機構 2005）。

2) 労働時間の短縮

ワーク・ライフ・バランス施策は多岐にわたるが，代表的なものとしては，①労働時間の短縮，②非正社員の正社員化（不安定就労の解消），③非正規賃金の上昇（同一労働同一賃金の達成）等を挙げることができる。以下，これらワーク・ライフ・バランス推進施策について説明を行う。

労働時間が短くなると企業活動に拘束される時間が短縮され，個々人がプライベートに費やす時間が拡大する。その結果，独身者にとっては結婚相手と出会う確率が高まり，結婚した後も子育てに費やす十分な時間を確保できるようになる。また，夫婦にとっては家族生活の時間が拡大し，産み控えられているとみられる出生行動が高まるものと期待されている。上記のワーク・ライフ・バランス推進施策のうちの労働時間の短縮は，当施策のなかでも中核に位置するものと考えられるので，本章におけるモデル分析では労働時間を変数として用いることとした。

具体的には，男女合計の一般労働者月1人当たりの労働時間（一般労働者の所定内実労働時間と超過実労働時間との合計）を少子化対策変数として用いた。

図5-2　男女合計の一般労働者月1人当たりの労働時間の推移

図5-2は，男女合計の一般労働者月1人当たりの労働時間の推移を示したものである。1989年まではほとんど変化せずに推移していたが，1990年から1993年の間に急激に低下し，それ以降1995年までいったん増加した後，緩やかに低下している。1990年代初頭における労働時間の急激な低下は，バブル崩壊にともない労働時間の短い非正規労働者が増加したことが原因だと考えられる。

労働時間は「賃金構造基本統計調査」における一般労働者の労働時間を用いていることから，パートタイム労働者（2005年以降は短時間労働者に改名）の労働時間とは区別されたものだが，一般労働者の中にも非正規労働者が含まれているため，非正規労働者をすべて除外できてはいない。したがって，1990年から1993年までの4年間における労働時間の急激な短縮は，ある程度まで非正規労働者の増加に起因するものと考えられる。

そこで，ある仮定に基づき，非正規労働者に起因する労働時間の変化分を取り除く試みを行う。非正規労働は景気循環の雇用調整弁の役割を果たしているため，変動が激しいと考えられるので，ここでは労働時間のうち変動が相対的に激しい部分を非正規労働者の労働時間と見立て，それを除去することにより

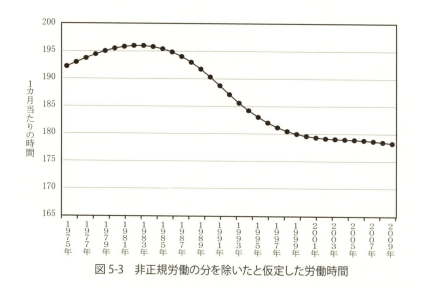

図5-3　非正規労働の分を除いたと仮定した労働時間

非正規労働者の労働時間をある程度まで取り除いたと仮定する。具体的には，HPフィルター[(3)]により労働時間から抽出された平準化されたトレンド部分を，非正規労働者の労働時間をある程度まで取り除いた労働時間とした（**図5-3**）。本分析では，この労働時間を用いる。

3）不安定就労の解消

不安定就労が増えるほど結婚，延いては出産が遅れるという分析結果がある（樋口・酒井 2003, 2005）。この理由を男性の立場から考えると，就業形態が非正規だと収入が低く雇用も不安定なので，結婚して家庭を作るのが難しく結婚を先延ばしにするからだと考えられている。また女性の立場からみると，就業形態が非正規だと周りにいる男性も非正社員が多く，上方婚を望む女性にとっては良い結婚相手が周りに少ないという職場環境に身を置くことになり，やはり結婚を先延ばしにすると考えられている。

また結婚した後にもこの問題は起こる。夫のみが稼ぎ手の夫婦の場合には，夫の就業形態が非正規だと家計の収入も低くなるために，お金のかかる出産にはなかなか踏み込みにくい。また，必要から妻も働いている場合を考えてみても，もしも妻の就業形態が収入の少ない非正規ならばその分家計収入は減るので，出産に対する動機は働きにくくなる。したがってこれらのことから，正規の仕事を望んでいる非正社員が実際正規の仕事を得れば，収入が上がり雇用も安定するので，結婚・出産に対する意欲は高まると考えられる。

4）同一労働同一賃金の達成

また，収入が低く雇用も不安定であるほど結婚・出産が遅れるという考え方に基づけば，非正社員が正社員に移動しなくても，非正社員の賃金が上がり非正規の仕事そのものが正規並みに安定してくれば結婚・出産は促進されると考えられる。

この正社員と非正社員との均衡処遇という同一労働同一賃金の達成もワーク・ライフ・バランス推進施策の一つで，例えば当施策の実施状況は，非正規賃金の上昇によって表すことができると考えられる。

第2節　出生率のマクロ計量モデル

(1) 少子化対策効果に関する文献レビュー

　少子化対策や社会経済要因が出生率に及ぼす影響について分析された事例は数多く存在している。まず，各国のデータを用いて分析を行った例を挙げる。d'Addio and Ercole (2005) は，OECD諸国のクロスセクションデータやパネルデータを用いて，様々な少子化対策変数を含む社会経済変数でモデルを構築し，また作成したモデルに基づき将来シミュレーションを実施することにより，子どもの直接費用の低減，育休期間の延長といった少子化対策が出生率を押し上げる効果を明らかにしている。

　次に，個票データを用いた分析を挙げる。Laroque and Salanie (2004) は，2004年のフランスにおける家族手当の幅広い改革が，5％程度出生を押し上げたことを示している。Ronsen (2004) は，ノルウェーとフィンランドを例にとり，第1子から3子までの出生ハザードに及ぼす影響を分析し，育児休暇の延長が出生率を押し上げる効果を及ぼしていることを示している。また，Breton and Prioux (2005) はフランスを例にとり，第3子以降に重きを置いた政策には，第3子以降の出生を高めることを指摘している。

　また，日本を例にとった分析を挙げる。滋野 (2006) は，家計経済研究所の「消費生活に関するパネル調査」の個票データを用いることにより，イベント・ヒストリー分析を行い，保育サービスは，就業している女性が2人以上子どもを持つ確率を約10％引き上げることを示している。山重 (2002) は，日本の都道府県別データを用いることにより，保育所利用率（0〜4歳人口当たりの保育所入所児童数の割合）と合計出生率との間には正の相関があることを示している。阿部 (2005) は，市データを用いることにより，保育施設数，保育所定員数，新規住宅着工面積の1995年から2000年までの伸び率や男女共同参画に関する計画の有無は，出生率の伸び率に対して正の効果を及ぼしていることを示している。阿部・原田 (2008) は，市区町村別データを用いることにより，所

得，女子賃金，住宅費，教育への志向の高さ，保育環境等が出生率に及ぼす影響を示し，保育環境の未整備が出生率に負の影響を及ぼすことを明らかにしている。

また，以下で詳述するマクロ計量モデルに基づき少子化対策効果を分析した例としては，加藤（2000, 2002, 2005），増田（2006, 2007, 2008, 2012）がある。ここでは，日本を例にとり，少子化対策の代理変数を設定し（主に保育所定員数），これらを仮定に基づきコントロールした際に出生率がどれだけ変化するかを示している。特に増田（2008）では，少子化対策として労働政策も取り上げ，これが出生率に及ぼす影響についても示している。なお，増田（2008）において労働政策の代理変数として用いられたものは，短時間労働者の割合，正社員の就業率，非正社員の賃金である。これらの分析においては，少子化対策の実施には出生率を押し上げる効果のあることを示している。

（2）マクロ計量モデルに基づく少子化対策効果

以上の先行研究の結果を見る限り，少子化対策には出生率を押し上げる効果があると考えることは可能である。本章の目的は，計量経済学の一つの分析手法であるマクロ計量モデルを用いて分析を行うことにより，少子化対策が出生率に及ぼす影響を検証しようというものである。マクロ計量モデルは，マクロデータを用いることにより変数間の関係を線形回帰モデルにより表現し，これらを連立方程式として組み立てるものであり，ここでは出生率を最終的な解として求める構造となる。

このような性質のため，変数間の相関を明らかにすることはできても，因果性については，経験や理論から語ることができる程度で，数量的に明らかにすることは出来るとは限らない。これは，使用しているデータが集計されたマクロデータであること等による。また，ルーカスの批判にあるように（Lucas 1976），マクロ計量モデルに基づくシミュレーションでは，過去における変数間の関係を固定したまま行うので，将来において構造変化が生じた場合には，それに対応した結果を導出することは難しい。

以上のように,マクロ計量モデルには制約や欠点があるが,経験や理論に基づいていれば,因果性の可能性を示唆することはできるし,マクロ政策の効果をシミュレーションにより導出することができるという利点を有している。したがって,マクロ計量モデルに基づきシミュレーションを行う際には,以上の制約や欠点に留意して分析を行う必要がある。

第3節 モデルの構造

本分析で使用する変数は,出生率,女子初婚率,女子就業率,女子失業率,男子正規賃金,女子正規賃金[4],保育所数(0～4歳人口100人当たり),保育所定員数(0～4歳人口100人当たり),実質GDP,民間企業資本ストック,男女合計の労働時間(所定内実労働時間+超過実労働時間)等である[5]。これらのうち,保育所数,保育所定員数,実質GDP,民間企業資本ストック,労働時間以外については,分析を精緻化するため年齢5歳階級別データを用いている。

なお,データの出典は以下の通りである。出生や初婚は厚生労働省「人口動態統計」,労働関係は総務省「労働力調査」,賃金,労働時間は厚生労働省「賃金構造基本統計調査」,保育関係は厚生労働省「社会福祉行政業務報告」,GDPは内閣府「国民経済計算」,民間企業資本ストックは内閣府「民間企業資本ストック」から用いた。

以下,本章で行うシミュレーションの基となるマクロ計量モデルの構造について,GDPを中心に方程式が構築されている「マクロ経済ブロック」,結婚・出生を中心に方程式が構築されている「人口ブロック」の二つのブロックに分けて説明を行う。モデルの全体構造は**図5-4**の通りであり,図中における矢印は変数間に関数関係があることを示し,本モデルには複数の方程式が存在していることが分かる(具体的な方程式の推定結果は章末の付録を参照されたい)。なお,矢印でない線は,変数間に定義式の関係があることを示している。

第5章 マクロ計量モデルによる家族・労働政策の出生率への影響　137

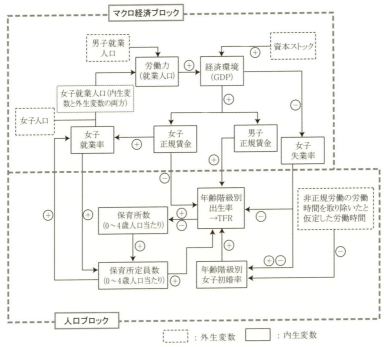

図 5-4　モデルの全体構造

（1）マクロ経済ブロック

　女子人口，女子就業人口（20〜39歳以外の年齢階級の場合），男子就業人口，資本ストック，労働時間を外生変数とし，出生率と保育所定員数を中心に循環経路が作成されている。先に示した先行研究とは異なり，GDPや保育所定員数は，出生率と保育所定員数を中心とした循環経路において内生変数として設定し，保育所定員数が出生率に影響を及ぼす経路を精緻化した。

　実質GDPは，就業人口と資本ストックから決定されるように定式化されており，コブ＝ダグラス型生産関数が推定されている。また女子就業率は，保育所定員数と女子正規賃金から影響が及ぶように定式化されているが，それぞれの符号は正である。保育所定員数の符号が正である理由としては，保育所定員数の増加は，出産・育児と就業との両立を促進させることにより，潜在的な女

子労働力を具現化させる効果を持っていると考えられるからである。また一方，女子就業率は保育所定員数に対して正の効果を及ぼすと考えられるが，これは，働く女性の増加が保育需要を増加させると考えられるからである。

　また，実質GDPは，男子正規賃金，女子正規賃金，女子失業率に対して影響が及ぶように定式化されており，賃金に対しては正の効果，失業率に対しては負の効果を及ぼしている。本モデルでは，変数間におおむね共和分関係が見出されているため，基本的に原系列のまま推定を行っているが，実質GDPと失業率との関係においては，オークンの法則にしたがい，実質GDPの変化率に失業率の差分を回帰している。

　内生変数として設定されている女子就業人口の決定については，内生変数として求まる20～39歳の女子就業率に，外生変数として設定されている女子人口を乗じることにより当該年齢階級の女子就業人口を算出し，これと外生変数として設定されている残りの就業人口（男性も含む）と合算することにより，全体の就業人口が求まり，これを生産関数の説明変数としている。

（2）人口ブロック

　出生率は，保育所定員数，女子正規賃金，男子正規賃金，女子初婚率，女子失業率から影響を受けるように定式化されている。保育所定員数が出生率に与える影響は，先に示したように正である。なお，保育所定員数が出生率に影響を与える場合，ラグをともなうと考えられるので，ここでは1期のラグをともなって出生率に対して影響が及ぶように定式化されている。

　女子正規賃金は出生率に対して負の効果を及ぼすと考えられるが，これは女性の賃金が出産・育児の機会費用の代理変数として捉えられるからである。すなわち，女子賃金の上昇は，女性が出産・育児によって仕事を辞めた際に被る逸失所得の上昇を表していると考えられている。一方，男子正規賃金の増加は，出生率に対して正の効果を及ぼすと考えられるが，これは男子正規賃金の増加が世帯における家計所得の増加を意味すると考えられるからである。すなわち，就業女性であれ専業主婦であれ，結婚相手である男性の所得の増加は家計所得

の増加を通じて，出産に対して正のインセンティブを及ぼすと考えられるのである。Butz and Ward (1979) によると，女子賃金の出生率に対する負の効果は機会費用効果，男子賃金の出生率に対する正の効果は所得効果として，彼らが提示したモデルの中で同時に捉えられている。

女子の失業率は出生率に対して負の効果を及ぼしているが，これは景気の悪化が出生率を低めるという，実証的にもある程度まで明らかにされている考え方によるが (Bradshaw and Hatland 2006；Adsera 2004；増田 2008；松田 2009)，この関係も上記の所得効果によって説明できると考えられる。

女子初婚率は出生率に対して正の効果を及ぼすが，ここでは結婚から出産までの間隔がおおよそ3年であることを考慮に入れ，結婚から3年間のラグを持って出産に至ることがモデルに反映されている。

また，出生率は保育所数（0～4歳人口100人当たり）（以下，略して保育所数と呼ぶ）に対しても影響力を持つと考えられるが，この場合正と負の二つの効果を及ぼすように定式化されている。正の効果の根拠は，子供数が増加するとその分保育所数を増加させるインセンティブが働くと考えられるからである。また，負の効果の根拠は，子供数が減ると，その分社会経済問題である少子化の進行に対する危機感が強まり，保育所数を増加させるインセンティブが働くと考えられるからである。ただしこの負の効果は，ある程度のラグを持って作用すると考えられるので，ここでは1期のラグを持って影響が及ぶように定式化されている。また，保育所数の増加が起きているような環境においては，保育所定員数も増えると考えられるので，符号は正である。

女子初婚率は女子失業率と労働時間によって影響を受けるように定式化されている。女子の失業率が初婚率に及ぼす効果については，先行研究でも安定していない（樋口・阿部 1999；加藤 2002）。また，労働時間は，先に示した通り，非正規労働者の労働時間をある程度まで取り除いたと考えられる平準化した労働時間を用いるが，この短縮は初婚率を上昇させる効果を持つ。

第4節　シミュレーションの前提

　出生率に及ぼす要因の影響を考える上で重要なことは，女子正規賃金や失業率などの要因が出生率を押し下げる効果と，男子正規賃金や少子化対策変数が出生率を押し上げる効果の二つが同時に存在していて，これら二つの効果のうちどちらが大きいかということである。もしも少子化対策が出生率を押し上げる効果が，これらが出生率を押し下げる効果よりも大きければ，少子化対策は効果的である可能性が示唆されることになる。マクロ計量モデルでは，こうした効果を定量的に示すことが可能である。

　そこで，少子化対策を仮定に基づきコントロールすることにより，少子化対策の効果を検証する必要があるのだが，本モデルにおいて，出生率と保育所定員数は内生変数として相互作用している。したがって，保育所定員数を内生変数としたままコントロールするための工夫が必要である。

　そこで本モデルシミュレーションでは，以下の手順によって，保育所定員数を内生変数としつつ，仮定に基づきコントロールすることとした。

手順1)　保育所定員数を内生変数として計算し，変化率を計算
手順2)　仮定に基づく保育所定員数の変化率を計算
手順3)　手順1で計算された変化率に手順2で計算された変化率を加えることにより，内生変数として計算された系列の変化分に，仮定に基づく変化分を加算
手順4)　手順3で計算された変化率を用いて，保育所定員数の系列を計算
手順5)　手順4で計算された保育所定員数をモデルに代入することにより合計出生率を算出

　シミュレーション期間は，2010年から2020年までの10年程度とした。[6] この期間において，保育所定員数については年率1％および2％で増加させ，労働時間については年率1％および2％で減少させている。上述のように，保育所

表 5-1　シミュレーション期間における外生変数の変化

	2009年
保育所定員数	39.66
労働時間	178

年率1％変化	
2015年	2020年
42.10	44.25
168	160

年率2％変化	
2015年	2020年
44.66	49.31
158	143

(注)　保育所定員数の単位は0-4歳人口100人当たり，労働時間は非正規労働者分を取り除いたと仮定したもので，単位は1カ月当たり時間。

定員数については，内生変数として一度計算した後，この系列に年率1％と2％の増加率を加算している。

　なお，これらの年率に応じて変化する外生変数の値はあくまで仮定値であり，現実的に起こり得るかどうかとは無関係である。すなわち，このような仮定値に基づき変化させた場合に，合計出生率がどれだけの水準になるのかという目安を示す点に意味がある。なお**表 5-1**は，参考までに，保育所定員数，労働時間について，年率1％と2％で変化させた仮定値を示したものである。

第5節　シミュレーション結果

　シミュレーションでは，保育所定員数と労働時間をともに変化させたケース（ケース1），保育所定員数のみを変化させたケース（ケース2），労働時間のみを変化させたケース（ケース3），すべての少子化対策変数を一定と仮定したケース（ケース4）の四つを設定している。ここでは，それぞれのケースについて，年率1％で変化させる場合と年率2％で変化させる場合の両方を設定している。

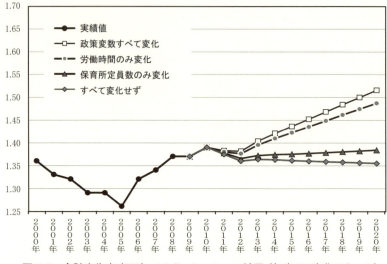

図 5-5　合計出生率 (TFR) のシミュレーション結果 (年率 1%変化のケース)

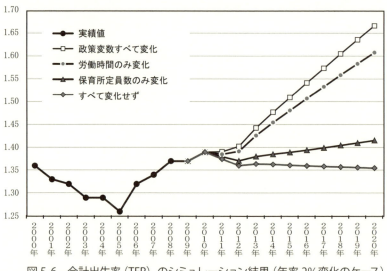

図 5-6　合計出生率 (TFR) のシミュレーション結果 (年率 2%変化のケース)

なお，少子化対策変数以外の外生変数は，すべてシミュレーション期間において一定と仮定している。したがって，ケース4は，ラグの影響のみを示すことになるので，過去の社会経済の趨勢を将来に延長したものだと解釈できる。

合計出生率のシミュレーション結果は図5-5，図5-6に示す通りである。図5-5は，上記四つのケースについて年率1％で変化させたもの，図5-6は，上記四つのケースについて年率2％で変化させたものである。ケース4は，出生率を押し上げる要因がすべて一定と仮定されているため，全体として見ると時系列で合計出生率は低下している。このことは，少子化対策が実施されない状況において，出生率は低下する可能性があることを示唆している。また，ケース1，2，3については，全体として見ると時系列で合計出生率は上昇している。このことは，少子化対策の実施には，出生率を押し上げる効果がある可能性を示唆している。また，シミュレーション期間の最終年である2020年の合計出生率について高い順に示すと，いずれの変化率の場合でも，

① 保育所定員数と労働時間をともに変化させたケース（ケース1）

② 労働時間のみ変化させたケース（ケース3）

③ 保育所定員数のみ変化させたケース（ケース2）

④ すべての少子化対策変数を一定と仮定したケース（ケース4）

となっている。

年率1％変化と年率2％変化のケースを比較すると，予想通り年率2％変化の方が合計出生率は大きくなっている。例えば，最も合計出生率が高く推計されるケース1について比較してみると，年率1％変化の場合は2020年で1.516，年率2％変化の場合は2020年で1.665となっている。ただし，この年率2％変化のシナリオでさえ，合計出生率は置換水準である2.07には達していない。このことは，少子化対策は保育環境の充実や労働時間の短縮だけでは不十分であり，より多くの施策を含め，総合的に実施していく必要のあることを示唆していると考えられる。

また，労働時間の短縮は，結婚，出産ではなく，教養娯楽の享受といった他の選択を促進させる可能性もある。本分析では，労働時間の短縮が教養娯楽等

の享受を促進させる効果を考慮に入れていないため，労働時間の短縮が結婚，出産を促進させる効果は過剰に推計されている可能性がある。この点には注意が必要である。

おわりに

　少子化対策が出生率に及ぼす影響を測定する方法は，第2節で見たように様々なものが存在しているが，そのうちマクロ計量モデルに基づく分析は，制約や欠点があるものの，政策効果を明確に示すことができるという利点を持っている。本章では，マクロ計量モデルに基づき少子化対策の効果を数量的に明らかにした。少子化対策としては家族政策と労働政策（ワーク・ライフ・バランス施策）を対象とし，家族政策の代理変数としては保育所定員数，労働政策の代理変数としては労働時間を用いた。

　マクロ計量モデルに基づきシミュレーションを行った結果，男子正規賃金や少子化対策変数が出生率を押し上げる効果は，女子正規賃金や失業率などの要因が出生率を押し下げる効果よりも大きいことが示された。このことは，少子化対策は出生率を押し上げる効果を持っていることを示唆するものである。

　ただし，本モデルは因果性を前提としたモデルではないため，シミュレーション結果から，少子化対策が出生率に対して影響を及ぼしていると主張することには慎重になる必要がある。また，本モデルでは，労働時間の短縮が，結婚，出産の代わりに教養娯楽の享受等を促進させる可能性を考慮に入れていないため，労働時間の短縮が結婚，出産を促進させる効果は過剰に推計されている可能性があり，この点には注意が必要である。しかし，少子化対策が出生率を押し上げる可能性を示唆できた点は意義があると考えられる。

　少子化対策効果の分析は，本章で採用したマクロ計量モデルを始めとして，様々な側面から少子化対策効果を数量的に導出しようという試みが成されており，今後さらなる分析の進展が望まれる。

付録　方程式一覧

- log は自然対数，d は階差，g は変化率，括弧内は t 値，修正 R^2 は自由度修正済み決定係数，(−1) は 1 期前ラグ。
- 多くの変数間で共和分関係が検出されたため，原系列のまま推定。
- 最小二乗法（OLS）で推定を実施。

(1)　20~24歳出生率 ＝ −17.38 ＋ 1.44 × 出産までの間隔を考慮した初婚率 ＋ 0.47
　　　　　　　　　　　（−0.87）　（8.1）　　　　　　　　　　　　　　　　　　　　　　（1.04）
　　　　　　　× 0~4歳人口100人当たり保育所定員数(−1)

　　修正 R^2：0.94　　推定期間：1978~2009年

(2)　25~29歳出生率 ＝ 181.53 ＋ 0.64 × 0~4歳人口100人当たり保育所定員数(−1)
　　　　　　　　　　　（8.02）　（1.27）

　　　　　　　＋ 0.25 × 25~29歳男子正規賃金 − 1.16 × 25~29歳女子正規賃金 − 3.36
　　　　　　　　（1.09）　　　　　　　　　　　　（−3.96）　　　　　　　　　　　　　（−2.45）
　　　　　　　× 25~29歳女子失業率 ＋ 2.8 × 出産までの間隔を考慮した初婚率
　　　　　　　　　　　　　　　　　　　（15.46）

　　修正 R^2：0.99　　推定期間：1978~2009年

(3)　30~34歳出生率 ＝ 39.92 − 3.72 × 30~34歳女子失業率 ＋ 1.87
　　　　　　　　　　　（13.48）（−7.83）　　　　　　　　　　　　　　　（14.81）
　　　　　　　× 出産までの間隔を考慮した初婚率

　　修正 R^2：0.89　　推定期間：1978~2009年

(4)　35~39歳出生率 ＝ −1.36 ＋ 0.32 × 0~4歳人口100人当たり保育所定員数(−1)
　　　　　　　　　　　（−0.65）　（3.49）

　　　　　　　＋ 2.27 × 出産までの間隔を考慮した初婚率 − 0.43
　　　　　　　　（13.16）　　　　　　　　　　　　　　　　　　　　（−1.35）
　　　　　　　× 35~39歳女子失業率

　　修正 R^2：0.99　　推定期間：1978~2009年

(5)　15~19歳女子初婚率 ＝ 0.96 ＋ 0.8 × 15~19歳初婚率(−1)
　　　　　　　　　　　　　（2.07）　（8.8）

　　修正 R^2：0.7　　推定期間：1976~2009年

(6)　20~24歳女子初婚率 = 110.3 − 9.88 × 20~24歳女子失業率
　　　　　　　　　　　　　　(18.07)　(−9.09)

　　修正 R^2：0.71　推定期間：1975~2009年

(7)　25~29歳女子初婚率 = 5.96 − 0.62 × 25~29歳女子失業率 + 0.96
　　　　　　　　　　　　(2.19)　(−2.42)　　　　　　　　　　　(19.22)
　　　　　　　　　　× 25~29歳女子初婚率(−1)

　　修正 R^2：0.93　推定期間：1976~2009年

(8)　30~34歳女子初婚率 = 170.44 + 0.58 × 30~34歳女子失業率 − 0.58
　　　　　　　　　　　　　(7.56)　(1.14)　　　　　　　　　　　(−7.60)
　　　　　　　　　　× 平準化した労働時間

　　修正 R^2：0.91　推定期間：1975~2009年

(9)　35~39歳女子初婚率 = 28.02 + 0.91 × 35~39歳女子失業率 − 0.14
　　　　　　　　　　　　(3.12)　(3.59)　　　　　　　　　　　(−3.23)
　　　　　　　　　　× 平準化した労働時間

　　修正 R^2：0.83　推定期間：1975~2009年

(10)　d(20~24歳女子失業率) = 0.3 − 8.51 × g(GDP)
　　　　　　　　　　　　　　(3.06)　(−2.7)

　　修正 R^2：0.16　推定期間：1976~2009年

(11)　d(25~29歳女子失業率) = 0.19 − 5.18 × g(GDP)
　　　　　　　　　　　　　　(1.96)　(−1.62)

　　修正 R^2：0.1　推定期間：1976~2009年

(12)　d(30~34歳女子失業率) = 0.23 − 6.78 × g(GDP)
　　　　　　　　　　　　　　(2.39)　(−2.19)

　　修正 R^2：0.1　推定期間：1976~2009年

(13)　d(35~39歳女子失業率) = 0.2 − 6.17 × g(GDP)
　　　　　　　　　　　　　　(2.96)　(−2.81)

　　修正 R^2：0.17　推定期間：1976~2009年

(14)　20~24歳女子就業率 = 3.38 + 0.95 × 20~24歳女子就業率(−1)
　　　　　　　　　　　　(0.89)　(16.99)

修正 R^2 : 0.9　推定期間：1976~2009年

(15)　25~29歳女子就業率 ＝ －9.98 ＋ 0.15 × 25~29歳女子正規賃金 ＋ 1.02
　　　　　　　　　　　　　（－2.49）　（5.7）　　　　　　　　　　　　　　（8.87）
　　　　　　　　　　　× 0~4歳人口 100人当たり保育所定員数

修正 R^2 : 0.96　推定期間：1975~2009年

(16)　30~34歳女子就業率 ＝ 22.9 ＋ 0.11 × 30~34歳女子正規賃金
　　　　　　　　　　　　　　（5.6）　（7.12）

修正 R^2 : 0.59　推定期間：1975~2009年

(17)　35~39歳女子就業率 ＝ 50.01 ＋ 0.03 × 35~39歳女子正規賃金
　　　　　　　　　　　　　（32.65）　（5.97）

修正 R^2 : 0.5　推定期間：1975~2009年

(18)　25~29歳男子賃金 ＝ 240.9 ＋ 0.0002 × GDP
　　　　　　　　　　　　（30.53）　（10.92）

修正 R^2 : 0.78　推定期間：1975~2009年

(19)　20~24歳女子正規賃金 ＝ 39.53 ＋ 5.80E－05 × GDP ＋ 0.71 × 20~24歳女子正規賃金(－1)
　　　　　　　　　　　　　　（4.33）　（4.21）　　　　　　（10.45）

修正 R^2 : 0.98　推定期間：1976~2009年

(20)　25~29歳女子正規賃金 ＝ 68.22 ＋ 0.0001 × GDP ＋ 0.49 × 25~29歳女子正規賃金(－1)
　　　　　　　　　　　　　　（6.46）　（5.53）　　　　（5.86）

修正 R^2 : 0.99　推定期間：1976~2009年

(21)　30~34歳女子正規賃金 ＝ 31.63 ＋ 0.0001 × GDP ＋ 0.67 × 30~34歳女子正規賃金(－1)
　　　　　　　　　　　　　　（5.71）　（4.7）　　　　（10.6）

修正 R^2 : 0.99　推定期間：1976~2009年

(22)　35~39歳女子正規賃金 ＝ 13.05 ＋ 0.0001 × GDP ＋ 0.75 × 35~39歳女子正規賃金(－1)
　　　　　　　　　　　　　　（3.43）　（4.61）　　　　（15.25）

修正 R^2 : 0.99　推定期間：1976~2009年

(23)　合計出生率 ＝ 0.12 ＋ 0.005 × 20~24歳から 35~39歳出生率の合計
　　　　　　　　　（8.29）　（95.44）

修正 R^2：0.99　推定期間：1975~2009年

(24)　0~4歳人口100人当たり保育所数 ＝ 64.18 － 22.54 × 合計出生率(－1) ＋ 4.07
　　　　　　　　　　　　　　　　　　　　(24.69)　(－2.76)　　　　　　　　　(0.46)
　　　　　　　　　　　× 合計出生率
　　　修正 R^2：0.85　推定期間：1984~2009年

(25)　0~4歳人口100人当たり保育所定員数 ＝ －31.09 ＋ 0.48 × 0~4歳人口100人当たり
　　　　　　　　　　　　　　　　　　　　　(－2.28)　(2.02)
　　　　　　　保育所数 ＋ 0.19 × 20~24歳から35~39歳までの女子就業率の合計
　　　　　　　　　　　　(2.1)
　　　修正 R^2：0.92　推定期間：1984~2009年

(26)　$\log(GDP／就業人口)$ ＝ 0.73 ＋ 0.30 × $\log(民間企業資本ストック／就業人口)$
　　　　　　　　　　　　　　(2.74)　(13.42)
　　　修正 R^2：0.86　推定期間：1980~2009年

注

(1)　本章における内容は，増田（2012）を改訂したものである。

(2)　国，地方自治体，301人以上の一般事業主（2010年4月1日より，101人以上に義務，100人以下は努力義務となった）に対して次世代育成に対する行動計画の策定を義務付け，地域や職場における子育て環境の整備を目標としている。また，行動計画は2005年から2009年までの前期と，2010年から2014年までの後期とに分けられる。この法律は，行動計画の策定を義務付ける点において，従来の施策と比較して強力な施策であると言える。

(3)　正式にはホドリック＝プレスコット・フィルターと言い，系列をトレンド要因と循環要因とに分解する手法のことである。

(4)　正規賃金とは，「賃金構造基本統計調査」における一般労働者の賃金のことである。

(5)　賃金，民間企業資本ストックは実質値である。また，GDPと賃金の実質値は，消費者物価指数（2005＝100）で除すことにより求めたものである。

(6)　ただし，人口動態調査（概数）から，2010年の合計出生率は1.39であること

が公表されているので，シミュレーションでは 2010 年の合計出生率を 1.39 として計算を行った．

参考文献

阿部一知・原田泰（2008）「子育て支援策の出生率に与える影響：市区町村データの分析」『会計検査研究』No.38, pp.1-16。

阿部正浩（2005）「男女共同参画，子育て支援が与える出生率への影響」『少子化の新局面と家族・労働政策の対応に関する研究』，厚生労働科学研究政策科学推進研究事業報告書, pp.250-255。

大沢真知子（2006）『ワークライフバランス社会へ──個人が主役の働き方』岩波書店。

加藤久和（2000）「出生，結婚および労働市場の計量分析」『人口問題研究』56(1), pp.38-60。

加藤久和（2002）「結婚・出生の将来予測：経済社会モデルによるアプローチ」『人口問題研究』58(4), pp.22-46。

加藤久和（2005）「確率的手法に基づく出生率の将来推計」『経經論叢』74(2), pp.265-302。

滋野由紀子（2006）「第3章 就労と出産・育児の両立──企業の育児支援と保育所の出生率回復への効果」樋口美雄＋財務省財務総合研究所編著『少子化と日本の経済社会：2つの神話と1つの真実』日本評論社, pp.81-114。

内閣府（2007）『平成19年版 少子化社会白書』内閣府。

樋口美雄・阿部正浩（1999）「経済変動と女性の結婚・出産・就業のタイミング」樋口美雄・岩田正美編『パネルデータからみた現代女性』東洋経済新報社, pp.25-65.

樋口美雄・酒井正（2003）「女性フリーターの増加要因とその後の生活への影響」『家計・仕事・暮らしと女性の現在』消費生活に関するパネル調査（第10年度），pp.55-69。

樋口美雄・酒井正（2005）「フリーターのその後：就業・所得・結婚・出産」『日本労働研究雑誌』第535号，pp.29-41。

増田幹人（2006）「第2子以上を考慮に入れた出生のモデルシミュレーション」『人口学研究』第38号，pp.57-72。

増田幹人（2007）「出生順位を考慮に入れた少子化対策効果に関するシミュレーション分析」『経済政策ジャーナル』4(2), pp.15-18。

増田幹人（2008）「出生率の将来シミュレーションと少子化対策効果の分析」『少子化関連施策の効果と出生率の見通しに関する研究』厚生労働科学研究政策科学推進研究事業報告書, pp.47-67。

増田幹人（2012）「マクロ経済モデルによる家族・労働政策が出生率に及ぼす効果の分析」,『人口問題研究』68(1), pp.14-31。

松田茂樹（2009）「不況と少子化」『Life Design Report』第一生命経済研究所, No.191, pp.16-27。

山口一男（2005）「女性の労働力参加と出生率の真の関係：OECD諸国の分析」『RIETIディスカッション・ペーパー』05-J-036。

山口一男（2006）「夫婦関係満足度とワーク・ライフ・バランス：少子化対策の欠かせない視点」『RIETIディスカッション・ペーパー』06-J-054。

山重慎二（2002）「保育所充実政策の効果と費用—家族・政府・市場による保育サービス供給の分析」国立社会保障・人口問題研究所編『少子社会の子育て支援』東京大学出版会, pp.241-264。

労働政策研究・研修機構（2005）『少子化問題の現状と政策課題—ワーク・ライフ・バランスの普及拡大に向けて—』（JILPT資料シリーズ No.8)。

Adsera, A.（2004）"Changing Fertility Rates in Developed Markets: The Impact of Labor Market Institutions," *Journal of Population Economics*, vol.17(1), pp.17-43.

Bradshaw, J. and A. Hatland（2006）*Social Policy, Employment and Family Change in Comparative Perspective*, Edward Elgar.

Breton, D. and F. Prioux（2005）"Two Children or Three?: Influence of Family Policy and Sociodemographic Factors," *Population*, vol.60(4), pp.415-445.

Butz W. P. and M. P. Ward（1979）"The Emergency of Countercyclical U. S. Fertility," *The American Economic Review*, vol.69(3), pp.318-328.

d'Addio, A. C. and M. M. d'Ercole（2005）"Trends and Determinants of Fertility Rates in OECD Countries: The Role of Policies," *OECD Social, Employment and Migration Working Papers*, 27, OECD.

Laroque, G. and B. Salanie（2004）"Fertility and Financial Incentives in France," *CEPR Discussion Paper*, DP4046.

Lucas, R. E. Jr.（1976）"Econometric Policy Evaluation: A Critique," K. Brunner and

A. H. Meltzer eds., *The Phillips Curve and Labor Markets,* Amsterdam: North-Holland, pp.19-49.

Ronsen, M.（2004）"Fertility and Public Policies：Evidence from Norway and Finland," *Demographic Research*, vol.10(6), pp.143-170.

（増田幹人）

第6章 文化人類学的視点からみた結婚の地域性と多様性

はじめに

　高橋によれば,「近年の少子化現象には, 結婚の変化と夫婦出生率の低下の二つの要因がともに関与し, 合計出生率の低迷をもたらしている」(高橋 2002, p.7)が,「1980年代以降の合計出生率低下は, 結婚の変化によってその相当大きな部分がもたらされた」(高橋 2002, p.11)と指摘している。この「結婚の変化」とは, 未婚化・晩婚化の進展を意味している。

　未婚化・晩婚化は全国的に進展しているが, その実態は地域差を伴っていることも事実である。しかし,「日本では結婚よりも出生率の地域格差に注目した研究の方が多く蓄積されている」(北村・宮崎 2009, p.81)状況であり, 結婚の地域差に関する研究は十分に行われてきたとはいえない。このような状況を踏まえ, 本章では, 未婚化・晩婚化の地域差に着目することにした。

　ところで, 出生率の地域格差に注目した研究では, 地域特性に適した子育て支援を実施している自治体の出生率が上昇しているという(岩淵ほか 2004)。とすれば, 自治体が実施している結婚支援や出会い促進事業においても, 未婚化・晩婚化における地域差の実態や, 地域の結婚観や家族観を考慮して展開することが望ましいのではないだろうか。そこで, 未婚化・晩婚化における地域差の実態および要因を追究するとともに, どのような取り組みが未婚化・晩婚化対策として寄与できるのかについても考えていきたい。

　第1節では, 結婚動向の地域差に関する先行研究の到達点と課題を整理し, 第2節では, 未婚化・晩婚化における地域差の実態を明らかにするとともに,

本章において追究する問題を明示する。第3節では、分析視角・資料・方法について説明し、第4節では、岩手県と長崎県おいて実施したヒアリング調査の結果を踏まえて仮説の提示を試みる。そして第5節では、既存の研究成果や文献資料・統計資料を用い、仮説の検証を進めることとする。

第1節　結婚動向の地域差に関する先行研究

(1) 結婚動向の地域差に着目した研究の概要

　人口学の渡辺（1993）は、『国勢調査』を用いて1920年から90年までの都道府県別、男女別、年齢5歳階級別の配偶関係別人口を分析した。その結果、「日本の地域における西高東低の結婚年齢パターンは、歴史的な結婚パターンとして今後もその帰趨を見守らなければならない重要な地域パターン」（渡辺 1993, p.29）と指摘する。今後の課題としては、「結婚パターンを決めているのは何かという要因論を避けては通れない」（渡辺 1993, p.30）としている。

　歴史人口学の速水（1997, 2001）は、『日本全国戸口表』や宗門改帳・人別改帳から、人口統計上のパターンとして「東北日本・中央日本・西南日本」という三類型を析出した。また、1886年の府県別平均結婚年齢から、「都市部を除き、明瞭に東日本は早婚で、西日本は晩婚というパターンが浮かび上がってくる。その境界は、静岡、長野、富山の各県を貫いていて、地学上の断層であるフォッサ・マグナと見事に一致している」（速水 2001, p.37）ことを明らかにした。

　国土庁計画・調整局（1998）は、『人口動態統計』の「平均初婚年齢」と『国勢調査』の「生涯未婚率」を指標に用いてクラスター分析を行い、都市化・学歴・就業・人口性比（女性100人に対する男性の割合）の影響についても検討を行った。その結果、「同じ就業している女性でも、県によって結婚や出生行動に違いがあり、地域差は労働力率といった全国一律の説明変数では説明できない」（国土庁計画・調整局 1998, p.163）が、「この地域差は、かなり安定したも

のであり，地域に固有の生活様式や価値観を反映している可能性」(国土庁計画・調整局 1998, p.163) を指摘するとともに，今後の課題として，ミクロな分析や世帯構造からのアプローチが必要であるとしている (国土庁計画・調整局 1998, p.168)。

地理学の由井 (2006, 2007) は，『国勢調査』を用いて未婚化の地域差を検討した。その結果，「未婚率はかつて大都市地域と非大都市地域との間に大きな違いがみられたが，今日では大都市地域の未婚化がさらに進む一方で，嫁不足にみられるような非大都市地における中壮年の未婚者の増加が顕著である」(由井 2007, p.34) と指摘している。さらに，この状況に対して，「その原因は，大学進学率や地域労働市場などや婚姻に対する文化の違いなどの地域性とも関連していると思われるが，さらなる分析が必要である」(由井 2007, p.34) としている。

経済学の北村・宮崎 (2009) は，『国勢調査』を用いて都市化・人口性比・就業が結婚に与える影響について計量分析を行った。その結果，都市化の程度が結婚に影響すること，男性の就業が結婚に正の影響を及ぼすこと，人口性比が高いほど男性の結婚経験率が低く，女性の結婚経験率が高くなることが明らかになった。しかし，回帰分析の変数では説明できない都道府県間格差の存在が確認されたため，地域固有の家族観や結婚観について検討したが，その要因については解明できなかった (北村・宮崎 2009, p.97)。そこで，今後の課題としては，市区町村や地域別にケース・スタディーを行い，地域の慣習や結婚に対する意識の影響について検討することを挙げている (北村・宮崎 2009, p.97)。

(2) 先行研究の到達点と課題

結婚動向の地域差に関する研究の到達点と課題を整理しておく。到達点としては，第一に，東日本と西日本で結婚パターンが異なっており，その境界はフォッサ・マグナと一致していた。第二に，地域差の実態は必ずしも一定ではなく，時代によって変化しており，近年では非大都市地域の中壮年に注目する必要性も示唆されていた。第三に，労働力率など回帰分析の変数では説明でき

ない地域差が存在しており，その地域差は，地域に固有の生活様式や価値観を反映している可能性があるとしてきた。

今後の課題としては，未婚化・晩婚化における地域差の要因を明らかにすることである。そのために必要な視点・方法として，ミクロな分析や世帯構造からのアプローチ，大学進学率や地域労働市場および婚姻に対する文化の違いへの着目，市区町村や地域別のケース・スタディー，地域の慣習や結婚に対する意識の影響についての検討がなされてきた。そこで，次節以降では，研究成果や残された課題への言及を踏まえて，分析・考察を進めていくことにしたい。

第2節　未婚化・晩婚化における地域差の実態

（1）未婚化・晩婚化の時代的推移

高橋は，「結婚形成過程の変化は，1970年代半ば以降大きく変化し，未婚化・晩婚化現象が現れた。そしてこれを世代的にみれば1950年代出生コーホートから徐々に始まり，1960年代生まれ以降のコーホート（世代）において顕著にあらわれた現象であることが理解できる」（高橋 2004, p.136）としている。

そこで，安定した時期に適齢期を迎えた世代と，それ以降に適齢期を迎えた世代の変化・差異に注目していく必要があるのではないかと考えた。以下では，安定した時期に適齢期を迎えた世代（1936-40年出生コーホート）と，未婚率の上昇が顕著である世代（1961-65年出生コーホート）を比較することにしたい。

（2）未婚化・晩婚化の空間的差異

都道府県別・年齢階層別（20～39歳の5歳階級）・男女別の未婚率について，1936-40年出生コーホートと1961-65年出生コーホートを比較しながら把握する。まず，全国値を基準として上下1.5％間隔に，4段階で未婚率を示した（図6-1，図6-2）。

図を概観しながら，都道府県別・年齢階層別・男女別未婚率から捉えられる

第6章 文化人類学的視点からみた結婚の地域性と多様性 157

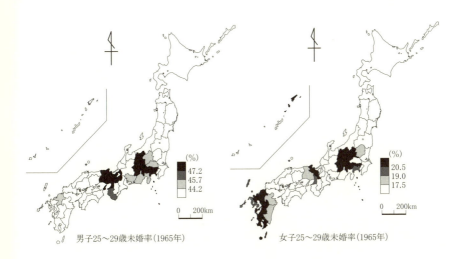

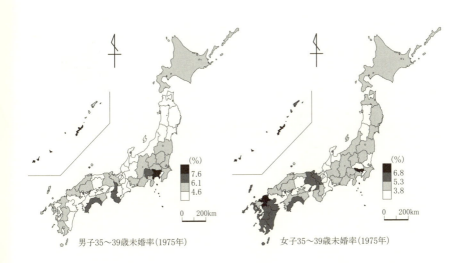

図6-1　1936–40年出生コーホート

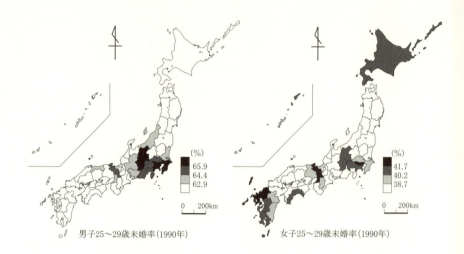

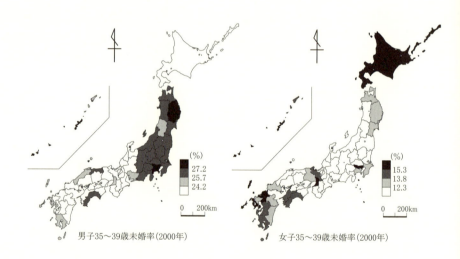

図 6-2 1961-65 年出生コーホート

地域差の特徴について整理しておきたい。第一に，都市化の影響はうかがえるが，絶対的なものではない。第二に，北陸・東海・中国・四国（高知を除く）の諸地域は，男女とも全体的に未婚率が一貫して低い。第三に，九州地域では，両出生コーホートの両年齢層において，一貫して男子未婚率は低いが女子未婚率は高い。第四に，本州の東日本地域では，1961-65年出生コーホートの35～39歳において，女子未婚率は東京都を除く全ての県で全国値より低いのに対し，男子未婚率は山形県を除く全ての都県で全国値より高くなっている。

(3) 本章において追究する問題

本章では，第三と第四の特徴に注目していくことにしたい。それは，先行研究の到達点と課題を振り返ると，東日本と西日本の対照性や非大都市地域の中壮年に注目する必要性が示唆されていたが，その部分を解明することにつながると思われるからである。

したがって，① 2000年（1961-65年出生コーホートの35～39歳）において，なぜ男子未婚率が高い地域は東日本に偏り，女子未婚率が高い地域は西日本（関西都市部および九州地域）に偏っているのか，②東日本地域の35～39歳の男子未婚率において，なぜ1975年（1936-40年出生コーホート）では全国値を下回っていたのに，2000年（1961-65年出生コーホート）では全国値を上回っているのか，この2つに問題を限定して分析・考察を進めていくことにしたい。

第3節　分析視角・資料・方法

(1) 文化人類学的視点からの接近

未婚化・晩婚化における地域差は，地域に固有の生活様式や価値観を反映している可能性があると捉えられていたが，この「地域に固有の生活様式や価値観」を明らかにするには，どのような方法で接近すべきなのであろうか。国土庁計画・調整局（1998）や北村・宮崎（2009）では計量分析の手法を用いたが，

地域に固有の生活様式や価値観，地域固有の家族観や結婚観などについて，結果的に明らかにすることはできなかった。そこで，本章では別のアプローチを試みることにしたい[(1)]。

先行研究では，地域差の要因を明らかにするために必要な視点・方法についても言及されていた。その中で，家族構造や婚姻に関する文化的要素，地域の慣習や結婚に対する意識などに着目しながら，自治体において実施したヒアリング調査結果の分析を通じて，「地域に固有の生活様式や価値観」・「地域固有の家族観や結婚観」の把握を試み，それを既存の研究成果や文献資料・統計資料と照合するという方法を用いることとする。

(2) 分析対象地域と分析に用いる調査資料

ここでは，分析対象とする地域について述べておく。2000年に男子未婚率の高い東日本地域と女子未婚率の高い西日本地域を比較するため，それぞれの特徴を備えている都道府県を選定する必要があろう。

東日本地域の特徴をもつ都道府県としては，岩手県を分析対象とする。それは，35〜39歳の男子未婚率において1975年では全国値を下回っていたが2000年では全国値を上回っていること，また，2000年の35〜39歳男子未婚率において岩手県は東京都に次いで高くなっており，東日本地域の典型と位置づけられるからである。

西日本地域の特徴をもつ都道府県としては，長崎県を分析対象とする。それは，長崎県が，女子未婚率が一貫して高いという西日本地域（関西都市部および九州地域）の特徴を備えているとともに，岩手県と長崎県が政令指定都市をともに抱えておらず，同じような人口規模となっているため，比較分析に適していると判断したためである。

以上のように，東日本地域の岩手県と西日本地域の長崎県を比較分析していくが，その際，岩手県と長崎県で実施した調査資料を用いることとする[(2)]。この調査では，前述の岩手県と共通する特徴をもつ自治体として軽米町・二戸市・西根町（現八幡平市）・遠野市・金ヶ崎町，長崎県と共通する特徴をもつ自治体

表 6-1 岩手県と長崎県の自治体における人口総数と男女別未婚率

(単位：人, %)

自治体	2000年人口総数	1965年 25～29歳		1975年 35～39歳		1990年 25～29歳		2000年 35～39歳	
		男子	女子	男子	女子	男子	女子	男子	女子
全国	126,925,843	45.7	19.0	6.1	5.3	64.4	40.2	25.7	13.8
岩手県	1,416,180	33.3	14.4	4.3	3.9	61.7	37.9	29.3	12.6
軽米町	11,863	35.0	8.4	2.3	3.0	69.4	31.0	31.8	10.5
二戸市	27,678	39.3	15.3	3.3	3.8	59.5	30.2	28.4	11.3
西根町	19,031	24.5	9.8	4.3	2.0	64.1	32.4	33.1	11.5
遠野市	27,681	24.4	10.1	3.7	2.5	61.8	36.5	32.6	12.3
金ヶ崎町	16,383	22.5	6.4	2.5	1.3	66.2	35.8	30.5	7.4
長崎県	1,516,523	42.1	19.9	5.0	5.7	60.7	42.6	24.3	14.8
佐々町	13,335	38.2	18.3	7.9	7.4	59.2	40.8	20.3	14.8
川棚町	15,325	38.3	22.2	4.3	5.1	61.8	44.1	24.3	15.4
諫早市	95,182	45.8	23.0	7.4	6.2	54.9	42.0	21.0	14.0
有明町	11,958	40.4	15.5	7.0	4.7	66.2	43.2	24.2	15.4
布津町	5,019	40.2	15.2	4.0	2.8	59.5	45.7	20.2	14.9

(資料) 総務省統計局『国勢調査』.

として佐々町・川棚町・諫早市・有明町（現島原市）・布津町（現南島原市）を調査対象としている。調査対象自治体の人口総数，1965年の25～29歳および1975年の35～39歳と1990年の25～29歳および2000年の35～39歳における男女別未婚率を**表6-1**に示した．

(3) 人口性比および男女の移動への着目

次節において，自治体において実施したヒアリング調査結果に関する分析・考察を行うが，そのとき「人口性比（女性100人に対する男性の割合）」に着目していきたいと考える。というのは，結婚動向と人口性比の関係に着目する必要性が示唆されているとともに，未婚率と人口性比の間に注目すべき関係性が見いだせるからである．

結婚動向と人口性比の関係に着目する視角は，1980年代から小島（1984）や安蔵（1988）の研究において散見されるが，日本全体の結婚動向に対する人口性比の影響を分析したものであり，人口性比を地域差との関連で取り上げることはなかった．その後，鈴木（1989）は，人口性比の不均衡が地域別の結婚力

表 6-2　35-39 歳の都道府県別人口性比（2000 年）

35〜39歳の未婚率が，男子は全国値より高く，女子は全国値より低い都道府県						35〜39歳の未婚率が，女子は全国値より高く，男子は全国値より低い都道府県			
青森県	96.7	岩手県	101.9	宮城県	100.2	北海道	93.0	京都府	96.7
秋田県	96.7	福島県	102.6	茨城県	105.4	大阪府	100.0	愛媛県	93.4
栃木県	105.8	群馬県	104.3	埼玉県	108.8	福岡県	92.7	長崎県	92.6
千葉県	107.9	神奈川県	114.0			熊本県	91.6	鹿児島県	92.3
新潟県	102.3	山梨県	104.7	長野県	103.1				
静岡県	105.0	鳥取県	96.7						

（資料）総務省統計局『国勢調査』．

に及ぼす影響について検討を加え，西日本に比べて東日本の男子に結婚難が著しいことを明らかにした。さらに，石川（2003, 2007）は，未婚率の地域格差を都道府県および市区町村単位で分析した結果，現代日本では男子の結婚難がみられるとともに，中部地方以東の東日本で性比が高く，近畿地方以西の西日本で性比が低いというパターンを析出した。このような研究成果をみると，人口性比に着目する必要性があるといえよう。

また，未婚率と人口性比の関係を検討すると，2000年の35〜39歳未婚率において，男子は全国値より高いが女子は全国値より低い都道府県と，女子は全国値より高いが男子は全国値より低い都道府県に分類し，それぞれの35〜39歳（2000年）人口性比について表6-2に示した。前者では，青森県・秋田県・鳥取県を除いた全ての県で人口性比が100を超え，女子に比べて男子が多いのに対し，後者では，大阪府を除いた全ての府県で人口性比が100を下回り，男子に比べて女子が多い。このように，男子未婚率が相対的に高い東日本地域の諸県で男子人口の割合が高く，女子未婚率が相対的に高い西日本地域の諸府県で女子人口の割合が高いことは，注目すべき特徴といえるのではないだろうか。

以上のように，先行研究を振り返っても，また未婚率との関係性から見ても，人口性比に着目することは有効な分析視角となり得るように思われる[3]。しかし，本章の分析・考察では，既存の研究のように，人口性比の不均衡が未婚率に与える影響などについて計量分析を行うのではなく，地域に固有の生活様式や価

値観・地域固有の家族観や結婚観を把握していくときの手がかりにしていきたい。それは、人口性比の動向に大きな影響を与えているのは男女の人口移動であり、人口移動には進学・就職・結婚などの要素が関係していると推察されるが、その判断・意思決定において、「地域に固有の生活様式や価値観」・「地域固有の家族観や結婚観」が規定している側面もあると考えたからである。

第4節 ヒアリング調査結果についての分析と考察

(1) 高年層へのヒアリング調査結果

　本節では，人口性比および男女の人口移動に着目しながら，地域に固有の生活様式や価値観・地域固有の家族観や結婚観について，岩手県と長崎県で実施した三つのヒアリング調査結果を用いて把握を試みていく。なお，分析結果として示すのは，複数の地区で解答されていた内容を要約したもののみに留める。

　まず，高年層へのヒアリング調査は，働き方や生活上など地域社会全般に関する特徴や時代的推移の中での変化について，また地域に固有の生活様式や価値観（家族観・結婚観）について，民生委員・地区センター長・一般住民の方々に，お話をうかがった。

　調査項目は，結婚・出会い，仲人・結婚の世話，青年会・若者の暮らし，出稼ぎ・労働，農家・嫁入り，意識・価値観・時代の変化，男女の移動，家族観・親との同別居であるが，「男女の移動」と「家族観・親との同別居」については，調査結果を**表6-3**に示した。

(2) 岩手県と長崎県における若年層・中年層へのヒアリング調査結果

　次に，若年層・中年層へのヒアリング調査は，働き方や生活上など地域社会全般に関する特徴や時代的推移の中での変化について，また地域に固有の生活様式や価値観（家族観・結婚観）について，市内（町内）出身・在住の自治体職員の方々に，お話をうかがった。

表 6-3　岩手県と長崎県における高年層へのヒアリング調査結果

項目	岩手県	長崎県
男女の移動	昔の女性は経済的理由から教育を受けさせてもらえなかったが、今は県外の大学に進学したまま地元に戻らない女性が増えている。女性は跡取りでないため、気軽に外へ出てしまう。(軽米・西根) 男性は長男だと田畑があり、家を継ぎ、親の面倒をみていくので、地元に残る人が多く、仕事で一度外へ出た場合も、跡を継ぐためにUターンする人も多い。(軽米・西根・遠野・金ヶ崎)	男性は、地元に働き場が少ないため県外へ就職する人が多いし、Uターンする人も少ない。また、県外の大学へ進学した男性は、進学で外へ出たら戻ってくる人は少ない。(川棚・有明・布津) 女性は親の近くにいたいと考えるので、地元で就職する人やUターンする人も多いが、医療・福祉関係の働き場所は充実している。(川棚・有明・布津)
家族観 親との同居別居	昔は、長男は地元に残して学校には行かせないが財産を残し、女子は農業をしながら地元へ嫁ぎ、次三男は相続放棄させるが教育を受けさせて上の学校へ行かせた。田畑を有して生活の基盤がある長男は、結婚相手として好まれた。(軽米・二戸) 長男は今も昔も特別な存在で、"長男が跡を継ぐ"という意識が強く、今の若い人でも長男は親の面倒をみていくため、地元に残って親と同居する人が多い。(軽米・二戸・西根・遠野)	子どもの中で誰か一人に家を継いでほしいが、それは長男でも次男でも三男でもよく、また、男の子には"外の釜の飯を食わせた方がいい"と考える親も多いため、長男でも就職で外へ出ていく人が多い。(佐々・川棚・布津) 昔から"女の子が役に立つ"と言われており、親は自分たちの世話や介護のことを考えると、女の子を外へ出したがらず、結婚後も家の近くに置いておきたい意識が強い。(佐々・川棚・有明・布津)

表 6-4　岩手県と長崎県における若年層・中年層へのヒアリング調査結果

項目	岩手県	長崎県
男女の移動	女性は"跡取り"という責任感がないから盛岡や県外へと出て行くが、長男は地元に残ることが多く、外で就職しても跡取りとして戻ってくる長男はいるが、女性で戻ってくる人は少ない。(西根・遠野) 今の若い男性も、家を継ぎ、親と同居する意識が強いので、地元で働くこと、地元から通勤範囲の仕事を探す人が多く、県外の大学へ進学した場合も、就職活動時には"長男だから地元で働き場所を探すように"と親から言われる人も多い。(西根・遠野)	親は、息子には良い仕事に就いてほしいと願っており、地元でも県外でも構わない人が多い。また、県外の大学へ進学した男性が、地元に戻ってきて能力を活かせるような企業や職場は少ない。(佐々・川棚・有明) 親は、娘が学力をつけたら地元に仕事がないので、短大に行き事務の仕事などに就いて、地元で結婚してほしいと願う人が多く、女性自身も地元で暮らしたい意識の強い人が多い。(佐々・川棚・諫早)
家族観 親との同居別居	30歳代後半以降の男性未婚者は親との同居が多いが、農家への嫁入りを避ける傾向や、親の介護をしている所へお嫁さんは来ない。(二戸・西根・遠野) 長男は家に残り、親と同居し、親の面倒をみていくものだと、子どもの頃から言われて育ち、跡取りとしての意識を強くもっているため、そのことを前提として結婚を考える。(軽米・二戸・遠野・金ヶ崎)	長男が親と同居しなければと考えるのは農家くらいで、それ以外の長男の責任とは、家名を継承し、財産・土地・お墓を守ること。(佐々・有明) 親は、自分の老後の世話や介護を考えて、娘を近くに置きたい意識が強いため、女性は親から"結婚は近くでしてほしい"と言われることが多い。(川棚・有明)

調査項目は，結婚・出会い，農家・嫁入り，意識・価値観，男女の移動，家族観・親との同別居であるが，「男女の移動」と「家族観・親との同別居」については，調査結果を**表6-4**に示した。

（3）岩手県と長崎県における高等学校へのヒアリング調査結果

次に，高等学校へのヒアリング調査は，進学および就職時における「県内」・「県外」割合の男女別動向を把握するとともに，学生自身の希望や両親の意向などに関する男女別の差異に焦点をあて，高等学校の進路指導主事の教諭・校長・教頭に，お話をうかがった。

調査項目は，雇用環境，進学状況，時代の変化，Uターン，家庭環境，学生の希望，親の意向であるが，「学生の希望」と「親の意向」については，調査結果を**表6-5**に示した。

ここからは，三つのヒアリング調査結果に関する分析を踏まえ，地域に固有の生活様式や価値観，地域固有の家族観や結婚観に関する仮説を提示しておきたい。

表6-5 岩手県と長崎県における高等学校へのヒアリング調査結果

項目	岩手県	長崎県
学生の希望	女子は，親の面倒をみるのは長男の役目と考えているため，県内での就職が厳しいと県外就職へと希望転換する学生が多いが，男子は県外へと希望転換する学生が少なく，あくまで地元が良いという学生が多いし，岩手に支社のある会社を希望する学生や，地元の専門学校へと切り替える学生には長男が多い。(西根・遠野)	進学・就職のどちらも，男女ともに九州の外へ出ていこうという意識が弱い。また，県外の4年制大学へ進学した男子は，地元に戻っての就職は難しいため，県外へと切り替えざるを得なくなる。女子は地元志向がとくに強く，県外の看護師・栄養士関係の専門学校へ進学した場合でも，"就職は地元で"と考える学生が多い。(佐々・川棚・諫早・有明・布津)
親の意向	子どもを地元に留めておきたいという親が多く，とくに長男には家を継ぎ，お墓を守り，自分たちの面倒をみてもらうため，地元へ戻ってほしいと思っているが，次三男や女の子に対しては，そのような意識が弱い。(二戸・遠野)	男子には，お金をかけても学をつけさせ，外で良い仕事に就いてほしいと考える親が多い。女子には地元にいてほしく，お金をかけてまで外で学ばせる必要はないと考える親も多く，また，親の意向に添って地元の大学に進学する女子も多い。(佐々・川棚・有明・布津)

(4) ヒアリング調査結果の分析

　岩手県では，時代とともに変化した部分と変化していない部分が明らかになった。変化した部分とは，女子の人口移動，女子に対する親の意識，結婚相手としての長男の環境，変化していない部分とは，長男規範，男子に対する親の意識である。

　かつての女子は，経済的理由などで進学することが困難であり，地元に残って嫁ぐことが多かったが，近年は県外への進学・就職が増加しており，"跡取り"という責任感もないため地元に戻ってくる女子は少なく，また，親も女子に対して地元へ戻ってほしいという意識が弱いようである。

　一方，かつての男子は，生活基盤があるため結婚相手として好まれていたが，近年は農家への嫁入りを避ける傾向が出ており，結婚相手の親と同居して介護をする形での結婚に躊躇する女子も増えている。とはいえ，家を継ぎ，親と同居し，親の面倒をみるのが長男の役割という"長男規範"が近年の若年・中年男子にも強く，それを前提として就職・結婚を考えるため，就職にあたっての地元志向が強く，県外へ進学・就職した場合もUターンは女子に比べて男子の方が多い。その背景には，親が跡取りの男子（長男）に対して地元にいて同居してほしいという意識が強いことも影響しているようである。

　長崎県では，時代とともに変化した部分は確認されなかったが，男女の雇用環境や男子と女子に対する親の対照的な意識が，変化していないことが明らかになった。

　長崎県には，県外の大学へ進学した男子が地元に戻って能力を活かせるような企業や職場が少ないため，外に出た男子が地元へ戻ってくることは少なく，また，親も男子に対して無理に地元へ戻ってくるよりも，県外へ出てもいいから良い仕事に就いてほしいという意識が強いようである。

　一方，女子は県内進学の希望が多く，県外の専門学校などへ進学した場合も，医療・福祉関係の働き場所は比較的充実しているため，地元に戻って就職する女子が多い。その背景には，女子自身が地元にいて親の近くで暮らしたいという意識を強くもっているとともに，親が女子に対して自分たちの老後の世話や

介護を考えて地元にいてほしい，できるだけ近くで結婚してほしいという意識が強いことも影響しているようである．

（5）ヒアリング調査結果から導き出された仮説

東日本地域に属する岩手県と西日本地域に属する長崎県での分析結果を踏まえて，人口性比および男女の人口移動に着目するという視点から，本章で追究する問題に対しての仮説を提示していきたい．

第一に，2000年の35〜39歳において，なぜ男子未婚率が高い地域は東日本に偏り，女子未婚率が高い地域は西日本に偏っているのか，についてである．これは，「人口性比のアンバランスが生じているとともに，岩手県の男子と長崎県の女子にとって，希望に見合う（親の意向に添う）結婚相手を得ることが難しくなっている」のではないだろうか．

この点について詳述すると，岩手県においては，進学・就職によって地元を離れる女子が多いのに対して，男子は地元志向が強く，長男の役割を担うためにUターンする者も多い．一方，長崎県においては，地元に働き場所の少ない男子が地元を離れるのに対して，女子は地元志向が強く，地元への進学や地元に戻っての就職を選択する女子が多い．したがって，岩手県では男子人口が多く，長崎県では女子人口が多くなってしまうが，問題はそれだけに留まらない．重要なことは，岩手県の男子（長男）と長崎県の女子は，結婚に対して背負うものが大きいのではないだろうか．つまり，"跡取りとして同居し，家を継承していくこと"，"親の扶養や世話・介護を担っていくこと"などについて，親・家族から強い期待を受けるため，それを実現できる形での結婚を考えなければならないことが，岩手県の男子（長男）と長崎県の女子にとって結婚相手の範囲や結婚実現の可能性を狭めているのではないかと考えられる．以上が第一の課題についての仮説である．

第二に，東日本地域の35〜39歳の男子未婚率において，なぜ1975年では全国値を下回っていたのに2000年では全国値を上回っているのか，についてである．これは，「岩手県の男子（長男）にとって，結婚しやすい環境から結婚が

難しい環境へと変化してしまった」のではないだろうか。

　この点について詳述すると，一つは量的な問題であり，かつては地元に留まる女子が多かったが，近年は県外への進学・就職によって地元を離れる女子が増加したため，結婚市場の人口性比において男子が不利となってきたこと。もう一つは質的な問題であり，かつては生活基盤のある男子（長男）は結婚相手として好まれていたが，近年は夫の親と同居しての介護などへの忌避傾向が出てきたため，親との同居を前提として結婚を考える男子（長男）は結婚相手として好まれにくくなっていること。以上が第二の課題についての仮説である。[5]

第5節　仮説の検証

(1) 親との同別居

　本節では，前節で導き出した仮説について，既存の研究成果や文献資料・統計資料の結果と照合していくことにしたい。

　まず，「親との同別居」である。長崎県では，将来の世話や介護を考えて女子に対する親の期待が強いが，それは必ずしも同居を必要とせず，近くに住んでほしいという意向であった。岩手県では，跡取りである男子（長男）に対して世話や介護だけでなく，農地や家屋の相続を考えての同居，すなわち家の継承を求めるため，それは「同居」という形に結実する。そこで，同別居の状況を概観することにした。

　65歳以上の者における子との同別居状況を**表6-6**に示した。これをみると，「同居の子のみ」が岩手県では38.7％に対して長崎県では18.9％，「別居の子のみ」が岩手県では23.6％に対して長崎県では44.1％となっており，「同居・別居の子あり」を加えて考慮しても，岩手県の同居割合，長崎県の別居割合が高い。続いて，「別居の子のみあり」の場合の状況について，65歳以上の者における子との別居状況を**表6-7**に示した。これをみると，子どもが同居していない場合，岩手県では子どもが遠方居住であることが多いのに対し，長崎県では

第6章 文化人類学的視点からみた結婚の地域性と多様性 169

表6-6 65歳以上の者における子との同別居状況

(単位：人, %)

都道府県	総数	同居の子のみあり	同居・別居の子あり	別居の子のみあり	子どもなし	不詳
岩手県	351,000 —	136,000 38.7%	60,000 17.1%	83,000 23.6%	44,000 12.5%	27,000 7.7%
長崎県	376,000 —	71,000 18.9%	82,000 21.8%	166,000 44.1%	50,000 13.3%	8,000 2.1%

(資料) 厚生労働省『平成19年度 国民生活基礎調査』.
(注) 1) 資料の単位は千人で表示. 上段の実数は小数第2位を四捨五入.

表6-7 65歳以上の者における子との別居状況(「別居の子のみあり」の内訳)

(単位：人, %)

都道府県	総数	同一家屋	同一敷地	近隣地域	同一市区町村	その他の地域	居住場所不詳
岩手県	83,000 —	1,000 1.2%	3,000 3.6%	7,000 8.4%	21,000 25.3%	46,000 55.4%	5,000 6.0%
長崎県	166,000 —	2,000 1.2%	7,000 4.2%	20,000 12.0%	54,000 32.5%	69,000 41.6%	13,000 7.8%

(資料) 厚生労働省『平成19年度 国民生活基礎調査』.
(注) 1) 資料の単位は千人で表示. 上段の実数は小数第2位を四捨五入.

子どもが近くに居住していることが多くなっている。

以上のように，岩手県の同居割合が高いこと，長崎県の別居割合が高いこと，さらに，別居している場合に長崎県では近居割合が高いことが明らかになった。これは，ヒアリング調査の結果から把握された特質と整合的であるといえよう。しかし，男女別の動向を把握することはできなかった。

(2) 家族観や子どもに対する期待

次に，「家族観や子どもに対する期待」である。岩手県では"長男規範"が強く，跡取りとして長男に対する親の期待は特別なものであった。それに対し，長崎県では長男を特別視するような傾向は見受けられず，外へ出ていくことも構わないという意向であったが，老後の世話・介護を担う存在として女子に対する親の期待は強いものであった。そこで，家族観や子どもに対する期待につ

表 6-8　家産・相続および家族について

項目	岩手県	長崎県
家産相続	農家ニテハ長女アレヘバ婿ヲ迎ヘテ相続セシムルヲ例トスカ役ノ便利ニ従フナリ(p.407, 胆澤郡)	村方ニテハ長男ヲ第一ニ分家シ末男ヲ以テ本家相続セシムル多シ(p.428, 彼杵郡)
家族	次代の戸主であるべき長男は特別に扱われ(中略)民俗芸能で芸が他に伝わるのを防ぐため長男にだけ教えたものだとよくいわれるが、実は芸の移伝とは別に、長男だけが伝授される特権をおのずから持っていたのだと考えるべきであろう(p.150)	

（資料）司法省『全国民事慣例類集』．森口多里『日本の民俗〈3〉岩手』．

いて概観することにした。

　表 6-8 は，『全国民事慣例類集』から「家産・相続」について，『日本の民俗』から「家族」についての記述を抜粋したものである。岩手県では，長女に婿を取るというような長子重視の慣例や，長男が特別な存在として扱われてきたことが記録されている。一方，長崎県では，長男ではなく次三男や末男子に相続させる慣例が報告されている。

　このような記述や報告で把握された傾向は，人類学や民俗学の研究成果でも確認できる。すなわち，男女にかかわらず初生の子を家に残す形式の「姉家督相続」は東北日本に，末男子を残す形式の「末子相続」，いずれの子を残すかは一定せず親の選択に任す「選定相続」などは西南日本に分布してきたと捉えられている（大間知 1975）。

　以上のように，岩手県において長子・長男を重要視してきたこと，長崎県において長男を特別視していないことが明らかになった。これは，ヒアリング調査の結果から把握された特質と整合的であるといえよう。しかし，女子に対する意識，とくに長崎県における女子への期待に関係する慣例や慣行を把握することはできなかった。

（3）県外就職率と県内進学率

　次に，「県外就職率と県内進学率」である。近年，岩手県では，進学・就職時

表 6-9　高校卒業時における男女別の県外就職率

(単位：％)

年次	全国		岩手		長崎	
	男子	女子	男子	女子	男子	女子
1990年	27.6%	20.2%	41.1%	40.3%	54.7%	43.7%
2000年	19.6%	15.3%	24.7%	25.6%	44.8%	36.8%

(資料) 文部科学省『学校基本調査』.

表 6-10　高校卒業時における男女別の県内進学率

(単位：％)

年次	岩手			長崎		
	男子	女子	女子(短大)	男子	女子	女子(短大)
1980年	17.4%	23.7%	30.7%	17.7%	30.0%	52.7%
1990年	21.8%	30.0%	33.1%	15.5%	25.3%	56.6%
2000年	19.2%	28.3%	42.5%	19.8%	41.5%	56.3%

(資料) 文部科学省『学校基本調査』.
(注) 1) 大学進学者は男女とも示し，短大進学者は女子のみ示している．

に地元を離れる女子が多いのに対して，男子は地元への進学・就職を希望する者が女子に比べて多く，長崎県では，進学・就職時に地元を離れる男子が多いのに対して，女子は地元への進学・就職を希望する者が男子に比べて多いとされていた．そこで，高校卒業時における男女別の県外就職率と県内進学率を概観することにした．

　1990年と2000年の高校卒業時における男女別の県外就職率を**表6-9**に示した．これをみると，全国的に1990年から2000年にかけて県外就職率は低下しているが，その間，岩手県は男女差がほとんどなく推移している．一方，長崎県は女子に比べて男子の県外就職率が高くなっている．長崎県は，男女ともに岩手県と比べて高い水準で推移しているが，とくに男子の県外就職率が著しく高いのが特徴的である．続いて，1980年と1990年および2000年の高校卒業時における男女別の県内進学率を**表6-10**に示した．これをみると，大学進学率は岩手県と長崎県ともに男子に比べて女子の割合が高いが，とくに長崎県において男女間格差が著しい．また，短大進学率を岩手県と長崎県で比較すると，

長崎県女子の県内進学率が著しく高いのが特徴的である。

以上のように，岩手県において県外就職率に男女差はないが，県内進学率は男子に比べて女子が高いこと，長崎県において県外就職率は女子に比べて男子が高く，県内進学率は男子に比べて女子が高いことが明らかになった。ヒアリング調査の結果から把握された特質と照合すると，長崎県についての検証結果は整合的であったが，岩手県についての検証結果は整合的とは言えない。これは，大学卒業時の就職先を把握できなかったことやUターンの動向も影響しているのではないだろうか。

(4) 人口性比の長期的推移

次に，「人口性比の長期的推移」である。近年，岩手県では地元を離れる女子は多いが，地元志向の強い男子はUターンする者も多いのに対し，長崎県では地元を離れる男子は多いが，地元志向の強い女子はUターンする者も多いとさ

表6-11　1965-2000年の25～29歳および35～39歳における人口性比

年次	岩手県	軽米町	遠野市	金ヶ崎町	長崎県	川棚町	諫早市	有明町
1965年	85.6	82.7	83.6	85.0	84.9	87.5	88.9	87.0
1970年	87.2	79.9	78.3	92.3	83.1	73.1	88.3	101.3
1975年	97.1	112.5	100.7	106.7	93.6	94.3	90.2	93.8
1980年	98.9	97.7	103.2	104.8	93.7	89.8	93.6	92.1
1985年	98.6	108.6	95.8	99.8	92.4	94.8	89.4	89.2
1990年	98.1	117.4	98.5	114.7	88.1	80.9	88.4	84.1
1995年	98.2	93.8	99.2	109.1	87.9	91.4	89.5	92.7
2000年	104.8	119.6	111.0	132.2	93.4	81.8	94.5	89.9
1965年	95.1	90.4	100.6	88.2	94.5	89.0	100.4	92.4
1970年	91.7	86.8	91.5	96.6	92.7	91.0	99.5	85.8
1975年	90.0	77.6	88.1	90.6	89.2	97.4	95.8	89.8
1980年	93.4	83.3	82.8	92.7	89.4	90.3	96.9	97.6
1985年	101.7	118.6	106.3	109.0	98.4	101.9	99.1	103.6
1990年	101.1	103.1	109.9	107.0	97.4	93.8	101.1	103.0
1995年	101.2	117.4	99.2	109.6	95.4	95.7	95.3	99.3
2000年	101.9	117.8	105.1	117.3	92.6	87.6	92.8	90.9

(資料) 総務省統計局『国勢調査』．
(注) 1) 上半分が25～29歳，下半分が35～39歳の値である．

れていた。さらに岩手県では，かつては地元に留まる女子が多かったが，近年では進学・就職時に地元を離れる女子が増加傾向にあるという。そこで，人口性比の長期的推移を概観することにした。

1965-2000年の25～29歳および35～39歳における人口性比について，岩手県および3つの自治体，長崎県および3つの自治体の推移を**表6-11**に示した。近年の動向をみると，岩手では男子人口が多いのに対し，長崎では女子人口が多くなっており，両者を比較すると人口性比の差が著しい。さらに岩手の推移をみると，35～39歳は1980年まで女子人口が多かったが，1985年からは男子人口が多くなっている。また，長崎では長期間一定して女子人口が多くなっていることも特徴的である。

以上のように，近年，岩手と長崎は男女間で対照的な人口性比の値となっていること，岩手では，かつては女子が多かったのに対して近年は男子が多くなっていることが明らかになった。これは，ヒアリング調査の結果から把握された特質と整合的であるといえよう。

おわりに

本章では，都道府県別・年齢階層別・男女別の未婚率から地域差の実態を明らかにするとともに，2000年の35～39歳において，なぜ男子未婚率が高い地域は東日本に偏り，女子未婚率が高い地域は西日本に偏っているのか，また，東日本地域の35～39歳の男子未婚率において，なぜ1975年では全国値を下回っていたのに2000年では全国値を上回っているのか，この2つの問題に対して検討を加えてきた。

以上の分析と考察の結果をみると，前者については，人口性比のアンバランスが生じているとともに，岩手県の男子と長崎県の女子にとって希望に見合う結婚相手を得ることが難しくなっていること，後者については，岩手県の男子にとって結婚しやすい環境から結婚が難しい環境へと変化してしまったこと，

以上を仮説として提示するに至った。

　さらに，仮説の検証を行ったところ，「親との同別居」については岩手，長崎とも仮説と整合的な結果となったが，男女別の動向は把握できなかった。「家族観や子どもに対する期待」について，男子は岩手，長崎とも仮説と整合的な結果となったが，女子に関係する慣例や慣行は把握できなかった。「県外就職率と県内進学率」について，長崎は仮説と整合的な結果となったが，岩手は整合的な結果とならなかった。「人口性比の長期的推移」については，岩手，長崎とも仮説と整合的な結果となった。

　したがって，第一に，親との同別居について男女別の動向を把握すること，第二に，女子に対する意識，とくに長崎県における女子への期待に関係する慣例や慣行を把握すること，第三に，岩手県における就職・進学動向の再検証，とくに大学卒業時の就職先やUターンの動向を把握すること，以上が今後の課題となろう。

　最後に，本章で明らかになった知見を踏まえ，未婚化・晩婚化への対応策について触れておきたい。わが国の未婚化・晩婚化は，東日本と西日本で地域差が存在するとともに，未婚率と人口性比の間に適合的な関係が析出されたが，結婚市場における人口性比のアンバランスは，未婚率に影響を与えるとすれば，解消・改善されることが望ましい。しかし，本章での分析・考察の結果，男女の人口移動には，男女自身の意識や親の意向など，地域に固有の価値観や家族観が規定している可能性が考えられるが，意識や価値観などの文化的な構造は短期間で変化しにくいと思われる。とすれば，社会経済的要因から人口移動の状況変化を図る必要があるのではないだろうか。

　ヒアリング調査の結果において，働き場所の少ないことが地元での生活を実現できない理由となっていたことを鑑みると，自治体が地域人口の男女バランスを考慮に入れた企業誘致や就業環境の整備を，長期的な展望で行っていく必要があるのではないかと考える。具体的に言及すれば，岩手県の女子および長崎県の男子が地元に残っての生活を実現できるよう，またUターンしたいと思えるような働き場所の整備を，重点的に進めていくことが求められているとい

えよう。結婚支援や出会い促進事業だけでなく、その人口的基盤を整える取り組みを展開することも、未婚化・晩婚化対策として必要なのではないだろうか。

注

(1) この考え方は、小林和正の見解（小林 1982, p.229）に影響を受けている。
(2) 厚生労働科学研究費「家族・労働政策等の少子化対策が結婚・出生行動に及ぼす効果に関する総合的研究」において、助成を受けて行ったものである。
(3) 例えば、ブルデュー（2007）は、長子相続権への執着を背景に男子人口が多くなっている農村社会において、長子の独身が多いという現象を解明しようと試みている。
(4) 人口性比に影響を与えるのは「自然増減」（出生・死亡）と「社会増減」（転入・転出）であるが、自然増減における地域差は小さいため、社会増減に着目し、男女の人口移動について取り上げることにした。
(5) 原によれば、長男長女比率は「第1次ベビーブーム世代」（1948-52年出生）で50％以下だったが、「第2次ベビーブーム以降世代」（1961-88年出生）では66～72％になっている（原 1991, pp.31-32）。そして、結婚後の親との同居志向が根強い状況の中での長男長女比率の増大は、配偶者選択を難しくさせ、未婚化・晩婚化につながる可能性があるとしている（原 1991, p.37）。
(6) 『全国民事慣例類集』は、民法典（旧民法）を編纂するにあたり、各地方の民間慣例を採録し、参考資料として用いるために編纂されたものである。また、『日本の民俗』は、47都道府県における民俗をまとめたものであるが、『日本の民俗42 長崎』においては「家族」に関する記述を確認できなかった。

参考文献

安蔵伸治（1988）「婚姻に関する将来推計—性比尺度と一致性モデル」『政経論叢』第56巻第3・4号, pp.311-342。

生田精編（1880）『全国民事慣例類集』司法省（司法省編（1976）『全国民事慣例類集』青史社）。

石川義孝（2003）「わが国農村部における男子人口の結婚難」石原潤編『農村空間の

研究〈下〉』大明堂.

石川義孝（2007）「現代日本における性比不均衡と国際結婚」紀平英作編『グローバル化時代の人文学　対話と寛容の知を求めて〈下〉共生への問い』京都大学学術出版会.

岩淵勝好ほか（2004）『出生率の地域格差に関する研究』こども未来財団.

大間知篤三（1975）『大間知篤三著作集第1巻』未来社.

北川行伸・宮崎毅（2009）「結婚の地域格差と結婚促進策」『日本経済研究』第60号，pp.79-102.

工藤豪（2012a）「結婚動向の地域性―未婚化・晩婚化からの接近―」『人口問題研究』67(4)，pp.3-21.

工藤豪（2012b）「未婚化・晩婚化行為の地域性―東日本地域を中心にして―」『比較家族史研究』第26号，pp.200-231.

国土庁計画・調整局編（1998）『地域の視点から少子化を考える』大蔵省印刷局.

小島宏（1984）「性比不均衡と結婚力変動」『人口学研究』第7号，pp.53-58.

小林和正（1982）「家族と人口―村落レベルの調査との関連について」『農村血族の継承と拡散の動態』総合研究開発機構.

鈴木透（1989）「結婚難の地域構造」『人口問題研究』45(3)，pp.14-28.

高橋重郷（2002）「日本における少子化の現状」平山宗宏編『少子社会と自治体』日本加除出版.

高橋重郷（2004）「結婚・家族形成の変容と少子化」大淵寛・高橋重郷編著『少子化の人口学』原書房.

原俊彦（1991）「長男長女比率の変化と晩婚化についての考察」『北海道東海大学紀要人文社会科学系』第4号，pp.27-40.

速水融（1997）『歴史人口学の世界』岩波書店.

速水融（2001）「歴史人口学と家族史の交差」速水融・鬼頭宏・友部謙一編『歴史人口学のフロンティア』東洋経済新報社.

ピエール・ブルデュー，丸山茂ほか訳（2007）『結婚戦略』藤原書店.

森口多里（1972）『日本の民俗　3岩手』第一法規.

山口麻太郎（1972）『日本の民俗　42長崎』第一法規.

由井義通（2006）「ジェンダーアトラスからみた女性の婚姻状態の地域差」『統計』57(2).

由井義通（2007）「世帯の多様化の地域的差異」石川義孝編著『人口減少と地域――地理学的アプローチ』京都大学学術出版会。
渡辺吉利（1993）「都道府県別未婚率と初婚年齢（SMAM）の推移」厚生省人口問題研究所編，研究資料第 277 号。

（工藤　豪）

第7章　高齢者参加型の子育て支援策の可能性

はじめに

　近年，少子化社会における家族機能の変容に併せて，次世代を担う子どもを育成する過程を地域や社会全体で支えていく必要性が強調されている。金子（2007）は，少子化対策として①待機児童ゼロ作戦，②家庭と職場の「両立ライフ」の実践，③ニート，フリーター対策などが，政府の指導の下で継続的に行われてきたにも関わらず，少子化阻止に結びつかなかったことを懸念し，少子化原因の認識と対策にこれまでとは異なった観点を用意する必要性を感じると指摘し，新たに「子育て支援力」という概念を設定した。都市でのソーシャルキャピタル（社会関係や集団参加）について調査を行い，子育て支援力の強化を図る戦略として，ソーシャルキャピタルがより豊かになるような地域での「子育て支援出会いの場づくり」を少子化対策の筆頭として強調している。

　一方で高齢社会における健康寿命の伸長に併せて，要介護高齢者の介護サービス基盤の整備だけでなく，活動的な高齢者の健康づくり・生きがい対策の両側面での対応が求められ，高齢者の個人差に応じた高齢期に相応しい社会的な能力，自立，世代間交流，生きがいの創出などに取り組むことの重要性が強調されている。それを受けて，シルバー人材センターでは，高齢者を子育て支援事業の担い手として活用していこうとする取り組みが行われている。自治体は高齢者活用子育て支援事業という名目でこれを助成し，高齢者活用子育て支援事業には高齢者の生きがい対策としての効果と，子育て支援の担い手の確保，そして世代間交流による児童の健全育成としての効果という，いくつもの効果

が期待された。

そこで本稿では，高齢者の子育て支援活動の引き受け意向に影響を及ぼす要件と，全国のシルバー人材センター事業所が実施する子育て支援事業の具体的な取り組みの現状と高齢者による子育て支援事業の効果について整理し，高齢者参加型の子育て支援策の可能性について言及する。第1節では，(1) 子育て支援策・高齢者の生きがい対策の施策における世代間交流の推進の傾向と，(2) 子どもと高齢者の交流における効果について整理する。第2節では，(1) 子育て支援活動に参加する可能性のある高齢者像と，(2) 子育て支援の活動条件別参加意欲の傾向について整理する。第3節では，実際に行われている高齢者参加型の子育て支援の現状について，(1) シルバー人材センターの取り組みと，(2) シルバー人材センターにおける高齢者参加型子育て支援の効果について示し，シルバー人材センターの取り組む高齢者参加型の子育て支援の効果と課題について検討する。第4節では，上記のまとめとして，高齢者参加型の子育て支援策の可能性について言及する。

第1節　子どもと高齢者の交流

(1) 子育て支援施策における世代間交流の推進

前述のとおり，少子化対策・高齢社会対策という2つの視点から，地域における世代間交流の必要性が指摘されている。世代間交流が地域施策において強調され始めたのは，1994年の「21世紀福祉ビジョン～少子・高齢社会に向けて～」である。少子・高齢社会における社会保障の具体例の一つとして，地域に住む人々の精神的な絆を強めるような交流の促進，世代間の文化や生活の知恵・知識の伝承が図られるような「現代の井戸端会議」を意図的に現出していくことが大切であると指摘した。また，少子化対策のなかで地域内での連携が強調されたのは，2004年の「少子化社会対策大綱」であろう。少子化の流れを変えるための4つの重点課題のうちの1つとして「子育ての新たな支え合いと

連携」を掲げている。それを受けて 2005 年施行の「次世代育成支援対策推進法」では，「地域における子育ての支援」を地方自治体の地域行動計画において対応すべき第 1 の課題に挙げ，その具体的な取り組みの一つとして，地域の高齢者が参画した世代間交流の推進の必要性を指摘している。さらに，2010 年の「子ども・子育てビジョン」では，社会全体で子育てを支えるという考え方が基本に置かれ，子育て支援における地域の力の必然性が感じられる。しかし，世代間交流の具体的方法については，地方自治体の状況に合わせてさまざまに計画されており，その内容（実施主体・交流対象・交流内容）の整理と実証された効果評価を基にした方法論についての議論は必ずしも十分行われているとは言えないのが現状である。

(2) 子どもと高齢者の交流における効果

　世代間交流の効果に関する先行研究は，主に子どもと高齢者との交流についての研究が多く，子どもと高齢者それぞれに対してポジティブな効果が得られると指摘している。それらによると，核家族化している現代社会の家族構成における世代間交流の在り方への有用な知見が明らかとなっている。例えば，過去の老人との交流経験が，その後の子どもの老人観・老人イメージに有意な影響を与えており，経験の多い方がより肯定的なイメージを抱く傾向があることが認められる一方で，同居の祖父母との現在の交流は児童の老人イメージにまったく影響力を示さなかったとしている（中野いく子・中谷陽明・冷水豊・馬場純子 1991）。また別の研究では，子どもにとって同居状況そのものよりも高齢者とどのような交流経験を持っているかという内容の方が，老人観や老人イメージの形成に影響を与えるであろうことが指摘されている（保坂・袖井 1988）。また一方で，高齢者への効果についても，交流内容により影響が異なることが分かっている（君島 2001）。例えば，高齢者が児童に対して情緒的なサポートに位置づけられる交流をした場合に，高齢者の自己実現傾向を高める傾向があること，児童が高齢者に対して手段的なサポートに位置づけられる交流をした場合には影響がないことがわかっている。また，交流相手の子どもとの関係性

によっても効果が異なることが分かっている（君島 2001）。例えば親族の子どもとの交流と親族以外の子どもとの交流とを比較すると、親族の子どもとの交流においてのみ、直接対面しない交流であっても高齢者の自己実現傾向に影響があることが分かっている。一方で親族以外との交流では、身体的な接触を伴う交流が高齢者の自己実現傾向に影響があることが分かっている。

さまざまな施策において地域における世代間交流の必要性が指摘されているにも関わらず、その具体的方法についての提示がなされていない現状において、これらの先行研究の知見をもとに、高齢者参加型の子育て支援に焦点を当ててより具体的に検討する必要があるだろう。

第2節　高齢者の子育て支援への参加意欲

(1) 子育て支援活動に参加する可能性のある高齢者

施策を受けて具体的に高齢者による子育て支援事業を計画するに当たり、どのような高齢者がどのような活動であれば参加意欲を持つのかというのは必須の視点である。高齢者を対象として子育て支援活動への参加意欲について調査した結果（君島 2010）、現在・過去の地域活動・ボランティア活動への参加頻度が高い人ほど、また別居中の孫・ひ孫がいる人は子育て支援活動の引き受け意欲が高いことが分かっている（**表7-1**, **表7-2**）。しかし、高齢者の性別、年齢、居住年数、仕事の有無、暮らし向き、健康状態、学歴は、高齢者の子育て支援引き受け意欲への影響に有意差はなかった。この結果は、参加意欲が高齢者の基本属性、すなわちどのような高齢者かというよりも、むしろ高齢者の地域での活動の頻度やどのような子育て支援活動であるかという活動の条件によって決まることを意味している。同じ地域の活動であっても、ボランティア活動に参加している高齢者と町会等の地域自主活動をしている高齢者とでは異なる子育て支援活動を志向している点は興味深い（表7-2）。ボランティア活動している高齢者は、「昔の町の様子や出来事を話して聞かせる」活動、「遊び相手に

表 7-1　高齢者の基本属性が子育て支援引き受け意向に及ぼす影響の有無（一元配置分散分析）

子育て支援引き受けの条件	性別 男 女	現在同居し ている孫・ ひ孫の有無 いない いる	現在別居し ている孫・ ひ孫の有無 いない いる	過去の孫・ ひ孫との同居 経験の有無 ない ある	現在の 仕事の 有無 ない ある
活動頻度 1) 毎週決められた曜日に定期的に（週2～3日くらい）	2.30 2.20	2.20 2.64	2.08 2.46 △	2.22 2.41	2.37 2.13
2) 定期的にではなく頼まれた日に（月2～3日くらい）	2.57 2.45	2.43 2.77	2.25 2.73 **	2.51 2.52	2.58 2.43
活動時間 3) 朝の時間帯（子どもが起きてから幼稚園や学校へ送るまで）	2.21 2.05	2.06 2.33	1.89 2.39 **	2.08 2.35	2.16 2.08
4) 日中の時間帯（子どもの幼稚園や学校が終わってから夕方まで）	2.27 2.07	2.06 2.44	2.01 2.31 △	2.13 2.26	2.19 2.12
5) 夕方から親が仕事を終えて迎えに来るまでの時間帯	2.29 2.07	2.07 2.44	1.98 2.34 *	2.13 2.30	2.22 2.08
活動場所 6) 公的な保育施設や学校	1.70 1.80	1.72 2.06	1.73 1.80	1.72 2.00	1.74 1.76
7) 子どもの家	2.00 2.09	2.03 2.06	1.83 2.28 **	2.02 2.27	2.02 2.07
8) 高齢者の自宅	2.29 2.26	2.23 2.41	2.01 2.56 **	2.23 2.58	2.25 2.29
活動内容 9) 遊び相手になる	2.38 2.33	2.31 2.25	2.19 2.45	2.30 2.61	2.37 2.28
10) 幼稚園などへの送り迎え	2.29 2.26	2.17 2.75 *	2.04 2.50 *	2.20 2.70 △	2.25 2.28
11) 得意な趣味やスポーツを教える	2.38 2.20	2.18 2.61	2.01 2.53 **	2.20 2.83 *	2.16 2.32
12) 子どもの食事など身の回りの世話	2.03 2.23	2.10 2.26	1.93 2.36 **	2.12 2.42	2.09 2.20
13) 昔の町の様子や出来事を話して聞かせる	2.67 2.43	2.51 2.45	2.31 2.76 **	2.50 2.73	2.41 2.61

（注）有意水準：＊＊p＜.01, ＊p＜.05, △p＜.10

なる」活動,「得意な趣味やスポーツを教える」活動など, 条件として娯楽的な活動内容を提示した場合に引き受け意欲が高く, 一方地域自主活動をしている高齢者は, 娯楽的な活動に加えて「幼稚園への送り迎え」や「身のまわりの世話」についても引き受け意欲が高い。一言に子育て支援と言っても活動の志向性に差があることが伺える。また, 地域活動が盛んな高齢者においては,「公的な保育施設や学校に出向いてめんどうをみる」という活動場所を提示した場合に引き受け意欲が高く, 保育内容の需要によって担い手となる高齢者のターゲットが変わる可能性を示唆している。

さらに特徴的なのは, 現在別居中の孫・ひ孫がいる高齢者の方が, 子育て支援引き受け意欲が高かった点である（表 7-1）。現在同居中の孫・ひ孫の有無

表 7-2 高齢者の基本属性が子育て支援引き受け意向に及ぼす影響の有無（相関係数）

	子育て支援引き受けの条件	年齢	居住年数	現在の定期的地域自主活動の参加程度	過去の定期的ボランティア活動参加程度	現在の定期的ボランティア活動参加程度	暮らし向き	健康状態	学歴
活動頻度	1) 毎週決められた曜日に定期的に（週2～3日くらい）	.086	-.110	.154 △	.219 *	.222 *	.153	.022	-.025
	2) 定期的にではなく頼まれた日に（月2～3日くらい）	.071	-.123	.155 △	.165 *	.173 *	.113 △	.016	-.035
活動時間	3) 朝の時間帯（子どもが起きてから幼稚園や学校へ送るまで）	.026	-.044	.173 *	.162 △	.180 *	.051	.026	-.029
	4) 日中の時間帯（子どもの幼稚園や学校が終わってから夕方まで）	.043	-.075	.161 △	.145 △	.214 *	.118	.009	-.022
	5) 夕方から親が仕事を終えて迎えに来るまでの時間帯	.024	.034	.208 *	.164 **	.241 **	.136	-.026	-.011
活動場所	6) 公的な保育施設や学校	-.057	-.085	.253 **	.277 **	.220 **	.078	.029	.058
	7) 子どもの家	.005	-.069	.116	.126	.096	.032	-.098	.022
	8) 高齢者の自宅	.189 *	-.025	.166 *	.152 △	.173 *	.145	-.038	.007
活動内容	9) 遊び相手になる	-.002	-.151 △	.229 **	.211 **	.239 **	.012 △	-.112	.030
	10) 幼稚園などへの送り迎え	-.027	-.051	.188 *	.159 △	.139	.094	.011	-.065
	11) 得意な趣味やスポーツを教える	.011	.006	.259 **	.209 *	.193 *	.115	.037	.015
	12) 子どもの食事など身の回りの世話	-.018	-.110	.225 **	.154 △	.089	.014	-.017	-.022
	13) 昔の町の様子や出来事を話して聞かせる	-.004	-.072	.242 **	.232 **	.271 **	.056	.022	.020

（注）有意水準：＊＊ $p<.01$, ＊ $p<.05$, △ $p<.10$

は，幼稚園などの送り迎えを頼まれた場合にのみにしか有意差が見られなかったのに対して，別居中の孫・ひ孫がいる高齢者は，どの条件の子育て支援においても，引き受け意欲の平均値が高かった。また，過去の孫・ひ孫との同居経験の有無は，活動内容を条件として提示した場合において，引き受け意欲の高低への影響に有意な傾向がみられ，「幼稚園などへの送り迎え」や，「高齢者の得意な趣味やスポーツを教える活動」の場合に，同居経験ありの高齢者の引き受け意欲の平均値が高かった。これは，高齢者が子育て支援を担う際のハードルが経験値にあることを意味していると言えるのではないだろうか。別居中の孫・ひ孫がいる高齢者と過去に同居経験のある高齢者は，どちらも子どもとの具体的な交流経験があり，その経験が子育て支援の担い手としての引き受け意欲を高めているものと思われる。

　高齢者の子育て支援の担い手としての可能性を考えたとき，活動内容・活動時間帯・活動頻度・活動場所など想定されるさまざまな活動条件と高齢者の地域での活動状況と子どもとの交流経験の組み合わせによって活動への参加意欲が左右されることを踏まえて，高齢者の子育て支援事業を計画する必要がある。

(2) 子育て支援の活動条件別の参加意欲

　前述のとおり高齢者の子どもとの交流経験が，子育て支援への参加意欲に影響することが分かった。しかし，先行研究によれば，交流内容によって子どもや高齢者への効果が異なっていることが分かっている。したがって，子育て支援への参加意欲も経験した交流内容によって影響に差があると考えるのが妥当であろう。そこで，高齢者の子どもとのこれまでの交流経験を内容別に分類し，どのような交流内容が子育て支援の引き受け意欲に影響するのかについて検討した（**表7-3，表7-4**）。この調査では，全59項目の世代間交流内容を提示し，交流対象を親族の子どもと親族以外の子どもに分けて，それぞれの交流頻度について回答を得ている。

　その結果，意外にも全体的に親族以外の子どもとの交流頻度の方が，子育て支援の引き受け意欲との正の相関に有意差が多く見られ，親族の子どもとの交

表 7-3 世代間交流頻度（11 分類）が高齢者の子育て支援引き受け意向に及ぼす影響の有無（相関係数）

			子育て支援引き受けの条件				
			活動頻度を提示したサポート	活動時間を提示したサポート	活動場所を提示したサポート	活動内容を提示したサポート	
						娯楽系サポート	手段的サポート
共通体験的交流		親族	-.037	-.096	-.112	-.07	-.112
		親族以外	.032	.124	.022	.119	.061
一方から他方への支援	総合	親族	-.087	-.108	-.154	-.095	-.124
		親族以外	**.216** △	**.227** △	.07	.191	.128
	受け手が高齢者	親族	-.081	-.141	**-.190** *	-.127	**-.177** △
		親族以外	.124	.099	-.016	.021	-.073
	受け手が児童	親族	-.077	-.101	-.123	-.081	-.099
		親族以外	.178	**.245** *	.134	**.259** *	**.203** △
	手段的サポート	親族	-.077	-.106	-.152	-.119	-.139
		親族以外	.182	162	.152	.151	.124
	情緒的サポート	親族	-.036	-.069	-.094	-.057	-.094
		親族以外	**.209** △	**.235** *	.127	**.298** **	.137
身体的接触がある交流		親族	-.066	-.072	-.118	-.084	-.091
		親族以外	.047	.086	.067	.093	.082
手紙や電話など直接対面しない交流		親族	.023	-.02	.003	-.008	-.03
		親族以外	.028	.127	.031	.139	-.023
高齢者が中心的な交流		親族	-.086	-.129	-.15	-.105	-.139
		親族以外	.142	.169	.017	.174	.054
日常生活的な交流		親族	-.118	-.136	-.152	-.138	-.141
		親族以外	.083	.151	.098	**.214** *	.136
イベント的な交流		親族	-.073	-.117	-.153	-.105	-.132
		親族以外	.134	**.196** △	.039	.143	.146

（注）有意水準：＊＊ $p<.01$, ＊ $p<.05$, △ $p<.10$

流頻度については，有意差はないもののほとんどが子育て支援引き受け意向と負の相関を示していた。単純には言えないが，現在も親族の子どもとの交流の多い高齢者はその他の子どもの支援の担い手としては期待できず，親族以外の子どもとの交流経験が多い高齢者の方が子育て支援の担い手となる可能性が高い。さらに親族以外の子どもとの交流のうち，とくに子どもと高齢者のいずれか一方から他方へ何かをしてあげるというような相手を支援する交流が，子育て支援の引き受け意欲に影響があった。なかでも「支援の受け手が子どもの交流」，相談にのってあげたりするような「支援内容が情緒的サポートである交流」，挨拶をするような「日常生活的な交流」において影響があった。

いずれも，交流頻度が高いほど引き受け意欲が高まる正の相関関係にあり，上記のような交流を親族以外の子どもとの間で経験することが，高齢者を支援の担い手に促す可能性が高い。しかし，現代社会の家庭環境においては，そのような世代間交流を家庭生活の中で経験することは少ないであろう。これらの結果は，現代社会において高齢者を担い手とした子育て支援事業を展開する際の研修の必要性を示しており，またその内容に有用な示唆を与えている。高齢者による子育て支援事業を計画しても，高齢者が家庭生活の中で自然発生的に子どもとの交流を経験できていないのであれば，活動の担い手を引き受ける高齢者の確保は困難を極めるであろう。単純に募集したところで担い手が集まらないのであれば，引き受け意欲を高める策を講じなければならない。表7-3，表7-4に示した上記の結果を活用して，あらかじめ児童が受け手となる交流機会を設定したり，身体的な接触のある交流内容を計画することにより，引き受け意欲を高めるような研修を実施することが必要となろう。

表7-4には，親族以外の子どもとの交流に焦点を当てて，具体的な交流内容ごとの経験値がどのような子育て支援を引き受ける傾向にあるかについて示した。親族以外の子どもとの交流頻度を問う59項目と最も多く有意な相関がみられたのは，子育て支援の内容として娯楽系のサポートを提示した場合であった。娯楽的なサポートであれば比較的多くの高齢者が支援を引き受けるであろうことが推察される。一方「困っていることの相談にのったこと」「子どもの体調が悪いときに，お見舞いに行ったこと」などの情緒的なサポートにあたる交流，「子どもを抱っこしたり，おんぶしたこと」といういわゆる身体的な接触のある交流経験の多い高齢者ほど，子育て支援のいずれの条件においても引き受け意欲が高い傾向にあった。これは，情緒的なサポートや身体的な接触のある交流が子育て支援の全般的な引き受け意欲を高める可能性を示唆している。さらに，最も需要が高いことが予想される子どもの世話をするような手段的サポートにあたる子育て支援を提示した場合に最も引き受け意欲が高かったのは，親族以外の「子どもを抱っこしたり，おんぶした」交流の頻度であった。手段的なサポートを行う子育て支援の担い手を確保するためには，身体的接触のある

表 7-4 親族以外との世代間交流頻度が高齢者の子育て支援引き受け意向に及ぼす影響の有無 (相関係数)

	子育て支援引き受けの条件				
	活動頻度を提示したサポート	活動時間を提示したサポート	活動場所を提示したサポート	活動内容を提示したサポート 娯楽系サポート	手段的サポート
お年玉やおこづかいをあげた	.196 △	.200 *	.129	.193 △	.230 *
おもちゃや洋服などを買ってあげた	.099	.182 △	.090	.139	.191 △
コマまわし,たこ上げ,お手玉など,昔の遊びを教えてあげた	.027	.081	.073	.264 **	.134
学校での出来事や友達の話などを聞いた	.178 △	.141	.081	.261 **	.104
困っていることの相談にのった	.228 *	.223 *	.162	.368 **	.197 *
子どもの気分が落ち込んだ時に,励ましの言葉をかけてあげた	.072	.107	.019	.254 *	.143
子どもの体調が悪い時に,お見舞いに行った	.267 *	.318 **	.122	.272 **	.223 *
看病や身の回りの世話をしてあげた	.109	.149	.141	.194 △	.138
宿題や勉強を教えてあげた	−.090	.000	.139	.222 *	.161
絵本や童話を読んだり,昔話をしてあげた	.095	.140	.077	.223 *	.172 △
子どもが病気やケガの時に,病院に連れていった	−.213 *	−.043	.149	.014	.094
手紙やハガキを書いて送った	.113	.200 △	.013	.251 *	.107
子どもを抱っこしたり,おんぶした	.185 △	.202 *	.140	.203 *	.273 **
看病や身の回りの世話をしてもらった	.109	.111	.164	.233 *	.051
鬼ごっこやかくれんぼなど,一緒に体を動かして遊んだ	.087	.185 △	.063	.180 △	.166 △
顔を合わせたときあいさつをかわした	.050	.120	.083	.210 *	.147
自宅でテレビを一緒に見た	.090	.172 △	.113	.095	.151

(注) 有意水準:＊＊p＜.01,＊p＜.05,△p＜.10

交流が研修内容として有効な方法である可能性は高い。

　上記の結果をまとめると,子育て支援活動を引き受ける意欲の高い高齢者自身は,支援内容として遊び相手になるなどの娯楽系の活動を志向する傾向にあり,かつ時間帯が夕方に集中しているなどの偏りがある。子育て支援として需要が高いのは,身の回りの世話をするような手段的なサポートにあたる活動である。このような活動の引き受け意欲が高いのは,別居の孫・ひ孫との交流経験がある高齢者や子どもとの身体的な接触のある交流経験が多い高齢者,相談にのるなどの高齢者から子どもに対する情緒的な交流経験の多い高齢者であることから,高齢者の子育て支援事業への参加可能性を高める方策として,以下

のような実践モデルが考えられる。
① 子育て支援事業参加の事前研修として，子どもとの世代間交流場面を設定し，その内容には「高齢者から子どもに対する情緒的なコミュニケーション研修」，「だっこやおんぶなどスキンシップコミュニケーション研修」を取り入れる。
② 参加する子育て支援活動の内容に段階性をもたせる。第一段階は，一緒に遊ぶ，お話を聞かせるなどの娯楽系のサポートから始め，第二段階として，経験がないと引き受けを躊躇する傾向がある身の回りのお世話などの方法論と具体的な実践研修を行い，手段的なサポートに進む。
③ 広報周知の意味も込めて，高齢者と子どもが交流するようなパイロット的なボランティアの場を設定し，子育て支援活動の引き受け意欲を高める。

このように事前研修や活動内容を検討し，高齢者による子育て支援事業の内容の充実を図っていくことが，高齢参加者の確保につながっていくと思われる。

第3節　高齢者参加型の子育て支援の取り組み

(1) シルバー人材センターの取り組み

シルバー人材センターは，全国1,268箇所に単位センターが存在し（2010年度現在），全国各地で地域特性を活かして定年退職者などの高年齢者のボランティア活動をはじめとするさまざまな社会参加を支援している。高齢者が社会参加を通じて，健康で生きがいのある生活を実現し，その活動が地域社会の福祉の向上と活性化に貢献することを目指している。シルバー人材センターでは，子守り，学童保育，一時預かり等の育児サービスを，地域のニーズに応える形で受注してきた実績がある。2000年には労働省（現厚生労働省）からの補助事業として，「育児支援サービス促進事業」が創設されている。2001年の調査（雇用・能力開発機構　2001）によると，その具体的な対応内容は，①国の少子化施策事業の支援（学童保育，ファミリーサポート事業を市から受託，託児所運

営)，②その他（保育施設への送迎，園終了後の子守，病後保育，留守中の見守り，産前産後保育，イベント開催場での保育）であった。このようにシルバー人材センターでは，高齢者を子育て支援事業の担い手として活用していこうとする取り組みが，国の補助のもとで実施されてきている。自治体は高齢者活用子育て支援事業という名目でこれを助成し，この取り組みは子育て支援と高齢者の生きがい対策の双方での効果が期待されてきた。

全国のシルバー人材センターを対象として2010年10月～11月に実施した調査によると，全国にあるシルバー人材センター1,268箇所のうち，子育て支援事業は299箇所のセンター（29.4％）で実施されている。一つのセンターで複数の子育て支援事業を展開しているところもあり，実施事業数は434事業に上る。ほとんどの事業が自治体と連携しており，最も多い連携部署は子育て支援課，子ども家庭課，児童育成課，児童福祉課などの子どもを担当する部署（46.1％）あった。その他には，生涯学習課・社会教育課・教育委員会などの教育系の部署，産業振興課・商工観光課・都市整備課・人権まちづくり課などの地域振興系の部署，福祉健康課・健康いきがい課などの健康系の部署との連携もあるが，自治体と連携せず独自に運営している事業も34.6％に上る。

実施している子育て支援事業の内容は，産前産後の保育・家事援助，幼稚園・保育園終了後の保育・留守中の保育など，家庭での保育サポートが最も多い。これらは，これまでシルバー人材センターが家事援助の延長で提供してきた実績の長い子育て支援事業である。その他にも自治体の実施するイベント会場での一時保育，買い物や通院中の一時預かりなど，一時預かりも多くの事業所で実施されている（**図 7-1**）。

活動場所は利用者の個人宅（41.5％）が最も多い。事業内容についての調査結果で，「産前・産後の保育，家事援助」，「幼稚園・保育園終了後の保育，留守中の保育」などの支援実施が多かったことからも明らかである。個人宅での保育には，利用者宅の場合とシルバー会員宅での場合があるが，一方の「シルバー会員宅」での実施は11.5％であった。次いで「イベント会場」27.9％，「シルバー人材センター内」20.5％，「コミュニティ施設」18.2％と続く。「学校の

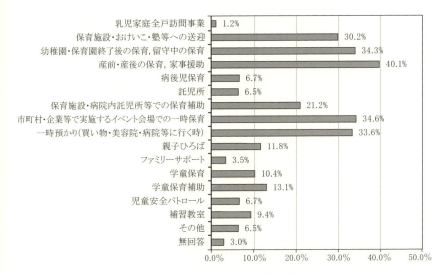

図 7-1　シルバー人材センターの子育て支援事業内容（2010 年 11 月）
（資料）全国シルバー人材センター事業協会　2011「シルバー人材センターにおける子育て支援事業に係る報告書」より．

空き教室」や「商店街の空き店舗」の利用は 10～5％程度であるが連携部署に地域振興系の部署が上がったことからも，シルバー人材センターの行う子育て支援事業に，世代間交流を通した地域振興の期待もかかっていることが伺える．

　第 2 節で，高齢者を子育て支援の担い手とする際の研修の必要性について触れた．実際に子育て支援活動を担っているシルバー人材センターの就業会員はどのような人材であるのか．有資格者の会員が従事している事業所は 78.6％で，そのうち保育士がいる事業所が 60.9％で最も多く，教師 51.8％，看護師 34.8％であった．多かれ少なかれ就業会員の中に子どもとの経験値の高い高齢者を配置しているものと思われる．それら就業会員に対する研修内容としては，「育児サービスの心構え」（62.2％）が最も多く，次に「子どもとの接し方」「育児の基礎知識」「子どもの心理」「幼児向けの料理」など，子どもに対する直接援助の方法についての研修が上位を占めている．それに「安全，衛生，事故防止」「応急処置」「医学的な知識」など危機的状況に対応するための知識の研修が続

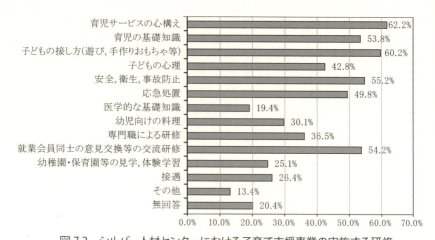

図 7-2 シルバー人材センターにおける子育て支援事業の実施する研修
（資料）全国シルバー人材センター事業協会　2011「シルバー人材センターにおける子育て支援事業に係る報告書」より．

いている（**図 7-2**）。地域の高齢者が子育て支援をするにあたり，子どもとの交流における直接援助の方法や危機管理についての研修を必要としていることがわかる。

（2） シルバー人材センターにおける高齢者参加型子育て支援の効果と課題

　高齢者参加型子育て支援活動の効果には，就業会員である高齢者への効果，利用者である親子への効果，社会への効果の3つが考えられる。全国シルバー人材センター事業協会（2011）の調査によると，子育て支援活動を行っている高齢者の中に活動に生きがいを感じている人が増えたと見ている事業所が実施事業所全体の7割に上る。また，君島（2010）は，就業会員へのヒアリングの結果から，高齢者への効果としていくつかの傾向を指摘している。1つは，単純に子どもと触れ合う喜び・楽しみを得ているケースである。「子どもが可愛い，楽しみができた」「子どもの成長を見るのが楽しみ」などの声がそれにあたる。もう1つは，社会的立場としての効力感や喜びを得ているケースである。「お金のためではない喜びがある」「就業以上の役立てる喜びがある」「地域との

繋がりができた」などがそれにあたる。さらにもう1つは，自己管理・成長に喜びを得ているケースである。「自分の健康管理をしっかりするようになった」「人間関係の勉強になった」などがそれにあたり，単純作業とは異なる子育て支援事業に携わることで高齢者はさまざまな喜びを得ていることが伺える。

利用者である親子への効果については，全国シルバー人材センター事業協会（2011）によると，高齢者による子育て支援を利用することで子育ての相談ができて気が楽になったという母親が増えたと回答している事業者が実施事業所全体の5割近くに上る。また，利用者へのヒアリング（君島 2010）では，「気軽に育児の相談ができる」「親に言えない相談ができる」「大丈夫と言われるとホッとする」「育児書にない具体的な知恵を知った」などの意見が聴かれ，人生の先輩である高年齢のシルバー会員ならではの効果とみている。

さらに，君島（2010）は，高齢者による子育て支援の二次的な効果として，地域社会の変化についても触れている。ヒアリング調査の結果によると，近隣に住む住民同士の活動とあって，支援利用時以外でも近隣地域での挨拶や声掛けが生まれた事例や，商店街の空き店舗利用により子どもや高齢者の人通りが増え，商店街活性化に貢献している事例もあり，地域の住民同士の子育て支援が新たなコミュニティを形成する可能性があることを指摘している。

以上のように，活動の本質として高齢従事者・利用親子・社会におけるそれなりの効果が得られるであろうこと分かったうえで，さらに現実的には事業として継続的な運営が可能な取り組みにしていく必要がある。全国シルバー人材センター事業協会（2011）では，高齢者参加型子育て支援事業を継続するにあたっての課題を図7-3に示した6つの点で調査している。その結果最も課題となっていたのは，本稿第2節で推察したとおり「就業会員の確保が難しい」という点であった。実施事業所の5割が担い手となる高齢者の確保が困難な状況にあった。

子育て支援の事業区分別に事業継続の課題の状況をみると（表7-5），一時預かり事業群では「財源確保」と「実施スペース確保」，家庭の保育サポート事業群では「就業会員の確保」，保育施設事業群では「財源確保」，学童世代へのサ

表 7-5 シルバー人材センターの実施する子育て支援事業の内容別の効果と課題（相関係数）

	家庭の保育				一時預かり				保育施設		学童		地域子育て支援		
	保育園・幼稚園の保育終了後の延長保育	家事援助・産前産後の保育	病後児保育	塾等の送迎・保育施設等のおけいこ	美容院・病院等での一時預かり（買い物等の行事）	市町村の施設での一時預かり	企業内保育所等イベント会場実	親子ひろば	託児所	育児補助施設・病院内保育所	学童保育	学童保育補助	補習教室	乳児家庭全戸訪問	事業ファミリーサポート	児童安全ベトロール
反応セの・ンタ反ーの影響	1) 女性会員の就業拡大につながった	.136 *	.134 *	.140 *	.082	.178 **	.207 **	.213 **	.140 **	.166 **	.160 **	.012	-.005	.087	.071	.044
	2) 生きがいを感じる会員が増えた	.147 *	.193 **	.073	.192 **	.264 **	.249 **	.213 **	.124 **	.101	.141 *	.158 **	.066	.082	-.049	.081
	3) 地域（商店街、企業）とのつながりができた	.118 *	.131 *	-.078	.181 **	.278 **	.294 **	.361 **	.213 **	.215 **	.134 *	.087	.214 **	.032	.107	.068	.023
反応利用者の影響・反応	1) 子育ての相談ができて、気が楽になった	.192 **	.322 **	.168 **	.252 **	.386 **	.251 **	.294 **	.343 **	.076	.104	-.010	.063	-.029	.124 *	.071	.070
	2) 子育て中の友だちが増えた	.037	.072	-.088	.053	.238 **	.192 **	.523 **	-.068	.006	-.018	.054	-.077	.099	.095	.038
	3) 子ども同士の友だちができた	.003	-.064	-.106	.008	.188 **	.074	.424 **	.113	.073	.171 **	.109	.139 *	.073	.057	.068
事業継続の課題	1) 就業会員の確保が難しい	.128 *	.223 **	.014	.203 **	-.019	.158 **	-.002	-.007	.061	-.009	-.020	-.028	.138 *	-.049	.046	.083
	2) 利用者が減る傾向にある	.025	.009	-.071	.060	.087	.057	-.007	-.045	-.013	-.008	.039	.030	.036	-.096	.002
	3) 財源確保が難しい	.071	.170 **	.061	.064	.262 **	.235 **	.350 **	.178 **	.100	.085	.052	.027	.017	-.012	.016
	4) 実施スペースが狭い	.010	.083	-.008	.015	.161 **	.145 *	.224 **	.075	.155 **	.053	.182 **	.154 **	-.070	.003	.041
	5) 競合する団体がある	.138 *	.091	-.015	.050	.111	.043	.127 *	-.102	.053	-.075	.051	.002	-.065	-.064	-.028
	6) その他	.023	-.067	-.007	.049	.016	.016	.159 **	.066	.016	-.004	.102	.033	-.047	.027	-.032

（注）有意水準：**p＜.01，*p＜.05

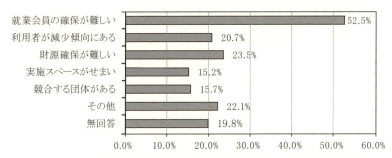

図7-3　シルバー人材センターの子育て支援事業における事業継続の課題
（資料）全国シルバー人材センター事業協会　2011「シルバー人材センターにおける子育て支援事業に係る報告書」より．

ポート事業群では「実施スペース確保」が相関の高い課題であった．とくに課題との相関が高かったのは一時預かり事業であり，一時預かり事業はその内容上常に一定の実施スペースを必要とするため，財源の確保と実施スペースの確保は必至であろう．前掲の「就業会員の確保が難しい」という課題については，「産前・産後の保育，家事援助」と「保育施設・おけいこ・塾等の送迎」との相関が高い．これらが図7-1に示した実施率の高い事業であることから考えると，ニーズが高く需要に供給が追い付いていかない状況にあることがわかる．一方で「利用者の減少」という課題については，どの事業においても有意な相関はなく，高齢者参加型子育て支援事業のニーズの高さが伺える．

おわりに

高齢者参加型の子育て支援には，少子高齢社会対策として期待されるさまざまな効果が得られる．このことは，子どもと高齢者の世代間交流に関する知見やシルバー人材センターの実践事例からも明らかである．それらの効果は交流内容・対象などの諸条件によって異なり，子育て支援活動への高齢者の参加意欲もまた，活動内容・場所等の諸条件や高齢者自身の子どもの交流経験の有無

によって左右される。実際に，留守中の保育や産前・産後の保育などの利用者宅での子育て支援や一時預かりなど，活動内容・場所・時間等の諸条件により限定的な形で実施されており，その実態を通して高齢者が担う子育て支援の必要性とその課題が見えてきた。

　地域の高齢者が担う子育て支援事業には，ニーズとして地域に密着した受容的な子育ての相談相手としての関わり，家庭の保育サポートにおける情緒的な関わりがあることに加え，新たな地域コミュニティ醸成の一翼を担う可能性がある。これらのニーズに対応し機能するためには，利用者・就業者の双方において担い手が専門家ではないという認識を徹底すること，利用者のニーズと地域の高齢就業者を結ぶ社会的な組織が一定の規則をもって双方の利益を守ることが課題となるだろう。

　前述のとおり，高齢者には育児の専門家とは異なる地域に密着した受容的な子育て支援者としてのニーズがある。シルバー人材センターの行う子育て支援事業の就業高齢者は，利用者に対して受容的な態度を保ち，指導的な意識を持たないという点で共通していた。それが，利用者にとっての効果に，専門家ではない高年齢の相談相手としての有用性が示される結果となったと思われる。現代社会において子育て中の保護者は，情報媒体の多様化・通信網の発達により，情報過多な状況のなかで子育て情報の取捨選択をせまられている。このような状況において，身近で気軽に相談できる先輩が子育ての負担感を軽減する存在として必要とされている。それは，現代の子育て支援事業には，子どもの保育を代替支援するだけでなく，孤独な子育て中の保護者への支援の必要性が高いことを意味している。そのような支援のあり方は子育て支援事業における1つの課題であり，そこに高齢者の力が発揮できるニーズがある。また，家庭での子育て支援のニーズが高く，家庭での支援は「子育ての相談ができて，気が楽になった」という効果との相関が高い。このことは，高齢者による子育て支援事業の利用者が，具体的な家事援助・保育サポートに加えて，子育てに関する情緒的なサポートを得ていることを示している。

　しかし，このようなサポートは，「就業者の確保が難しい」という課題も抱え

ている。保護者と高齢者の間で情緒的なサポート関係が充実するほど，公私の境界が曖昧になる危険性があり，過度の期待はトラブルや事故の危険をはらんでいることに留意する必要がある。地域の子育て相談者という情緒的な効果を維持するためにも，またトラブルや事故を回避するリスク管理のためにも，利用者・就業者の双方において担い手が専門家ではないという認識の徹底が必要である。その上で高齢者による子育て支援の意義を周知することが重要である。社会サービスとして支援を提供する以上，当事者同士だけでなく利用者のニーズと地域の高齢就業者を引き合わせる社会的な組織が，一定の規則をもって取り組み，双方の利益を守ることが，継続的な事業運営における重大な課題となろう。

　そのような高齢者参加型の子育て支援策が安定的に供給されることで得られる効果として特筆すべきは，地域の高齢者が子育て支援事業を担うことで，地域の子育て力を高める新たなコミュニティ醸成の一助となっている点であろう。地域コミュニティの希薄化に加えて夫婦共働き家庭が増加する現代社会において，若い夫婦世帯は地域コミュニティとの関係性が最も希薄な世代である。この世代は子育てを機に改めて地域の力を必要とするようになる。比較的地域に定着している高齢者との子育て支援を通じた出会いが新たな地域コミュニティを醸成することから考えると，地域全体の子育て力を高める存在として高齢者の果たす役割は大きいと思われる。

　以上の社会的ニーズと高齢者の専門性・働き方から考えると，地域高齢者が担う子育て支援事業が幼稚園や保育園の代替としての機能を有すると考えることは難しいと言える。待機児童の解消など量的な面で現行制度を支えるというより，むしろ幼稚園・保育園と併用して地域高齢者による子育て支援事業を利用することにより，多様な生活スタイルをもつ現代家庭の子育てを質的な面でサポートする機能を有していると思われる。平等で画一的な事業体では対応しきれないニーズ，利潤追求を行動原理とする企業には取り組むことのできない領域がある。そこに地域高齢者が取り組むべきニーズがあると思われる。さまざまな社会的役割から開放される高齢期において，経済的な利益のみを目的と

せず，子どもと触れ合う喜びや社会で役立てる喜びに生きがいを得ることのできる高齢者であれば，このようなニーズに対応し，地域の子育て力を高める存在として活躍する期待は高まる。多様な子育てニーズと地域高齢者とのマッチングを担う社会的な組織体の検討が急務となろう。

＜付記＞本稿は，厚生労働科学研究費補助金「家族・労働政策等の少子化対策が結婚・出生行動に及ぼす効果に関する総合的研究」（主任研究者：高橋重郷）における研究成果の一部（本人執筆部分）に，新たに行った分析結果とを合わせてまとめたものである。

参考文献

君島菜菜（2001）「高齢者の世代間交流に関する先行研究の現状と世代間交流を分類・整理する枠組みの検討」『大正大学大学院研究論集』第 25 号，pp.232-246。

雇用・能力開発機構，社団法人全国シルバー人材センター事業協会（2001）「育児支援サービスの今後のあり方に関する調査研究報告書」。

金子勇（2007）「都市における活性化と少子化問題―伊達調査を軸として」『開発こうほう』，pp.23-27。

君島菜菜（2010）「地域環境を支える人材としての高齢者の可能性」『大正大学研究紀要』第 95 輯，pp.88-97。

君島菜菜（2010）「子育て支援事業における高齢者によるサポートの可能性について」『家族・労働政策等の少子化対策が結婚・出生行動に及ぼす効果に関する総合的研究』平成 21 年度総括・分担研究報告書，pp.161-172。

草野篤子・金田利子・間野百子・柿沼幸雄（2009）「世代間交流効果―人間発達と共生社会づくりの視点から」三学出版。

全国シルバー人材センター事業協会（2011）「シルバー人材センターにおける子育て支援事業に係る報告書」。

守泉理恵（2010）「日本における少子化対策の展開：1990～2010 年」『家族・労働政策等の少子化対策が結婚・出生行動に及ぼす効果に関する総合的研究』平成 21 年度総括・分担研究報告書，pp.45-53。

（君島菜菜）

第8章　少子化対策の政策評価：次世代育成支援推進法に基づく行動計画の評価を中心に

はじめに

　本章は，少子化対策の評価として「次世代育成支援対策推進法」(以下，「次世代法」)の実績評価に着目した考察を行うことを主眼とする。「次世代法」は急速な少子化が進む中で，国，都道府県，市町村，事業主が主体的に対策を講ずるための行動計画の策定を義務づけた法律であり，2003年に成立，2005年4月1日より施行された2015年3月31日までの時限立法である。その特色は，第一に行動計画の策定を義務づけたこと，第二に保育事業を中心とした事業に対して目標値を明記させるといった定量的な評価を行うことを目的としていること，第三に事業主に対しても行動計画の策定・届出，公表・周知が義務づけられていることである。「次世代法」に基づく行動計画は5年ごとに見直しを行い，2005年4月1日から2010年3月31日までを前期行動計画，2010年4月1日から2015年3月31日までを後期行動計画と位置づけている。本章では，前期行動計画の実績を中心に2010年に少子化研究会が行った『次世代育成支援対策推進法に基づく前期行動計画の事業実績に関する自治体調査』(少子化研究会　2011)やヒアリング調査の結果等を用いて行動計画の実績評価を行うとともに，2010年時点における後期行動計画の方向性について取りまとめを行う。

　本章の構成は以下の通りである。はじめに「次世代法」の策定に至るまでの少子化対策の流れから行動計画のスキームの概説を行う。次に政策評価の手法について，国の政策評価，地方自治体の政策評価の実施状況，具体的に少子化

対策がどのように評価されてきたのか，さらに本章ではどのように評価を行うのかについてまとめる。第三に，上記調査結果をもとに「次世代法」の前期行動計画の実績評価を行う。最後に，平成26年度まで実施される後期行動計画の実施状況や課題，さらに現在最も重要であるとされている待機児童問題の要因や子ども・子育てプラン以降の保育政策や少子化対策全般についてとりまとめを行う。

第1節　少子化対策としての「次世代法」の位置付け

　少子化対策は1990年の「1.57ショック」を契機に省庁を超えてその対策の必要性が確認され，開始された（詳しい経緯や詳細は1章を参照）。1990年代後半からは保育事業の拡充を中心に雇用環境や働き方の改善を志向し，結婚・出産前後での女性の正規就業の継続支援として保育サービスの拡充策や育児休業制度の整備が政策課題であった。2000年代に入り，それらの計画が法律による位置付けがなされるようになる中で，「次世代法」は地方自治体や事業主に対して行動計画の策定を義務づけることで，地域特性を活かした自治体の政策や企業の子育て支援への取組みを促す方向性を打ち出した。特に地方自治体の施策に対してはニーズ調査をもとにした目標値を掲げ定量的な評価を行うことを促し，地方自治体や企業が主体的に計画を策定することを義務付けている点に特色がある。「次世代法」に基づく前期行動計画が開始された2005年以降はワーク・ライフ・バランスの推進や深刻化する待機児童対策，さらに地方自治体の裁量的な育児サービス展開のための「安心子ども基金」の創設等が実施された。2009年には「次世代法」の改正が行われ，対象事業所の拡大が行われたことや，「育児・介護休業法」や「雇用保険法」の改正によって育児休業の取得促進が行われた。2010年には「子ども・子育てビジョン」が民主党政権において閣議決定され，「社会全体で子育てを支える」「希望がかなえられる」社会を基本理念として掲げている。2012年には「子ども・子育て関連3法案」が成立

し，社会保障・税一体改革の一つとして「子ども・子育て支援新制度」の実施を定めた法案であり，消費税増税の財源を利用して 2015 年度から実施予定となっている（内閣府 2013）。

このように，「次世代法」は地方自治体や企業といった事業所が地域のニーズを反映した事業展開を主体的に行うことを規定しており，ニーズ調査を用いて各種事業のニーズを定量的に把握することや目標値を設定することによる事後的な定量評価の実施など，これまでの少子化対策では十分になされてこなかった事業評価が可能となっている。

第 2 節　政策評価の手法と少子化対策の評価

ここでは，政策評価の理論的・実証的手法についての概要や総務省が行っている政策評価制度（PDCA サイクル，評価の三方式），地方自治体における政策評価の実施状況，総務省ならびに厚労省が行っている少子化対策の政策評価についてみていきたい。

(1) 政策評価の理論と手法

政策を評価するにはどのような理論的な意味があり，どのように行うべきなのか。ここでは Rossi et al.（2004）の議論をもとに，政策評価の理論と手法についてまとめてみたい。

Rossi et al.（2004）は政策評価ならびに評価研究を，政策という社会的介入の働きと効果に関する情報収集，分析，結果の解釈，結果の公表といった一連の活動と定義し，政策の評価は，評価対象である政策の継続，拡張／縮小，修正，有用性・効果の検証，政策を行った事に対する説明責任を果たすために行われるとしている。

政策を実行するかどうかの基準には対象のニーズの有無，政策が意図する目的や目標，法的要件，倫理・道徳的価値，公平性，過去の実績，専門家の意見，

費用等があり，それらに対応する形で政策評価の要素は以下の5つにまとめられる。①政策に対するニーズ（需要），②政策の設計（概念化，理論と体系），③政策の実施・サービスの提供過程，④政策の影響・成果に対する効果分析，⑤政策の効率性（費用便益・効果分析）。これらの評価の要素は①を底辺に⑤を頂点として階層構造となっており，順次評価することが望ましいとされる。また，これらの評価の要素にはそれぞれ異なる評価手法があり，単一または複合的に評価が行われる。

①政策に対するニーズの評価は，政策が対応する問題の性質，規模，範囲，程度などを評価し，どのようなサービスが必要とされ，どれだけの人数が対象となるのかについての算定の妥当性や既存の政策が現在のニーズに対して対応できているかについての評価を行う。

ニーズの把握に必要な要素には，利用者の特定（リスク集団），地理的分布，人口学的特質，サービスを受ける資格や制限，サービスの供給能力等がある。国勢調査や標本調査等の調査データやキー・インフォーマント調査，エスノグラフィー研究等によってニーズの掘り起こしを行う。

②政策の設計に対する評価は，政策の目的とそれに対する要因についての仮説を体系化した理論に対してなされる。政策が必要な資源とニーズを合理的かつ実行可能な体系として概念化され，倫理的な課題を克服しているか等を評価する。

政策に対する理論は，現実世界を抽象的にモデル化したものであり，それ自体が評価の対象となる。これによって利用者の範囲や政策による結果が変わってくるため，慎重かつ詳細に記述される必要がある。理論の構築に当たっては，明確さや実行可能性等の要素が重要となる。先行研究や実践報告をもとにした設計かどうかの評価などが考えられる。

③政策の実施・サービスの提供過程は，政策が実際に意図した対象に届いているかについての評価やサービス提供体制やそのための資源についての評価・モニタリングを行う。このような政治過程についての評価は効果分析とともに行われることが多い。

政策の実施に当たり，サービスが意図された集団に適切な量，種類，質のものが適用されているか，十分なスタッフで資源，施設，資金が足りているか，効率的な運営ができているか，法的に問題がないか，利用者がサービスに対して満足しているか等を評価する。

とくにサービス提供側の政策過程モニタリングにおいては，法律の条項，管理上の標準，法的・倫理的・専門的標準といった基準に照らした評価の他，事後的評価や説明責任が果たされているか等が評価の対象となる。また，政策の運用体制に対する施設間比較等による評価もある。

④**政策の影響・成果に対する効果分析**は，影響（impact）や成果（outcome）を測定し，意図した結果がどの程度得られているかの評価を行う。また，副次的な影響についての評価などを行う。効果分析では，政策の純粋な因果関係における効果を測定するために，無作為化実験法や傾向スコア分析による準実験的アプローチ，メタ分析，選択バイアスや潜在的バイアスを最小にする多変量解析による統計学的手法が用いられる。

効果分析にあたり重要な要素は，どのような指標（指数）を用いて影響・成果の評価を行うかにある。信頼性と妥当性をもち，期待される結果の変化を検出できる十分な感度をもち，多次元的に測定される指標（指数）が望ましいとされる。サービスの満足度などのアウトカム指標が用いられることもあるが，そのような指標は複合的な意味をもつことから，結果の解釈は難しく，具体的な政策の評価とは結びつきにくい等の難点もある。

⑤**政策の効率性の評価**では，費用便益分析や費用効果分析によって，費用と効果についての評価を行う。効率性に関する分析は政策の計画から実施・変更に至る全ての段階において有用な分析手法である。費用の評価には，金銭による計測や市場価格，計量経済モデルにおける推定，潜在価格等の計測指標が考えられる。政策には二次的な波及の影響などもあり，そのような影響についても考慮する必要がある。また，便益が貨幣で計測できないような場合には，他の類似の目的を有するプログラムを相対的な効率性の観点から比較する費用効果分析を用いることによって代替的な評価を行うことができる。

(2) 国の政策評価制度

　国の政策評価制度は1997年の行政改革の一環として提言がなされ（行政改革会議最終報告），2001年1月に政策評価制度が導入され，6月に「行政機関が行う政策の評価に関する法律（評価法）」が成立，12月に基本方針が閣議決定，翌4月に評価法が施行された。「評価法」は①国民本位の効率的で質の高い行政，②国民の視点に立ち，成果重視の行政，③行政の説明責任の3点を目的として制定され，「必要性，効率性，有効性等の観点から評価，政策への反映」を目指し，「中期的な基本計画と1年ごとの実施計画を策定し，政策評価の結果について，評価書を作成・公表」し，「政策評価の統一性，統合性，客観性の確保のため，総務省が各府省の政策を行う」等が示されている（総務省行政評価局　2010）。評価法に基づく政策評価制度は，2005年には施行3年後の見直しとして，基本方針が改定され，重要政策に対する評価の徹底，評価結果と予算・決算の連携強化，達成状況の数値化，専門家によるチェック，国民への説明責任の徹底などが確認された。2007年には規制の事前評価の導入，2010年には租税特別措置に係る政策評価の導入がなされている。

　政策評価制度は総務省行政評価局が所掌し，全国に行政評価事務所を置き，独立行政法人・評価委員会に一部運営を委託するなど，全国的な事業展開を行っている。各府省において作成された自己評価結果は国会に年次報告され，総務省（大臣）は，評価専担組織として政策評価を実施し，必要に応じて内閣総理大臣に意見具申を行う他，評価委員会において調査審議を行い，国民に公表される。

　政策評価は「マネジメント・サイクル（PDCAサイクル）」によって行われる（総務省　2010）。マネジメント・サイクルは，政策の企画立案（Plan），実施（Do），評価（Check），企画立案への反映（Action）といった一連の評価の循環過程を示している。さらに事前の事業評価，事後の実績評価，総合評価による評価である「評価の三方式」による評価も行われる。政策の企画立案段階で行われる事前の事業評価は，個々の事業の採択前に，政策効果や費用を算定し，ニーズ量に対して妥当か，行政が行うべきか等を評価する。政策の実施以後に

行われる実績評価では，施策決定前に事前に設定された達成目標に対してその実績を評価する目標管理型の評価を行う。また，投入された資源によるサービスである「アウトプット」とサービスによってもたらされた成果である「アウトカム」を用いた実績評価を行うこともある。総合評価は政策の決定から一定期間経た政策について，政策効果の状況を総合的に評価する方式となっている。

少子化対策に係る政策評価の現状として厚生労働省の自己評価について概観したい。厚生労働省の 2012〜2013 年の自己評価では，医療・介護，労働，子育て，高齢福祉等 13 の基本目標からなり，少子化対策は基本目標 6「男女がともに能力を発揮し，安心して子どもを産み育てることなどを可能にする社会づくりを推進すること」として掲げられている。基本目標 6 には 6 つの政策大目標があり，政策大目標 2「利用者のニーズに対応した多様な保育サービスなどの子育て支援事業を提供し，子どもの健全な育ちを支援する社会を実現すること」，施策大目標 3「子ども及び子育て家庭を支援すること」等がある。政策大目標 2 の保育サービスでは 3 つの施策目標があり，実績報告書では施策の概要や背景・枠組み，予算書との関係，予算額・執行額，測定指標，評価結果の政策への反映の方向性等が記載されている。ここでは施策目標 2-3「保育所の受入児童数を拡大するとともに，多様なニーズに対応できる保育サービスを確保すること」についてみると，実績評価部分の測定指標には「保育所受入児童数」，「家庭的保育事業（保育ママ）利用児童数」，「延長保育等の保育サービス（利用児童数）」，「病児・病後児保育（利用児童数）」，「認定こども園認定施設数」が用いられている。各指標は基準値として 2008〜2009 年度の数値と，2009 年度からの実績，2014 年度の目標値を掲載している。次に「有効性の評価」として各指標の実績状況を，「効率性の評価」として重点的に行っている事業や目標に対する取組みの評価を行い，最後に「評価の総括」として現状分析を行っている。2012 年の実績評価では，保育サービスの拡充は着実に進んでいるものの，「子ども・子育てビジョン」の数値目標との間には依然として乖離があり今後も継続して保育サービスの拡充を推進する必要性について現状分析がなされ，今後の方向性として，2012 年に成立した「子ども・子育て関連 3 法案」を推進す

ることにより多様な保育サービスを展開することが述べられている。このように政策評価の作業が事前・事後に，複数の測定指標の実績評価をもとに行われている。[(6)]

（3）地方自治体の政策評価制度

　地方自治体における政策評価の実施状況は年々増加傾向にあり 2013 年 10 月 1 日現在で 1,060 自治体（全体の 59.3％）が政策（行政）評価を導入している（総務省自治行政局 2014）。導入自治体数は 2002 年に 18.1％であった。人口規模が大きい自治体ほど導入割合が高く，都道府県，政令指定都市，中核市では 95％前後，特例市では全ての自治体で導入しているのに対し，市区では 83％，町村では 35％となっている。評価結果は，ほぼ全ての地方自治体において予算要求・査定や事務事業の要否の判断等で活用されている。

　三菱総合研究所は地方自治体の行政評価の取組に対する調査を 1998 年から 2009 年までの間を行ってきている（三菱総合研究所 2009，田渕 2010）。三菱総合研究所（2009）の調査結果によれば，行政評価の取組は増加傾向にあるものの，評価の成果がわかりにくく，住民の意見の反映がなされていない等の課題も多く，都道府県を中心に評価方法等の見直しが行われているようである。田渕（2010）は 1997 年から 2009 年までの行政評価の導入状況を 4 つのステージに分けて分析している。第Ⅰステージ（1997～1999 年頃）は，「行政評価＝事務事業評価の時代」，第Ⅱステージ（1999～2002 年頃）は「総合計画とのリンク，事務事業から施策，政策の拡大と 3 階層の展開，外部評価の導入」，第Ⅲステージ（2002～2005 年頃）は「行政管理から行政経営への転換」，第Ⅳステージ（2005～2008 年頃）は「経営的視点の導入，予算や人事システムとの連動」である。各ステージは階層的構造を示しており，都道府県や政令指定都市等は第Ⅳステージにあるが，町村では第Ⅰステージにある自治体も少なくないという。

(4)「新エンゼルプラン」の政策評価

　少子化対策に対する政策評価の事例としては，2004年に「新エンゼルプラン」を対象に実施された評価結果がある（総務省行政評価局　2004）。「新エンゼルプラン」は1999年に「少子化対策推進関係閣僚会議」で決定された「少子化対策推進基本方針」に基づく重点施策の具体的実施計画として策定され，2004年までの保育サービス等の子育て支援サービスの充実と母子保健医療体制の整備等について数値目標を掲げた計画である。

　総務省行政政策局は「新エンゼルプラン」の政策評価を2003年8月から2004年7月にかけて実施した。評価の観点は多府省にわたる事業である少子化対策が関係行政機関の連携の下で，どのような効果を上げているか等について総合的な視点から評価を行うこととしている。政策評価にあたり政策評価・独立行政法人評価委員会の審議ならびに有識者からなる「少子化対策に関する政策評価」研究会を開催し，子育てをしている母親に対する少子化対策・子育ての負担感等についての住民アンケート及びグループインタビュー調査をもとに評価を行っている。評価スキームは「Ⅰ 少子化対策の推進体制の現況」，「Ⅱ 新エンゼルプラン推進の現況と効果」，「Ⅲ 新エンゼルプランの効果の発現に関する状況等」，「Ⅳ 地域における少子化対策に関する取組の現況」，「Ⅴ 海外における少子化及び少子化対策の現況」である。Ⅱでは9項目についてそれぞれ施策の進捗状況と効果の発現状況について評価を行っている（例えば「1 保育サービス等子育て支援サービスの充実」における「施策の進捗状況」は「延長・休日保育実施保育所数，利用児童数の推移」，「効果の進捗状況」は「子どもがいる世帯の母の就業率・夫婦共働き率の推移」で計測されている）。主要な政策効果の把握には，① **子育ての負担感の緩和**，② **子どもをもちたいと思えるようになった（なる）か**（出産・育児インセンティブの付与），③ **出生数及び合計出生率**の3指標を効果指標としている。

　政策評価の結果，「新エンゼルプラン」の進捗状況は全体的に着実に進んでいるが，① 子育ての負担感は緩和されているとはいえず，経済的な負担の増大がその原因として考えられ，専業主婦家庭の負担感が強い結果となっていること，

② 施策利用による出産・育児インセンティブの付与には高低がみられること，③ 出生数・合計出生率はともに低下傾向にあること，と効果指標を見る限り政策効果はみられないことが指摘されている。その上で，住民アンケートの結果から得られた課題として，子育てに伴う経済的な負担感の緩和，とくに教育に関する経済的負担の軽減の充実策や子育て中の主婦家庭の負担感の緩和施策について提言がなされている。

(5)「次世代育成支援対策」の政策評価

総務省山形行政評価事務所ならびに東北管区行政評価局は，地域計画調査の行政評価・監視の一環として，2007年に「次世代育成支援対策」について政策評価を行っている。この調査では，主に一般事業主の行動計画策定状況の調査を行っており，市町村が行っている事業に関する評価ではない点に留意する必要がある。

山形行政評価事務所は山形労働局，山形県，山形県内35市区町村，次世代育成支援対策推進センター及び一般事業主（企業）420社を対象に「次世代育成支援対策の推進に関する調査」を行った（総務省山形行政評価事務所 2007）。その結果，一般事業主（企業）における「次世代育成支援対策推進法」の認知が低く，一般事業主行動計画の届出件数も少なく，山形労働局及び山形県の個別訪問や情報の共有等の活動が低調であることから，① 一般事業主行動計画策定に向けた積極的な勧奨の実施として，「山形労働局は，山形県，市，支援センター等で協議会を設置する等して，それぞれが保有する情報の共有，各機関の役割分担について検討し，緊密な連携をとって個別一般事業主に対して積極的な勧奨を行うこと」，② 一般事業主行動計画の推進に向けた勧奨の実施については，「1) 支援センターとの情報の共有化を図り，緊密な連携の下に援助体制を構築し，一般事業主が行動計画に定めた事項の推進に取り組むよう指導・援助を行うこと，2) 一般事業主に対し，認定基準の情報を提供するとともに，申請可能となるよう個別具体的な援助，認定に伴うメリットを認定事業主における具体例を示すなどして理解を求める等により，認定申請を促進すること」，と

いった所見を示している。

　一方，東北管区行政評価局は宮城県労働局，宮城県，仙台市等4市，一般事業主（企業）18社に対する実地調査ならびに一般事業主（企業）208社（400社対象），市町村36（県内全市町村）に対する意識調査を行った（総務省東北管区行政評価局 2007）。その結果，山形行政評価事務所の所見と同様，中小企業における行動計画策定率が低く，個別企業を対象とした啓発活動が望まれ，行動計画を策定する際の相談窓口となる次世代育成支援対策推進センターの活性化が望まれるとともに，仙台市や宮城県との連携が望まれることが提言された。

　以上の2地域における次世代育成支援対策の行動計画策定に関する調査結果，一般事業主での行動計画の策定率が低い実態が明らかとなり，かつ各労働局の周知や働きかけ等が不足であることから，自治体と連携して，一般事業主の行動計画策定支援に対する活動についての提言がなされている。

第3節　次世代育成支援対策の実績評価

　第2節では，政策評価の理論と評価方法の整理ならびに我が国で行われている少子化対策の評価事例についてみてきた。本節では，2010年に少子化研究会が行った『次世代育成支援対策推進法に基づく前期行動計画の事業実績に関する自治体調査』（少子化研究会 2011）やヒアリング調査の結果等を用いて行動計画の実績評価を行うとともに，2010年時点における後期行動計画の方向性について取りまとめを行いたい。

　「次世代法」では地域行動計画を策定する自治体に（定量的）目標値の設定を求めている。その内容は基本理念の下での「定量的目標値を含む具体的な目標」としており，必ずしも定量的であることを求めているわけではないが，保育事業を中心とした特定14事業[7]については市町村であれば都道府県，都道府県から国への報告を求めている。また，計画策定時にはニーズ調査を行うことを規

定しており，事業成果であるアウトプットのみならず，子育てに関する満足度等のアウトカムによる評価も可能であるとしている。実績評価は毎年行われ，地域協議会等の外部組織を含めた評価を行った上で公表される。

東京都23特別区を対象にしたヒアリング調査結果における実績評価に関する事例を挙げると（鎌田ほか 2009），東京都江戸川区では前期行動計画の評価は，毎年目標値とその達成度というアウトプットによる評価を行い，各部署が内部で評価を行う体制をとっている。後期行動計画においては，項目ごとに前期行動計画の評価を行いつつ，後期の目標を掲げるような形式で公開している。2009年4月に行った「江戸川区次世代育成支援のための基礎調査報告書」では，子育てしやすいかどうかを聞いた質問に対して9割が「子育てしやすい」と回答している通り，子育て環境に適していると評価している。東京都中野区では，区長の意向により，実績に関するアウトプットだけではなく，アンケート調査から得られるアウトカムの向上を実績と捉えて評価および計画を作成している。それに伴い，毎年，各種アンケート調査を行うことによって継続的なアウトカムの把握を行っている。例えば，「困ったときに頼りになる子育てサービスを提供します」という項目では，休日保育，年末保育，病後児保育，子どもショートステイ，一時保育，ファミリーサポートセンター事業の実績の他，「必要なときに子どもを預けることができた保護者の割合」をアウトカム指標として経年変化をとらえている。前期行動計画の評価は，青少年問題協議会において毎年案として報告し，意見をもらうというプロセスを経た上で公表している。東京都足立区は各事業を目標値に照らしてAからCの3段階で評価を行っている。また，「世論調査」を用いてアウトカム指標についても収集し，後期行動計画の目標値としている（「夢や希望にむかって努力している青年の割合」等）。

2009年度からの後期行動計画の策定にあたり厚労省は手引きを公表しており（厚生労働省 2009），行動計画策定の際は国の施策目標と近年（2008年まで）の議論を踏襲しつつ目標を立てることが望ましいこと，そして，前期行動計画から後期までの統計データの把握，さらに保育事業においては「潜在的ニーズ

量」の数量的把握を行った上で，目標事業量を設定することを求めている。潜在的ニーズ量は，ニーズ調査において「潜在家庭類型」(8)を調査し，それをもとに，家庭類型別児童数を算出し，そこにサービス利用率をかけることによってサービス必要人数が算出されるというもので，手引きの中の多くの紙幅を割いてこの指標の解説が行われている。さらに事業評価には国で行っているPDCAサイクルを採用し，成果を段階的に補足する評価指数の考案や，数量による評価を行うことを求めている。ニーズ調査の設計や結果の活用は各自治体の裁量によって行われることから，潜在的ニーズ量はあくまで参考となる指標であるが，後期行動計画においては地方自治体の自主性を認めつつも，国レベルの方向性を共有するような意図がみられる。

以上の議論から「次世代法」による前期行動計画の地方自治体における評価についてまとめると，「次世代法」に係わる事業は，多くの部や課をまたがることから，評価は各部や課ごとに行われている。数値目標が規定されている特定14事業を中心に多くの自治体で毎年実績が公表されている。評価指標は地方自治体によって異なり，アウトプットによる評価とアウトカムによる評価（またはその併用）が行われている。政策評価には庁内の評価機関や地域協議会等の第三者委員会を含めて評価を行う等さまざまな評価体制がひかれている。

(1) 都道府県別にみた通常保育の実績状況

「次世代法」において主要な政策となる保育事業である通常保育の定員数について，前期行動計画開始時点の2004年度と行動計画見直し年である2009年度における都道府県別の実績について見てみよう。図8-1には，都道府県別にみた2009年度の定員数実績指数（2004年度=100）と待機児童率（2004年度）の関係を示している。2004年度に待機児童が多く発生している都道府県において定員数の整備が進んでいることがわかる。しかし，そのような整備が進んでいるにも関わらず，2009年度においても待機児童の解消までには到っていない。待機児童数は都市部ならびに沖縄県において多く，東北地方や中国・四国地方においても指定都市・中核市を中心に多数発生している。一方で，北陸地

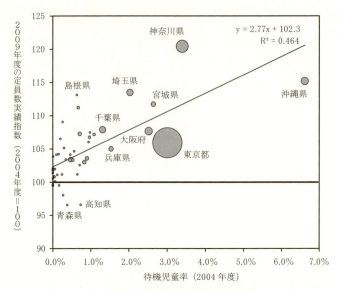

図 8-1　都道府県別にみた 2009 年度の定員数実績指数 (2004 年度＝ 100) と待機児童率 (2004 年度) の散布図

(資料)「保育所定員数」は「福祉行政報告例」(厚生労働省統計情報部).
(注)「待機児童率」は保育所定員数に占める待機児童数の割合．また，都道府県ポイントの大きさは全国に占める待機児童割合に比例させている．

方や山梨県・長野県・岐阜県では待機児童は生じていない。

次に都道府県別に年齢区分別に 2004 年の入所児数を 100 としたときの 2009 年時点の入所児の指数を示したものが図 8-2 である。多くの都道府県において、0 歳、1・2 歳の入所児童数が増加しており、3 歳以上の入所児数は減少している都道府県が多い。北海道・青森県・岩手県・滋賀県・兵庫県・香川県では全ての年齢層で入所児童数が減少している場合や、全ての年齢層で増加がみられる都市圏を中心に沖縄県でも入所児数の増加がみられる。全体的な傾向としては、保育需要が最も多い 1・2 歳を中心に 0 歳の入所児も増加している。この理由として考えられるのが、保育士の配置基準と保育定員との関係である。保育士の配置基準は国の基準が定められており、0 歳児は保育士 1 人で概ね 3 人の児童、1・2 歳児は概ね 6 人、3 歳児は概ね 20 人、4 歳以上は概ね 30 人と

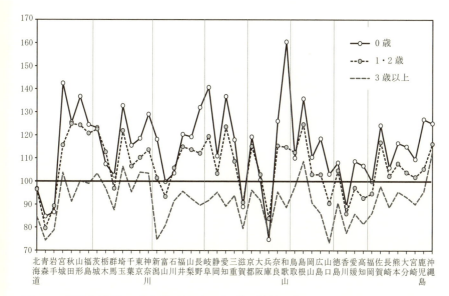

図 8-2　都道府県別にみた年齢区分別入所児数の指数の変化（2004年を100とした場合）
（資料）「福祉行政報告例」（厚生労働省統計情報部）．

なっており，2歳以下の定員数を増やすことで多くの保育士を配置する必要があることから，限られた保育士の配置においては保育需要の多い1・2歳児の対応を行うことで，3歳以上の定員数を減少させる結果となる．また，3歳以上は幼稚園への入所も可能であるため，3歳以上は幼稚園に通わすことが一般的であるといった地域特性や，母親の就業状況によって幼稚園への入所を優先するといった調整がなされやすいことも影響していると考えることができる．

(2) 市町村別にみた子育て育成支援の実績状況と各事業の評価

　市町村別の子育て支援の実績状況については，少子化研究会が2007年・2010年に行った調査結果をもとにみていきたい（少子化研究会 2008, 2011）[9]．

　2010年の「自治体調査」で調査した次世代育成支援対策17項目についての実施割合を調査している．実施割合の高い事業には「子どもの医療費助成」(91％)「放課後児童健全育成事業」(85.2％)，「一時保育」(76.3％)，「延長保

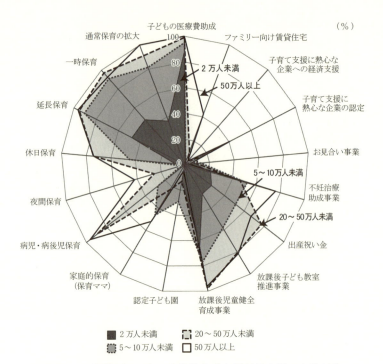

図 8-3　人口規模別にみた，次世代育成支援対策事業の実施割合
（資料）少子化研究会（2010）．

育」（75.9％），「通常保育の拡大」（65.5％）がある。潜在的なニーズの高い「病児・病後児保育」は全国で4割程度の実施割合となっている。保育事業では「夜間保育」（5.6％）や「家庭的保育（保育ママ）」（6.9％）の実施割合が低く，「休日保育」は3割程度である。「放課後子ども教室推進事業」は5割の自治体において実施されている．他方，子育てに熱心な企業への働きかけとして次世代育成マーク「くるみん」等による「企業の認定」（3.7％），入札時における優遇等の「経済支援」（1.5％）の実施割合は低い水準にある。また，地方部における定住対策等の目的で展開されている「ファミリー向け賃貸住宅」も4.1％と全国的には低い実施割合となっている。

これを人口規模別にみると（**図 8-3**），「通常保育の拡大」，「一時保育」，「延

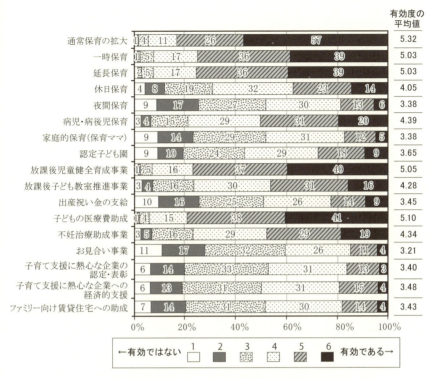

図 8-4　自治体担当者が評価する次世代育成支援対策としての有効度
(資料) 少子化研究会 (2010).

長保育」といった保育事業や義務教育中の放課後対策である「放課後健全育成事業」,「放課後子ども教室推進事業」,「子どもの医療費助成」は全体的に実施割合が高く, 人口規模が大きいほど実施割合が高くなる。特に「病児・病後児保育」や「不妊治療助成事業」,「家庭的保育 (保育ママ)」,「出産祝い金」は財政規模が大きく, 多様なニーズが生じる人口規模が大きい自治体において実施割合が高い傾向にある。

次に自治体担当者の主観的な評価として, 各種事業の次世代育成支援対策としての有効度についてたずねた (**図 8-4**)。事業としての有効度は「有効ではない」1 から「有効である」6 までの 6 段階で聞いている。自治体担当者の主観

的評価が高かったのは「通常保育の拡大」（平均 5.32），「子どもの医療費助成」(5.10)，「放課後児童健全育成事業」(5.05)，「一時保育（一時預かり）」(5.03)，「延長保育」(5.03) と保育事業ならびに小学校以降における放課後対策，そして経済的支援としての医療費助成の評価が高い。平均点が 4 以上の事業には「病児・病後児保育」(4.39)，「不妊治療助成事業」(4.34)，「休日保育」(4.05) など事業の実施割合は高くないが自治体担当者には有効であると評価されている事業や，放課後対策の一環として地域住民との連携によってコミュニティ強化も見込むことができる「放課後子ども教室推進事業」(4.28) の評価が高いことがわかる。

(3) 政治過程論アプローチによる事業評価

本稿では政策評価の手法として「政策の実施・サービスの提供過程」の評価に着目し，自治体がある事業を新規に実施する場合，どのような動機をもって事業を開始しているのかについて考察する。このような事業や政策の提供過程について分析する分野に，政治過程論による実証研究がある。

実証的政治過程論では，国・自治体レベルにおいて政策・事業がどのような要因によって策定・施行され，それがどのように他の国・自治体に波及・移転・収斂していくのかという政策過程を，数量的に分析する試みが多く行われている。政策の波及パターンの研究には，政策が徐々に全国的に拡がっていく「水平波及」パターンの研究（Walker 1969, Gray 1973 ほか）や，政策実施年を用いて波及の進度を考慮に入れたイベントヒストリー分析による研究を行う研究（Berry and Berry 1990, Skocpol et al. 1993, Mintrom 1997, Buckley 2002, 伊藤 2002, 古川・森川 2006 ほか），クラスター分析（伊藤 2003），因子分析を用いた試み（Walker 1969）等がある。

政策波及の程度を示す指標の 1 つに Rogers（2003）で提示された「S 字型採用曲線」（S-shaped adoption curve）がある。この曲線は，横軸を年次，縦軸を累積割合としたときに，新しい政策の累積割合分布は S 字曲線（ロジスティック曲線に近似）を描くという経験則であり，波及形態としては水平波及のとき

に観察される。S字型採用曲線は政策の採用分布が正規分布になることを示しており、政策の波及は徐々に全国に広がる様態を示す。一方、国の介入の程度が強い場合を垂直波及といい、その場合の累積割合分布は、国の介入が早い場合、初期段階での政策採用者が多くなるため、凸型分布（指数分布に近似）となる。政策の実施年別の累積割合をみることによって、その政策が水平波及なのか垂直波及なのかを判断することができる。

図 8-5 には自治体調査（2010）において調査した主要事業について S 字型採用曲線をみたものである。各事業は人口規模別に採用曲線を示している。図 8-5(a) は通常保育の拡大の事業開始状況を示している。そもそも「保育」は 1947 年に成立した児童福祉法の第 24 条「児童の保育に欠けるところがある場合において、保護者から申込みがあったときは、それらの児童を保育所において保育しなければならない。」の要件に該当する児童の養育を公的機関が行うことから始まった。ここではその中で一般的な保育を「通常保育」とし、その定員数の拡大が始まった時期をたずねている。「通常保育の拡大」は、1940 年代から水平的な波及形態を保ちつつ、1950 年代は人口規模が大きい自治体において増加し、1970 年代は人口規模が小さい地方自治体においても増加がみられた。その後、緩やかな増加トレンドを示していたが、急激に増加に転じたのは次世代育成支援対策推進法が制定された 2003 年頃からであり、前期行動計画によって通常保育の保育定員の拡大が急激に促進されたことがわかる。行動計画実施以前では通常保育の拡大を行っていたのは 3 割の地方自治体であったのが、実施以降は人口規模が大きい所では 6 割、中規模の地方自治体でも 4 割程度まで増加した。延長保育の事業開始状況（図 8-5(b)）は、一時保育と同様の曲線を描いており、人口 20 万人以上の地方自治体において 1980 年代から徐々に整備が進められてきた。その他の地方自治体は 1990 年代中頃から事業が開始されている状況にある。人口規模別の累積割合も一時保育と同様の水準であり、全体では 5 割強、人口規模が大きいところでは 7 割、中規模で 5 割、小規模では 1 割強となっている。一時保育の事業開始状況（図 8-5(c)）は、人口規模が 20 万人以上の地方自治体においては、1950 年頃から事業展開がなされており、

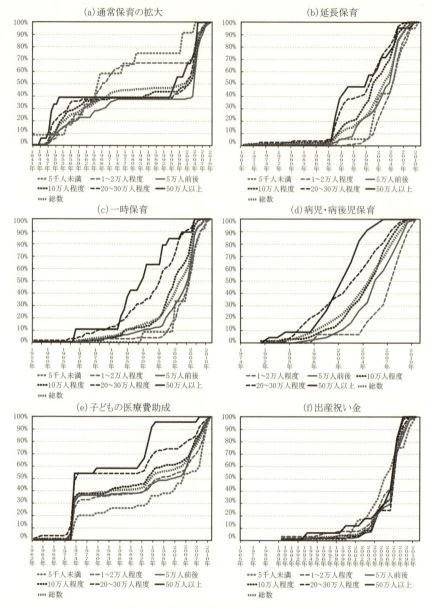

図8-5 主要事業別にみたS字型採用曲線
(資料)少子化研究会(2010).

1980年代に急激に増加し，2000年以降事業展開自治体数の割合は7割で高止まりして推移している。人口10万人以下の地方自治体で一時保育の整備が進んだのは1990年代中頃からであり，その後2000年代に入ると急速に事業開始がなされた。1万人から5万人の地方自治体においては3割後半から4割の事業開始状況であり，人口5千人未満では1割強といった事業開始状況である。病児・病後児保育の事業開始状況は（図8-5(d)），人口規模の大きい自治体ほど実施開始が早い。波及形態は典型的な水平波及となっており，1990年代以降に採用数が増加している。子どもの医療費助成の事業開始状況（図8-5(e)）は，国民皆保険が達成された1961年以降，子どもの医療費助成事業が開始され，1970年代に全国的に拡がった。その後徐々に増加する傾向となっており，人口規模が大きい地方自治体ほど事業が開始される方向となっている。2005年以降は人口規模が小さな自治体でも急速に増加し，全体的な水準の底上げがなされている。ただし，医療費助成は自治体の人口規模によって内容にかなりの差があることは注意する必要がある。東京都23区のように中学3年まで全ての医療費が無料の地域もあれば，小学校6年生まで一部負担にとどまる地域もあるなどサービスにかなりの差が存在する。その背景にはこうした直接的な経済支援は財政支出負担が大きいため，ニーズが高くても人口規模の小さな自治体では財政上の理由でサービスの向上が困難であるという事情がある。出産祝い金の事業開始状況は（図8-5(f)），2000年代に入り急速に採用数が増える垂直波及となっている。事業の実施割合には人口規模による差があるものの，人口規模による波及速度に差は少ないことがわかる。

次に実施割合が高くニーズもある主要事業について，事業開始理由を実施年代別にみたものが**図8-6**である。本調査項目は少子研究会（2008）のみで調査されているため，2008年までの結果を示している。事業開始年代別の各事業の開始理由は以下の6カテゴリで聞いている。「1)国の方針に沿うため，2)他自治体が策定したから，3)補助金があったから，4)市民の要望があったから，5)首長の公約だったから，6)その他，7)わからない，複数回答可」としている。

多くの事業で「市民の要望があったから」が最も多く，「国の方針に沿うた

め」,「補助金があったから」といった垂直型の事業開始動機も作用していることがわかる。出産祝い金は「首長の公約だったから」の割合が多く,子どもの医療費助成や不妊治療助成,お見合い事業でも一定の割合を占めており,金銭的な支援には首長の意向が影響を与えていることがわかる。

　日本の政策過程論では,以前は国の意向が地方の事業開始の動機になるという「垂直波及」パターンによる説明が一般的であった（伊藤 2002）。しかし,Reed (1986) や村松 (1988) 等によって,地方自治体の動向が国の政策に影響するとする「水平的競争モデル」や「相互依存モデル」といったモデルが提示され,国の補助金や権限の委譲を目的とした地方自治体間で「横並び競争」が生じるといったモデルによる説明がなされるようになる。Reed (1986) は,地

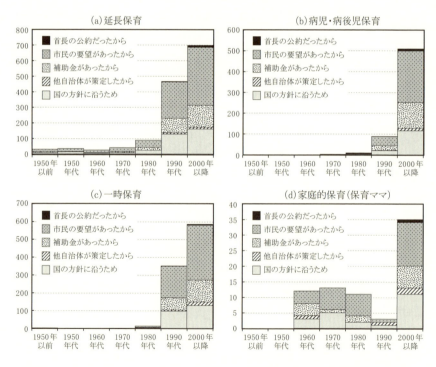

図 8-6　主要事業別にみた事業開始理由

方自治体の事業展開において住民のニーズとそれに対応する自治体の首長の影響力が大きいことを指摘し，自治体の独自性に着目した。伊藤（2002）では，以上のような国主導で事業展開が全国的に波及する垂直波及と，その中で各自治体が独自の要因によって事業展開を行っていき全国的に事業が拡がっていく水平波及のモデルを統合した「動的相互依存モデル」を提示している。

伊藤（2002）の「動的相互依存モデル」では「内生条件への対応」，「相互参照」，「横並び競争」の3つのメカニズムによって事業策定がなされるとする（図8-7）。内生条件とは，当該自治体における社会経済的な要因，財政的要因，首長の党派制・リーダーシップ等の政治的要因があり，事業策定のインセンティブになる。相互参照は「内生条件によって始まった先行自治体による政策採用

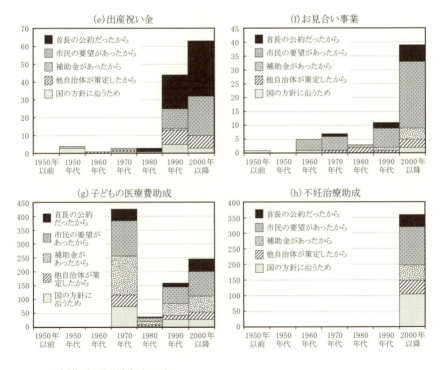

（資料）少子化研究会（2008）．

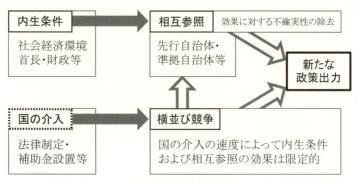

図 8-7　動的相互依存モデル
（注）伊藤（2002）をもとに筆者作成．

の動きを全国に波及させるメカニズム」（伊藤 2002, p.21）であり，ある事業に追従する自治体が失敗するリスク等の不確実性を除去させるために，先行する自治体の動向等を参照することである．参照する自治体には，ある事業を先行して実施する自治体である「先行自治体」の他に，近隣で同規模の自治体を準拠集団として設定している「準拠自治体」を設定している自治体が多いという（中野 1992, 藤村 1999）．横並び競争は「政策を採用すれば便益が見込まれる状況のもとで，われ先に政策の採用に乗り出す行動」（伊藤 2002, p.28）であり，垂直波及においてみられる．1990年代中頃より行われてきた，いわゆる「少子化対策」は国主導で理念や方向性の決定が行われ，費用の負担構造は国と自治体で分割する方式や補助金による助成，基金の利用が行われてきたことから，事業の波及メカニズムは垂直波及型であり，横並び競争による政策出力メカニズムが働くと予想される．

　少子化対策の事業実施に関する先行研究をみると，全国知事会男女共同参画研究会（2005）では，人口規模や財政力の大きな都市部に事業実施が集中しており，人口規模が小さい自治体では財源不足が問題になっている現状があることから，国の指針が都市部中心で全国画一的であることを改め，地域性を活かした施策の策定を行うべきであるとの提言を行っている．内閣府政策統括官

(2005) は，各市町村が独自に行っている上乗せ・単独事業について詳細に調査を行い，市町村にとっては補助金の有無が上乗せ・独自事業に対するインセンティブを与えていることを指摘する。西岡ほか (2007) では，小規模地方自治体では「出産・子育てに関する経済的支援」の実施割合が高く，大規模地方自治体においては「地域における子育て支援」，「仕事と子育ての両立支援」の実施割合が高いことから，都市部において独自施策が充実していることを示している。松田 (2007) は次世代育成支援策の実施動向を 48 項目について調査を行い，人口規模が大きい，高齢化率が低い，地域経済の景況感がよい，失業率が低い，財政力があるといった市区町村ほど次世代育成支援が充実しており，人口規模と財政力による比重が大きく，とりわけ予算不足を問題とする市区町村が約半数であることを指摘する。

以上から，少子化対策の実施には人口規模と財政力による影響がみられ，高齢化による人口構造や地域経済の動向などによる影響も指摘されており，これらの内生条件の影響が各事業の波及パターンにも影響していると考える事ができる。

伊藤 (2002) の動的相互依存モデルはイベントヒストリー分析によって波及パターンの検証を行うことができる。波及パターンの測定には，対象とする事業の「全国自治体採用数」及び「準拠自治体採用数」の推定値を見ることによって判断する (伊藤 2002)。政策波及効果は，垂直波及の場合「全国自治体採用数」の効果が大きくなり，水平波及の場合「準拠自治体採用数」の効果が大きくなる。鎌田 (2010) では少子化研究会 (2008) のデータを用いて，1994 年から 2003 年までの観察期間において，延長保育，一時保育，認可外保育所への補助，子どもの医療費助成事業について波及効果を測定した結果 (**表 8-1**)，4 つの事業すべてにおいて「垂直波及」効果が観測された。一方，鎌田 (2011) では少子化研究会 (2011) のデータを用いて，1994 年から 2010 年までの観察期間において，通常保育の拡大，延長保育，一時保育，子どもの医療費助成事業について同様に波及効果を測定した結果 (表 8-1)，4 つの事業すべてにおいて「垂直波及」から「水平波及」パターンへの変化がみられた。次世代法以降

表 8-1 イベントヒストリー分析による波及効果の推定結果

	通常保育の拡大 exp(β)	延長保育 exp(β)	一時保育 exp(β)	子どもの医療費助成 exp(β)	認可外保育所への補助 exp(β)
新エンゼルプラン					
波及効果					
全国自治体採用数(t-1)		1.003 *	1.005 **	1.004 **	1.020 **
準拠自治体採用数(t-1)		0.999	0.986 **	0.998	0.987
次世代育成支援対策推進法					
波及効果					
全国自治体採用数(t-1)	1.002 **	1.003 **	1.005 **	1.004 **	
準拠自治体採用数(t-1)	1.015 *	1.011 **	1.007 **	1.005 *	

(資料) 新エンゼルプランの波及効果は鎌田 (2010), 次世代育成支援対策推進法の波及効果は鎌田 (2011) より抜粋.

の行動計画の測定によって, 各自治体が地域特性等の内生条件を考慮した事業展開がなされつつあることが実証されている.

第4節　後期行動計画の方向性と政策課題

　次世代育成支援対策推進法に基づく行動計画は2009年に前期行動計画の見直し年を迎え後期行動計画の策定が行われた. 後期行動計画では前期行動計画の実施過程によって浮き彫りとなった課題や新たな問題, さらにはより中・長期的な視野に立った事業の展開等, それぞれの自治体の状況に対応した後期行動計画の策定が行われている.

　少子化研究会 (2010) では後期行動計画において政策課題となる重点ポイントについて10個の選択肢から優先順位を3番目までたずねている[11]. 最優先事項とされる課題は「待機児童対策」である. とくに人口規模が大きくなる程, 選択割合が高く喫緊の課題といえる. 次に重点ポイントとして挙げられているのが「ワーク・ライフ・バランス (WLB) の推進」である. その他の課題としては, 子どもをもった親もしくはこれから持とうとする若い夫婦を対象に子どもとの接し方や子育てについての講演や実技によるセミナーや広報を行うなど

の「親育て支援」が中規模の自治体において高い選択率を示している。なお「重点ポイント無し」と回答する自治体は人口規模が小さくなるに従って選択率が高くなる傾向にある。次に2番目として選択されている重点ポイントでは，人口規模が大きい自治体では「ワーク・ライフ・バランスの推進」，そして虐待された児童に対する支援や児童虐待を未然に防ぐための地域協議会等の設置等を示す「要保護児童対策」が選択されている。さらに中規模の自治体では「親育て支援」や「地域コミュニティの強化」といった点が重点ポイントとして選択されている。

　これらの結果から，喫緊の課題としての待機児童対策，地域コミュニティとの協働，若者の働き方，企業への働きかけを含むワーク・ライフ・バランスの推進の3本の柱が後期行動計画の政策課題であるといえる。その中でも，地域コミュニティとの協働は重要な施策であり，現状でも多くの取り組みが行われている。今後の次世代育成支援対策の推進には，通常保育の定員の更なる拡大の他に，地域社会を含めた社会全体の子育て対策，地域の多様性に対応した次世代育成支援対策が推し進められることが期待される。

おわりに

　本章は少子化対策の政策評価について次世代育成支援対策推進法に基づく前期行動計画の評価を中心にとりまとめてきた。

　第1節・第2節では科学的な政策評価の理論的手法や，国や地方自治体の政策評価制度，実際に少子化対策が政策評価された事例についてみてきた。政策評価の理論的手法ではRossi et al. (2004)の議論をもとに①政策に対するニーズ（需要），②政策の設計（概念化，理論と体系），③政策の実施・サービスの提供過程，④政策の影響・成果に対する効果分析，⑤政策の効率性（費用便益・効果分析）といった分析視点を示した。国の政策評価制度は1997年の行政改革以降，年々整備されてきており，PDCAサイクルを元に定量的な評価を

中心に政策評価を行っている。地方自治体においても独自の政策評価制度のもとで施策の評価を行う自治体が増加している。少子化対策を対象として政策評価がなされた事例として総務省行政評価局が「新エンゼルプラン」を対象に行った事例等を参照し、アンケート調査やグループ調査、具体的な施策の実施状況を把握するとともに①子育ての負担感の緩和、②子どもをもちたいと思えるようになった（なる）か、③出生数及び合計出生率の3指標を効果指標として評価し、いずれも現時点では不十分であるが継続的に行っていく必要性があるとの結果が得られた。

第3節では次世代育成支援対策推進法に基づく前期行動計画の実績状況について、都道府県・市町村別に公表された資料や質問紙調査をもとにみてきた。待機児童が最重要政策課題として捉えられる中で、保育事業を中心とした施策は自治体担当者にも重要な施策として捉えられていることがわかった。また、子どもの医療費助成は住民のニーズも高く、自治体の職員の評価も高い施策として示されている。また、政策評価の手法として、政策の実施・サービスの提供過程の分析の一環として、政策過程論による定量的な施策波及の分析を行った結果、「次世代法」以前の少子化対策では、国の方針を全国的に展開するといった垂直型の波及パターンを示していたが、「次世代法」以後は、各自治体が行動計画を策定する中で地域特性や人口規模、財政状況等の内政条件に対応した施策が行われてくるようになってきており、自治体によって多様なサービスが展開されるようになってきていることが定量的に示されている。第4節では後期行動計画における重点課題についての結果を示しており、待機児童対策、地域コミュニティとの協働、若者の働き方、企業への働きかけを含むワーク・ライフ・バランスの推進の3本の柱が後期行動計画の政策課題であることが示された。

「次世代法」に基づく後期行動計画は2014年度までの時限立法となっていることから、この10年間の総括年となる。後期行動計画の評価については今後の課題となる。2012年に成立・交付された「子ども・子育て関連3法案」[12]に基づく「子ども・子育て支援新制度」が消費税の引き上げによる財源の使用によ

り 2015 年度に開始される予定である。新制度では（内閣府 2013），①認定こども園・幼稚園・保育所を「施設型給付」として，共通の給付形態や小規模の保育所への給付である「地域型保育給付」の創設，②認定こども園制度の改善として，認可・指導の一本化，学校及び児童福祉施設としての法的位置付け，「施設型給付」として財政措置等，③地域の実情に応じた支援の充実として，地域子育て支援拠点，放課後児童クラブ等の「地域子ども・子育て支援事業」の充実が主なポイントとされている。その他，有識者や当事者等が政策プロセスに参画できる仕組みとして「子ども・子育て会議」の設置も検討を行っている。このように今後の子育て支援のスキームは大きく変わってくるだろう。したがって，今後もそうした変化に対して調査を行うとともに，定性的・定量的なアプローチによる政策効果の分析・考察を継続して行っていきたい。

注

(1) 事業主等の行動計画の策定の義務付けは，「次世代法」策定時は，301 人以上の一般事業主は義務，300 人以下は努力義務であったが，2010 年 4 月 1 日より，101 人以上の一般事業主も義務，100 人以下は努力義務に改正された。国や地方自治体である特定事業主は策定時より義務付けられており，国の行動計画策定指針，都道府県・市町村の行動計画の他に職員に対する行動計画も策定している。行動計画の策定に際しては，「次世代育成支援対策地域協議会」による施策・取組への助言・評価，「次世代育成支援対策推進センター」による事業主に対する策定支援等が行われている。なお，同法は 2025 年 3 月 31 日まで 10 年間延長された。しかし特定事業主である地方自治体においては「子ども・子育て支援法」による事業計画の策定が義務づけられたことから，同法による行動計画の策定は任意化された。

(2) 厚生労働科学研究費（課題番号 H20-政策-一般-008）『家族・労働政策等の少子化対策が結婚・出生行動に及ぼす効果に関する総合的研究』（研究代表者：高橋重郷）のもとで，少子化研究会（代表者：安藏伸治）が 2010 年 8 月から 9 月にかけて市区町村・都道府県を対象に実施。配布数は 2010 年 4 月 1 日現在の全

1,750 市区町村 47 都道府県, 回収数は 881 市区町村（回収率 50.3％），都道府県（回収率 76.6％）であった（少子化研究会 2011）。報告書では市区町村のみの結果を掲載している。

(3) 2001 年「仕事と子育ての両立支援等の方針」（閣議決定），2003 年の「少子化社会対策基本法」，「次世代育成支援対策推進法」，2004 年の「少子化対策大綱」（閣議決定），「子ども・子育て応援プラン」，2007 年の「仕事と生活の調和憲章」，2010 年の「子ども・子育てビジョン」（閣議決定），2012 年の「子ども・子育て支援法」（子ども・子育て関連 3 法案）等がある。

(4) 研究開発，公共事業，政府開発援助，規制及び租税特別措置においては事前評価が義務化されている。

(5) 厚生労働省の基本目標 6 には，施策大目標 1「男女労働者の均等な機会と待遇の確保対策，仕事と家庭の両立支援，パートタイム労働者と正社員間の均等・均衡待遇等を推進すること」，施策大目標 2「利用者のニーズに対応した多様な保育サービスなどの子育て支援事業を提供し，子どもの健全な育ちを支援する社会を実現すること」，施策大目標 3「子ども及び子育て家庭を支援すること」，施策大目標 4「児童虐待や配偶者による暴力等の発生予防から保護・自立支援までの切れ目のない支援体制を整備すること」，施策大目標 5「母子保健衛生対策の充実を図ること」，施策大目標 6「ひとり親家庭の自立を図ること」の 6 つがある。

(6) 内閣府の自己評価では，政策 12「共生社会実現のための施策の推進」の中で，施策 1「子ども・若者育成支援の総合的推進」，施策 3「子ども・子育て支援の総合的推進（子ども・子育てビジョン）」，施策 4「子ども・子育て支援，子ども・若者育成支援に関する広報啓発，調査研究等」，政策 14「男女共同参画社会の形成の促進」では，施策 6「仕事と生活の調和の推進」等がある。

(7) 特定 14 事業には，1）通常保育事業〔定員・児童数〕，2）延長保育事業〔定員・児童数／箇所数〕，3）夜間保育事業〔定員・児童数／箇所数〕，4）子育て短期支援事業（トワイライトステイ）〔定員・児童数／箇所数〕，5）休日保育事業〔定員・児童数／箇所数〕，6）放課後児童健全育成事業〔定員・児童数／箇所数〕，7）乳幼児健康支援一時預かり（病後児保育・派遣型）〔年間のべ派遣回数〕，8）乳幼児健康支援一時預かり（病後児保育・施設型）〔定員・児童数／箇所数〕，9）子育て短期支援事業（ショートステイ）〔定員・児童数／箇所数〕，10）一時保育事業〔定員・児童数／箇所数〕，11）特定保育事業〔定員・児童数／箇所数〕，12）

ファミリーサポートセンター事業〔箇所数〕，13) 地域子育て支援センター事業〔箇所数〕，14) つどいの広場事業〔箇所数〕がある。

(8) 潜在的家族類型は以下の 7 類型を示す。タイプA：ひとり親家庭，タイプB：フルタイム×フルタイム（フルタイム共働き），タイプC：フルタイム×パートタイム（フルタイム・パート共働き），タイプD：専業主婦（夫），タイプE：パートタイム×パートタイム，タイプF：無業×無業，タイプG：その他。

(9) 少子化研究会（2008）が行った「次世代育成支援対策に関する自治体調査」は，2007 年 10 月 1 日時点の全国市町村および特別行政区を対象として，2007 年 11 月 1 日（木）～2008 年 2 月 29 日（金）の期間に郵送法によって実施した調査である。配布数は 1,821 票（1798 市町村，23 特別行政区），回収数は 1,058 票（すべて有効票），回収率は 58.1％となっている。調査項目は，2000 年以降の人口動向，地域環境の変化，次世代育成支援対策事業の各種実施動向と実施時期・実施理由，少子化対策としての有効度，行政運営全体での優先施策分野等である。少子化研究会（2011）は，「次世代法」の前期行動計画が終わったことを受けて実績状況に対する調査である「次世代育成支援対策推進法に基づく前期行動計画の事業実績に関する自治体調査」を実施した。調査は 2010 年 8 月から 9 月にかけて市区町村・都道府県を対象に実施し，配布数は全 1,750 市区町村（2011 年 4 月 1 日現在）・47 都道府県，回収数は 881 市区町村（回収数 881 市区町村，回収率 50.3％）・36 都道府県（回収率 76.6％）。

(10) 設問文言は「問 33 貴自治体において，以下の施策の次世代育成支援対策としての有効度は，どの程度あるとお考えですか（現在行っていない施策は，実施した場合を想定）。回答者のお考えでけっこうですので，あてはまる番号に 1 つずつ○をつけてください。」として 17 項目の事業について回答者の主観的評価による調査を行った。

(11) 政策課題の選択肢は「待機児童対策」，「ワーク・ライフ・バランスの推進」，「企業への直接支援」，「未婚者支援」，「親育て支援」，「定住対策」，「地域コミュニティの強化」，「要保護児童対策」，「その他」，「重点ポイントは設けていない」の 10 項目である。

参考文献

伊藤修一郎（2002）『自治体政策過程の動態：政策イノベーションと波及』慶応義塾大学出版会。

伊藤修一郎（2003）「自治体政策過程における相互参照経路を探る―景観条例のクラスター分析」公共政策研究，vol.3, pp.79-90。

鎌田健司（2010）「地方自治体における少子化対策の政策過程―〈次世代育成支援対策に関する自治体調査〉を用いた政策出力タイミングの計量分析」『政経論叢』明治大学，第 78 巻 第 3・4 号，pp.213-242。

鎌田健司（2011）「多様化する次世代育成支援対策―前期行動計画の事業実績評価と政策波及パターンの測定」『人口問題研究』67(4), pp.39-61。

鎌田健司・守泉理恵・関根さや花（2010）「東京都 23 区を対象とした次世代育成支援対策推進法に基づく行動計画についてのヒアリング調査」厚生労働科学研究費『家族・労働政策等の少子化対策が結婚・出生行動に及ぼす効果に関する総合的研究』（研究代表者：高橋重郷）平成 21 年度総括・分担研究報告書, pp.313-384。

少子化研究会（2008）「〈次世代育成支援対策に関する自治体調査〉結果概要」，厚生労働科学研究費補助金事業『少子化関連施策の効果と出生率の見通しに関する研究』（研究代表者：高橋重郷）。

少子化研究会（2011）「〈次世代育成支援対策推進法に基づく前期行動計画の事業実績に関する自治体調査〉調査報告書」厚生労働科学研究費『家族・労働政策等の少子化対策が結婚・出生行動に及ぼす効果に関する総合的研究』（研究代表者：高橋重郷）。

全国知事会男女共同参画研究会（2005）『次世代育成支援対策推進のための調査報告書』。

総務省行政評価局（2004）「少子化対策に関する政策評価書（新エンゼルプランを対象として）」公表資料。

総務省行政評価局（2010）「政策評価 Q&A」（政策評価に関する問答集）。

総務省東北管区行政評価局（2007）「次世代育成支援対策の推進に関する調査」公表資料。

総務省自治行政局（2014）「地方公共団体における行政評価の取組状況（平成 25 年 10 月 1 日現在）」公表資料。

田渕雪子（2010）「地方自治体における行政評価 12 年の歩みと今後の展望」『三菱総

合研究所所報』No.53, pp.30-53。

中野実(1992)『現代日本の政策過程』東京大学出版会。

内閣府(2013)『平成24年度 少子化の状況及び少子化への対処施策の概況(少子化社会対策白書)』。

内閣府政策統括官(共生社会政策担当)(2005)『地方自治体の独自子育て支援施策の実施状況調査報告書』。

藤村正之(1999)『福祉国家の再編成』東京大学出版会。

古川俊一・森川はるみ(2006)「地方自治体における評価の波及と生成過程の分析」『日本評価研究』第6巻第1号, pp.133-146。

松田茂樹(2007)「市区町村の次世代育成支援の現状」『Life Design Report』7-8, pp.4-15。

村松岐夫(1988)『地方自治』東京大学出版会。

三菱総合研究所(2009)「地方自治体における行政評価等への取り組みに関する実態調査」結果概要。

Berry, Frances S. and William D. Berry (1990) "State Lottery Adoptions as Policy Innovations: An Event History Analysis," *American Political Science Review*, vol.84, pp.395-415.

Buckley, Jack (2002) "Diffusion of Confusion? Modeling Policy Diffusion with Discrete Event History Data," *the 19th Annual Summer Political Methodology Meetings, Seattle, Discussion Paper*.

Gray, Virginia (1973) "Innovation in the States: A Diffusion Study," *American Political Science Review*, vol.67, pp.1175-1185.

Mintrom, Michael (1997) "Policy Entrepreneurs and the Diffusion of Innovation," *American journal of Political Science*, 41(3), pp.738-770.

Reed, Steven R. (1986) Japanese Prefectures and Policymaking, Pittsburgh University Press(森田朗ほか訳(1990)『日本の政府間関係―都道府県の政策決定』木鐸社).

Rogers, E. M. (2003)*Diffusion of Innovations*, 5th ed. New York: Free Press.

Rossi, H. P., Lipsey, W. M. and Freeman, E. H. (2004) *Evaluation: A Systematic Approach*, 7th ed., Sage Publications(大島巌・平岡公一・森俊夫・元永拓郎監訳(2005)『プログラム評価の理論と方法 システマティックな対人サービス・政

策評価の実践ガイド』日本評論社).

Skocpol, Theda, Chiristopher Howard, Susan G. Lehmann and Marjorie Abend-Wein, (1993) "Women's Associations and the Enactment of Mother's Pensions in the United States," *American Political Science Review*, vol.87, pp.686-701.

Walker, J. L. (1969) "The diffusion of Innovations among the American States," *American Political Science Review*, vol.63, pp.880-899.

(鎌田健司)

第9章　第2次安倍内閣の少子化対策

はじめに

　本章では第2次安倍内閣の少子化対策の取り組みについて，少子化担当大臣のもとに設置された「少子化危機突破タスクフォース」の取り組みを中心にその経緯と考え方をまとめるとともに，近年注目されてきた地方創生に関する動きとそこで議論されている数値目標の設定について議論していきたい。

　2012年の12月に発足した第2次安倍内閣は，経済成長のための重要政策として「女性力の発揮」と「人口減少への危機感」の共有ならびにそれに対する効果的な対策を行うことを目的に据え，2013年3月に内閣府に有識者会議として「少子化危機突破タスクフォース」を設置した。そこでは「子育て支援」の強化，「働き方改革」の強化，「結婚・妊娠・出産」支援といわゆる「3本の矢」による具体的な提言を行った。同年8月には第2期がはじまり，具体的な施策の推進等についての検討と行程表の作成等を行う「政策推進チーム」と，緊急提案の中に妊娠・出産等に関する情報提供・啓発普及のあり方を検討する「情報提供チーム」に分かれ，それぞれ提言を行っている。これらの提言は「少子化危機突破のための緊急対策」や「地域少子化対策強化交付金」などの政策に結びついている。

　本章の構成は以下の通りである。はじめに少子化対策への関心の高まりについての概説し，「少子化危機突破タスクフォース」第1期・第2期の経緯と提言についてまとめる。その後，出生率や人口に対する数値目標を設定する近年の動きに対する人口学的な視点からの懸念を示し，最後に今後の人口減少社会

における少子化対策に関する提言を行いたい。

第1節　少子化対策への関心の高まり

　わが国の出生率の低下が社会的に注目され，それが問題として認識されたのは，1989年の合計出生率が「1.57」にまで低下し，1966年の「丙午」の迷信による異常値である「1.58」を下回った時からである。この低水準は当時，「1.57ショック」と呼ばれ，政策的な対応が必要であると「少子化」現象が初めて人口問題として社会的に捉えられたのである（守泉　2008）。「少子化」と言う状態を，出生率が人口置換水準を割り込み継続的に低下していくことと定義すると，実は，わが国の少子化は第二次ベビーブームの最後の人達が生まれた1974年の合計出生率2.05からはじまり，2005年に1.26になるまで続いていた。1989年の「1.57ショック」により出生率の低下傾向が注目され始めたのであるが，わが国の少子化はすでに40年の歴史を刻んできたことになる。それに伴い，コーホート別の人口規模は1974年生まれのコーホート以降，一貫して縮小傾向にあるといえる。

　合計出生率は2005年の1.26以降，数値の上では回復傾向にあるように見える。最新の2013年の合計出生率は1.43となっているが，年齢別にみると過去3年間の前年比では，30歳代前半ではほとんど増加はなく，それより若い20歳代前半と後半の年齢階級で継続的な減少傾向であり，30歳代後半以降の年齢階級で増加傾向となっている（**図9-1**）。出生数も合計出生率とほぼ同様に，20歳代前半と後半，そして30歳代前半の年齢階級は3年連続で減少傾向にあるが，35歳後半と40歳前半で増加している（**表9-1**）。2013年の第1子出生時の母の平均年齢は30.4歳となっている（厚生労働省　2014）。

　つまり，わが国の出生率は，晩産化によって少子化が一時的に回復していることになる。これを支えているのが第二次ベビーブーム世代の女性達であり，その最後に生まれた1974年生まれ（出生数983,451）が，40歳代になろうと

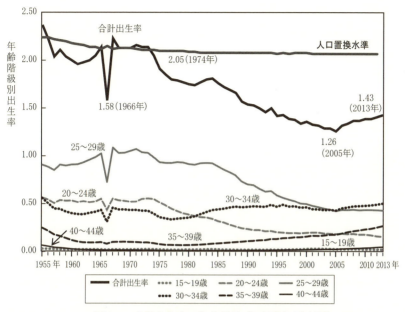

図 9-1 合計出生率の年次推移（年齢階級別内訳）

（資料）厚生労働省（2014）『平成 25 年人口動態統計月報年計（概数）の概況（結果の概要）』, p.7.

表 9-1 母の年齢（5 歳階級）別にみた出生数の年次推移

母の年齢	出 生 数				対前年増減		
	平成22年 (2010)	平成23年 (2011)	平成24年 (2012)	平成25年 (2013)	平成 23年－22年	平成 24年－23年	平成 25年－24年
総　　数	1,071,304	1,050,806	1,037,231	1,029,800	△ 20,498	△ 13,575	△ 7,431
～14歳	51	44	59	51	△ 7	15	△ 8
15～19	13,495	13,274	12,711	12,912	△ 221	△ 563	201
20～24	110,956	104,059	95,805	91,247	△ 6,897	△ 8,254	△ 4,558
25～29	306,910	300,384	292,464	282,790	△ 6,526	△ 7,920	△ 9,674
30～34	384,385	373,490	367,715	365,400	△ 10,895	△ 5,775	△ 2,315
35～39	220,101	221,272	225,480	229,736	1,171	4,208	4,256
40～44	34,609	37,437	42,031	46,547	2,828	4,594	4,516
45～49	773	802	928	1,069	29	126	141
50歳以上	19	41	32	47	22	△ 9	15

（資料）厚生労働省（2014）『平成 25 年人口動態統計月報年計（概数）の概況（結果の概要）』, p.5.
（注）総数には母の年齢不詳を含む.

している。再生産年齢のうちで1973年生まれに次いで二番目に人口規模の大きなこの世代が40歳を迎えるということは、今後の少子化は、これまで以上に深刻な状況になることを意味する。

　以上のようなことから、今後の人口規模の縮小と人口構造の高齢化、ならびに少子化傾向はさらに進行していくと認識するべきである。こうした状況を緩和していくには、まず再生産年齢人口の、特に30歳代前半までの年代での有配偶率の上昇が必要である。そのためには若者の労働・雇用環境の改善、男女共同参画、女性の結婚・出産後の雇用継続、子育て環境の整備などを通した夫婦が共働きをしながら家族形成ができる環境を醸成する必要がある。また、平均初婚年齢が30歳代になっていく現状では、晩婚化、晩産化の結果として、年齢と妊娠確率の負の関係から、第3子の減少、そして第2子の減少と結びついていくことになる。妊娠や出産などのリプロダクティブ・ヘルスライツに関わる正しい知識の普及の推進、男女双方に関する不妊治療などに関する正確な情報提供等々、未婚化、晩婚化、晩産化に関わる対応が大切である。

　1974年以降の少子化の進行にも関わらず、わが国政府が少子化対策として担当大臣を配置したのは2003年の第1次小泉内閣においてであった。初代は、内閣府特命担当大臣（青少年育成及び少子化対策担当）として小野清子氏が指名され、第2代も務めた。2004年には南野知恵子氏が第3・4代の大臣となり、その後、「少子化・男女共同参画担当」として2007年の2年間に2名の大臣が選出されている。その後2007年の第1次安倍内閣以降、「少子化対策担当」として、現在までの7年間に13名の内閣府特命担当大臣が任命されてきた。また、少子化担当は他の分野との兼務も多く、「少子化対策」と「男女共同参画」は最も「軽い」大臣ポストとして認識されてきた。ことに民主党政権時代の2009年からの3年3ヶ月間に「少子化対策担当」は9名、「男女共同参画担当」は8名の大臣が任命されている。

　2012年の12月に発足した第2次安倍内閣は、経済成長のための重要政策として「女性力の発揮」と「人口減少への危機感」の共有ならびにそれに対する効果的な対策を行うことを目的に据えた。女性力の発揮については、社会のあ

らゆる分野で 2020 年までに指導的地位に女性が占める割合を 30％以上とする目標（"20 年 30％"〈にいまる・さんまる〉）を確実に達成し，女性力の発揮による社会経済の発展を加速させることを掲げ，女性の活躍と男女共同参画，そして少子化対策担当に森まさこ参議院議員をあてた。森大臣は 2013 年 3 月に内閣府に有識者会議として「少子化危機突破タスクフォース」を設置し，少子化を取り巻く様々な問題の確認と，それら諸問題解決のための対策を行うための検討を開始した（内閣府 2013a）。

　第 2 次安倍内閣が発足するまでのわが国の少子化対策は，子育てや保育環境に関わる，いわゆる「次世代育成支援」を中心として行われてきた。結婚し子どもを持った後でも，安心して子どもを預け就業が継続できるための環境整備が中心であり，それに関連した学童保育，病後児保育等々非常に多岐にわたる支援である。また，ワーク・ライフ・バランスの観点から仕事と家庭の関係を見直し，夫も育児に積極的に参加するような社会を創出するために，働き方の改革などにも力を入れてきた。この点については，本書の第 1 章で詳細に論じられている。

　しかしながら，第 2 章で詳細に検討されているように人口学的な見地から考えるとわが国の 1975 年から 2005 年までの出生率の低下の 90％近くは，結婚行動，特に初婚行動の変化に起因すると分析される。つまり，上記の子育てや保育環境，ワーク・ライフ・バランスなどは，結婚後のカップルに関連する問題であり，出生率低下の約 10％の原因である初婚行動以外の変化，すなわち夫婦の出生行動や離婚・再婚等に含まれる問題である。

　もちろん育児環境の改善や働き方の変革などは，未婚の若者たちに結婚し，家族形成をしても良いのではないかという気持ちを起こさせるかもしれないが，それよりもより結婚行動に積極的になれるための支援や対策に目を向けるべきものと考える。こうした観点を，少子化対策に中に組み込んで行こうとしたのが，「少子化危機突破タスクフォース」での議論である。

第2節　「少子化危機突破タスクフォース」

　これまで多くの少子化問題対策のための大臣が選出されてきたが，その下でも毎回のごとく有識者会議が構成され，少子化に関する問題の考察，検討，対策がなされてきている。有識者会議が構成されるたびに報告書が作成されてきたといっても過言でない。では，2013年3月に内閣府に設置された「少子化危機突破タスクフォース」とこれまで有識者会議と異なる点はいかなるものであろうか。

　「少子化危機突破タスクフォース」設置の趣意書によると，「これからの若い世代が家族を形成し，子育てに伴う喜びを実感できると同時に子どもたちにとってもより良い社会を実現するため，結婚・妊娠・出産・育児における課題の解消を目指すとともに，家族を中心に置きつつ，地域全体で子育てを支援していく取組の推進等について検討を行うため，少子化危機突破タスクフォースを開催する」とある（内閣府　2013b）。

　ここで検討する事項については，
① 家族形成に関する国民の希望が叶えられない次の阻害要因の解消方策
　　・「結婚・妊娠・出産・育児」の4つの段階の阻害要因
　　・「出産・育児」については，第1子，第2子及び第3子以降ごとに異なると考えられる阻害要因
② 家庭と地域における子育ての向上に向けた支援の在り方
③ 早急に取り組むべき具体的方策
④ その他取組みの推進に必要な事項

の4点が挙げられた。そして，「少子化危機突破」のための提案として，少子化の現状が，わが国の社会経済の根幹を揺るがしかねない状況であり，少子化対策をこれまでよりも一歩進め，「新たなステージ」へ高める観点から，『少子化危機突破のための緊急対策』に早急に取り組むべきとしている。

　その対策に対する基本的な考え方としてこれまでの少子化対策は，「子育て支

援」と「働き方改革」を中心に取り組んできており,『子ども・子育て関連3法』の成立や「仕事と生活の調和（ワーク・ライフ・バランス）憲章」の策定などを進めてきた。そして対策の多くが，待機児童解消や，長時間労働の抑制等が大切な対策とされてきた。当然，こうした局面についての更なる強化が必要であろう。

こうした点に加え，少子化の最大の原因である，「結婚・妊娠・出産」に係る課題については，これまでの取組は力点をおいてこなかったのが現状である。そこで少子化危機突破タスクフォースでは，緊急対策として以下の3つの柱を建て，その強化をすすめることにしている。

1. 「子育て支援」の強化

　①「子ども・子育て支援新制度」の円滑な施行／②「待機児童解消加速化プラン」の推進／③多子世帯への支援／④地域や職場等における「子育て支援」の推進

2. 「働き方改革」の強化

　①子育てと仕事の両立が可能な職場環境づくり／②中小企業における仕事と子育ての両立の取組促進／③企業における女性の登用の促進／④ロールモデル等の普及／⑤男性の働き方

3. 「結婚・妊娠・出産」支援

　①地域や職場での結婚・妊娠・出産支援の推進／②妊娠・出産等に関する情報提供，啓発普及／③妊娠・出産に関する相談・支援体制の強化／④「産後ケア」の強化／⑤地域医療体制（産科・小児医療）の整備／⑥不妊治療に対する支援

「子育て支援」と「働き方改革」はこれまでの大臣の下でも同様に推進されてきたポイントである。「結婚・妊娠・出産」については，未婚化，晩婚化，晩産化が出生力低下の重要な原因であるという認識から，今回の有識者会議で強く認識された点である。ことに，晩婚化と晩産化が進行している現状では，リプロダクティブ・ヘルスライツの確保の観点からも，正確な再生産に関わる情報提供も重要なことであるとしている。こうした三点の支援を確実なものにして

いくために，さらに国民への情報発信の強化や地域の実情に合わせた政策の立案といった人口問題に関する認識の醸成や地域プランへの支援，そして子ども・子育て支援新制度等の財源確保や「次世代育成支援対策推進法」の延長・強化の検討を求めている（内閣府 2013b）。

このように，わが国の少子化対策は子育て・育児支援，労働環境の整備，男女共同参画などの推進といった周辺的な対策から，少子化の原因である結婚の問題，結婚タイミングの問題，そして出産タイミングの問題など未婚化，晩婚化，晩産化に視点を移行させはじめたと言えよう。

森まさこ少子化担当大臣のもと 2013 年 3 月から組織された「少子化危機突破タスクフォース」は数度にわたる慎重な議論を経て，同年 5 月 28 日に「少子化危機突破のための提案」報告書をまとめた（内閣府 2013c）。まず，少子化問題についての基本認識として，まずわが国は，社会経済の根幹を揺るがしかねない「少子化危機」とも言うべき状態に直面していること。そして，少子化対策を「新たなステージ」へ高める観点から，『少子化危機突破のための緊急対策』に早急に取り組むべきであると指摘している（内閣府 2013c）。これらの認識の背景として，少子化の問題が結婚や妊娠，出生など個人の考え方や価値観に関わるものであり，個人の自由な選択が最優先されるべきではあるが，少子化の現状は，これからの社会経済システムに深く影響を及ぼし，社会保障費の増大，経済成長への深刻な影響が懸念されるという憂慮がある。

緊急対策として，前述したように，これまでの少子化対策が中心に置いてきた「子育て支援」と「働き方改革」に加えて「結婚・妊娠・出産支援」を対策の柱として打ち出すとしている。そうすることにより，結婚・妊娠・出産・育児の「切れ目のない支援」と，「第 1 子・2 子・3 子以降」のそれぞれに対応した支援の総合的な政策を充実・強化し，支援の「新たなステージ」への移行を狙うとしている。

具体的な対策としては，まず「子育て支援」では，2012 年に成立した「子ども・子育て関連 3 法」[1]を円滑に施行するための総合的な推進体制の整備，「待機児童解消加速化プラン」の推進，多子世帯への支援，地域・職場の「子育て支

援ネットワーク」づくりを挙げている。第2の「働き方改革」については，子育てと仕事の「両立支援」，中小企業の両立支援促進，企業による「女性登用」，女性のキャリア形成のためのロールモデルやメンターの普及，男性の働き方の見直しとして長時間労働の抑制や柔軟な働き方によるワーク・ライフ・バランスの推進を行う。そして第3の矢としての「結婚・妊娠・出産支援」に関しては，①若者の経済的安定の確保の推進や新婚世帯に対する経済的支援等を含む結婚・妊娠・出産支援の「全国展開」を行う。②妊娠・出産等について，女性及び男性双方を対象にした正確な情報提供と啓発普及を推進するために「情報提供・啓発普及のあり方に関する研究班」を設置し，具体的な施策の検討を行う。③「女性健康支援センター」等地域の「相談・支援拠点」を設置する。④出産後，産院退院後の悩みや孤立の解消のため「産後ケア」の強化を検討する。⑤地域医療体制（産科・小児医療）の整備，そして⑥不妊治療に対する支援，の6点を挙げている（内閣府 2013c）。

　これらの緊急対策を実施していくために，「少子化危機」に関する国民的な認識の醸成と各地方自治体の実状に即した「地域・少子化危機突破プラン（仮称）」の公募などを実施し，少子化対策の地域レベルでの取組みを推進・加速化する必要があるとしている。その裏付けとなる財源の確保も不可欠であるため，消費税引き上げによる財源（0.7兆円）を含め1兆円超程度の財源を求めている（内閣府 2013c）。また同時に2014年に期限切れとなる「次世代育成支援対策推進法」の10年間の延長・強化を決定した。

　少子化危機突破タスクフォースがまとめた「少子化危機突破のための提案」は，少子化社会対策基本法（2003年9月施行）に基づき設置された少子化社会対策会議において，「少子化危機突破のための緊急対策」として2013年6月7日に決定された（内閣府 2014a）。この会議は，総理大臣を会長とし，全閣僚が構成員となるものである。更に，その内容は2013年6月14日に「経済財政運営と改革の基本方針～脱デフレ・経済再生～」（骨太の方針）の「第2章 強い日本，強い経済，豊かで安全・安心な生活の現実」の中に「③少子化危機突破」として「……子育て支援の強化，働き方の改革，結婚・妊娠・出産支援の

三本の矢からなる,『少子化危機突破のための緊急対策』を着実に実行する」という文言が明記された（内閣府 2014b）。「骨太の方針」に加えられるということは，政府の政策としての実行優先度が上位に位置づけられるということであり，そのための予算措置が行われることを意味する。

　この「骨太の方針」に続いて，安倍内閣は，わが国の経済の再生に向けて経済財政諮問会議との連携の下，デフレから脱却し強い経済を取り戻すため，必要な経済対策を講じるとともに成長戦略を実現することを目的として，日本経済再生本部を設置した。そして，日本再生のための指針として 2013 年 6 月 14 日に「日本再興戦略—JAPAN is BACK—」をまとめた。

　この中の「女性の活躍推進」（第 II 章，第一節，第 2 項④）に，「少子化社会の問題は社会経済の根幹を揺るがしかねない状況に直面していることから，子育て支援強化，働き方改革に加え，『少子化危機突破のための緊急対策』（本年 6 月 7 日少子化社会対策会議決定）に基づき，妊娠・出産等に関する情報提供や産後ケアの強化など，結婚・妊娠・出産に関する支援を総合的に行う」と記されることとなった（内閣府 2014c）。これにより，今後のわが国において総合的な少子化対策について国をあげて取り組むべき課題として認識されたことを意味する。

　以上のようにこれまでの少子化対策と比較して，第 2 次安倍内閣ではかなり積極的に取り組むべき姿勢を示したこととなる。森まさこ少子化対策特命大臣の下に組織された「少子化危機突破タスクフォース」は 2013 年 6 月で当初の議論を終了し解散することとなった。

第 3 節　「少子化危機突破タスクフォース（第 2 期）」

　第 1 期の少子化危機突破タスクフォースは前述のように，「少子化危機突破のための緊急対策」をまとめ，その対策は少子化社会対策会議で承認された。この諸対策を着実に実施することを目的として，緊急対策に基づく具体的な施策

の推進等について検討ならびに，施策の効果等の評価に資するために，少子化危機突破タスクフォース（第2期）が2013年8月27日に発足した（内閣府 2014d）。第2期のタスクフォースは，緊急対策に掲げられた対策について，具体的な施策の推進等についての検討と行程表の作成等を行う「政策推進チーム」と，緊急提案の中に妊娠・出産等に関する情報提供・啓発普及のあり方を検討し，具体的な施策を検討するための研究班の設置が盛り込まれていたが，それを担当する「情報提供チーム」の2チームに分けられた（内閣府 2014e）。

政策推進チームでは，安倍内閣の「安心して子供を産み育てやすい国づくり」という基本方針に沿って，少子化危機突破タスクフォースで議論を積み重ねてきた現実的かつ実効性のある少子化対策を推進するために，消費税引き上げに伴う経済対策および2014年の予算編成の前に，「緊急提言」をまとめた。それが2013年11月26日付で出された「少子化危機突破のための緊急提言」である（内閣府 2013c）。この提言では，まず第1に，都道府県に対する少子化危機突破基金を創設し，都道府県あるいは市町村のそれぞれの地域の実情に即して結婚・妊娠・出産・育児の切れ目のない支援に取り組める体制をつくることを提唱している。第2に，次世代育成支援対策推進法を延長・強化すること，第3に「残業ゼロ」に向けた長時間労働の抑制，第4に若者の雇用対策充実と地域活性化を挙げている。第5は子育て支援の充実であり，「保育緊急確保事業」ならびに「待機児童解消加速化プラン」に財源を確保すること，第6に子育てを支援する税制の検討等をリストアップした。

情報提供チームでは，有識者ヒアリングや国内外の事例調査・分析を行い，結婚や出産等，再生産行動に関わる情報提供・普及啓発の内容や提供方法について検討を行った。その結果，以下の4点に留意した情報提供を行うことが大切であるとした。まず，妊娠・出産等再生産に関わる内容に関しては，非常に多種多様な情報が氾濫しているため，医学的・科学的に正確な「正しい情報」を提供することが大切であるということ。こうした「正しい」情報については，医師や研究者など専門家の役割が重要である。第2に，妊娠・出産という再生産行動は，あくまでも個人の決定にもとづくものであり，個人が生涯に渡って

自らの健康を主体的に確保することを尊重することが基本であるという認識の共有が重要である。しかし，情報の提供や啓蒙の不十分さから「知らなかったから選択できなかった」という状況を無くすため，個人の自由な選択を可能とするための情報提供を実施していくべきであるとしている。第3点は，妊娠・出産等に関わる正確で科学的な情報は，国民の関心をひかず埋もれてしまいがちになる傾向がある。情報の正確性と社会的関心の間に二律背反が存在することもあり，インフルエンサー（周囲に影響を与える存在）の活用など工夫しながら，「社会的関心の喚起をはかる」ことが大切である。第4点として，再生産に関わる様々な情報は，子育て世代のみならず，家族，職場の同僚や上司，そして時代の若者など広範な国民を対象として提供する必要がある。自治体，教育現場，職場などの場面で正確で科学的な情報を提供するために専門家や専門機関と連携し，誰もが必要な時に容易に正しい情報にアクセスできる環境の確保が必要であるとしている。

　こうして2チーム体制で，少子化にたいする緊急対策の実施方などを議論，検討している。時を同じくして，政府においては少子化危機突破のための緊急提案に対応した2014年度予算ならびに補正予算の編成がおこなわれた。

　緊急提案に関わる項目は，多岐に渡り，それゆえ予算計上はいくつもの省庁に広がっていくこととなる。緊急提案に関わる2014年度予算および補正予算をまとめたものを見ると，最も予算額が大きいのは「子育て支援の充実」のなかの厚生労働省関連の「待機児童解消加速化プランの推進」，ならびに内閣府の「保育緊急確保事業の実施」である。このように，従来の少子化問題対策として，必ず議論される子育て支援が予算の中でも大きな部分を占めているのである。「働き方」については，「残業ゼロ」に向けた長時間労働の抑止に関して，内閣府と厚生労働省にわずかながらの予算が配分されている。今回の少子化危機突破タスクフォースの成果として注目したいのは，内閣府に補正予算として新規についた「少子化危機突破基金の創設」(30.1億円) である。

　この基金は「地域における少子化対策の強化」と名称を変え，新規事業「地域少子化対策強化交付金」として都道府県に上限4000万円，市区町村に上限

800万円～2000万円（政令指定都市・中核市・特別区）を交付することとなった。補助率は10分の10，つまり全額の交付である。

事業目的は，わが国の危機的な少子化問題に対応するため，結婚，妊娠・出産，子育ての一貫した「切れ目のない支援」を行うこと目的に，地域の実情に応じたニーズに対応する地域独自の先駆的な取り組みを行う地方自治体を支援するとしている。その際，都道府県では，地域の実情に応じた支援を行うための計画を策定し事業を実施することが求められ，市区町村は，都道府県が定める計画に沿って独自の計画を作成する必要がある。都道府県は各市区町村の事業を支援することとしている。地方自治体が定める計画には，切れ目のない支援を行うための仕組みの構築，結婚に向けた情報提供等，妊娠・出産に関する情報提供等，結婚，妊娠・出産，子育てをしやすい地域づくりに向けた環境整備の4点を盛り込む必要がある。この事業の実施については，内閣府と都道府県，市区町村が事業計画の策定とそれに対する補助を通して連携することにより，少子化対策の相乗効果をあげることが大切であるとしている（内閣府2014f）。

少子化危機突破タスクフォース（2期）では，前述の第1期の成果として得られた「少子化危機突破のための緊急対策」に盛り込まれた対策と問題点に焦点をあて，より実行できる形で議論を進めていった。「政策推進チーム」では緊急対策をより具体的に遂行するための議論と，それらに関連する予算についての検討等を，第1期のタスクフォースで「情報提供・啓発普及のあり方に関する研究班」の設置が必要として立ち上がった「情報提供チーム」では，結婚，妊娠，出産に関わる科学的で正確な情報提供を行うことで，リプロダクティブ・ヘルス／ライツの確立とともに，若い世代のライフプラン設計の参考となる情報をいかに提供・啓蒙していくかという議論をすすめてきた。これらの成果が，新規事業「地域少子化対策強化交付金」（30.1億円）として予算化され，緊急対策が実施されていくことになったのである。

第4節 「少子化危機突破タスクフォース (第2期)」の取りまとめ

　2013年3月に内閣府特命担当大臣 (少子化対策担当) のもとで組織された第1期の少子化危機突破タスクフォースならびに2013年8月からの第2期タスクフォースにおいて, 様々な少子化をとりまく諸問題について議論をし, 可能な限りの対策を考察し, かつ予算ならびに補正予算に盛り込むように要望を出してきた。その議論の過程において, 地方公共団体や企業, 諸外国の事例などについてのヒアリング, また医師や助産師などの医療従事者や広報関係者等々多くの方々からの意見などを集約してきた。

　緊急対策に対する予算措置の他, 2014年度の当初予算として, 「妊娠・出産包括支援モデル事業」, 「妊娠・出産等に関する情報提供・啓発普及事業」, 「仕事と育児が両立可能な再就職支援事業の実施」などが盛り込まれ, 子育て支援, 働き方改革, そして結婚, 妊娠, 出産支援という第1期タスクフォースからの懸案が事業としてこれまでよりも拡充されることとなった。

　こうした成果を踏まえ, 第2期のタスクフォースの「取りまとめ」では, 社会経済の根幹を揺るがしかねない「少子化危機」と言うべき状況にわが国が直面していることを認識し, 更なる少子化対策を加速化させるために, 早期に実効性のある対策を打ち出す必要があると強調している。そのために, 以下の7項目の課題と3項目の提言を提示している (内閣府 2014g)。

　「今後の取り組むべき課題と進むべき方向性」としては,

1. 都市と地方のそれぞれの特性に応じた少子化対策

　　都市と地方では異なる問題が存在している。都市では著しい低出生率や若者の高い未婚率, 待機児童, 子育てと仕事の両立の困難の諸問題があり, 地方では就学や就職による若者の都市への流出や, 出生数の減少などによる人口減少という異なる問題が存在する。都市と地方のそれぞれの特性に応じた少子化対策に国と地方自治体, 都道府県と基礎自治体がそれぞれ連携し一体となって取り組む必要がある。

2. 少子化対策のための財源の確保

　少子化を反転させたフランスやスウェーデンなどの欧州諸国では，家族関係社会支出は対 GDP 比で 3％超であるが，わが国は 1％程度にとどまっている。抜本的な少子化対策に取り組むためには，まずは対 GDP 比 2％の財源の更なる確保が必要である。また，社会保障財源の配分が年金，医療，介護に大きく傾斜し，次世代への投資にバランスを欠いている点などの問題がある。対策の効果を国民と共有し，国民からの支持を高めるよう努力するとともに，その負担とそれにより受けられる支援を「見える化」し，必要な財源を確保していく必要がある。

3. 結婚・妊娠・出産・育児の「切れ目のない支援」のための地域少子化対策強化交付金の延長・拡充

　2013 年度補正予算により創設した「地域少子化対策強化交付金」は，都市と地方のそれぞれの特性に応じた，結婚・妊娠・出産・育児の「切れ目のない支援」のための取組を支援するものである。この交付金は，地方自治体の多様なアクションを促進する前提となるものであることから，2015 年度以降についても継続及び拡充する必要がある。

4. 妊娠・出産等に関する正確な情報提供

　妊娠・出産等に関する情報提供・普及啓発の内容，提供手法については次の 4 点に留意した情報提供を行うことが重要である。

4-1 医学的・科学的に正しい情報提供

　　発信する情報の内容は，医学的・科学的に正確なものであるべきであり，妊娠と年齢の関係や男性不妊，ライフスタイル，摂食障害，体重，喫煙なんどのリスクファクター等を含めた正しい情報提供を行うべきである。

4-2 個人の自由な選択尊重

　　妊娠・出産は個人の決定に基づくものであり，生涯にわたって自分の健康を主体的に確保，自己決定することを尊重することが基本である。「知らなかったから選択できなかった」ということをなくし，個人の自

由な選択を可能とする観点から情報提供を実施する。

- 4-3 社会的関係の喚起

  正確で科学的な情報は，ともすれば国民の関心をひかず埋もれてしまいがちである。社会的関心の喚起をはかることが必要である。

- 4-4 誰もが正しい情報にアクセスできる環境

  自治体，高校，大学等の学校教育の場，職場等における情報提供も重要であり，専門家や専門機関と連携し，誰もが必要な時に正しい情報にアクセスできる環境の確保が必要である。

5. 少子化危機突破の認識共有に向けて

   - 5-1 社会全体における認識共有

     結婚や出産はあくまでも個人の決定に基づくものではあるが，少子化対策の効果を高めるためには，結婚，妊娠，出産，育児をめぐり，行政をはじめとして，国民，企業，学校，メディアなど全てのステークホルダーの意識改革が重要であることから，広く少子化危機突破の認識が共有されるための取組を展開する必要がある。

   - 5-2 企業における認識共有

     企業，特に，企業トップの意識改革が重要である。若い社員が結婚し，子育てできる環境整備に努めることが求められる。女性の活躍促進の観点からも，男女双方の時間外労働の問題等の働き方について，労働時間法制の見直しが必要である。配偶者控除の見直しや家事育児支援サービスの支援など企業優遇税制，少子化対策に積極的に取り組む企業や子育て中の個人を支援するための税制について継続的な検討が必要である。

6. 施策の整理・検証（「CAPD」サイクルの実施）

   少子化対策を効果的に進めていくために，まず既存の関連施策を一度棚卸し（Check）し，効果的なものを実行し（Action），改めて次の施策を策定し（Plan），施行する（Do）という手順で進めることが重要である。

7. 少子化対策の目標のあり方の検討

目標について議論する際には，結婚，出産はあくまでも個人の自由な選択や決定に基づくものであり，個人に対して，特定の価値観を押し付けるかのようなメッセージとならないように留意する必要がある。目標は，個人に対するものではなく，あくまでも政府や企業にむけたものであることを改めて明確にし，このことを国民に対して丁寧に説明するとともに，目標を実現するための政策手段やプロセス，目標に到達した際の社会の姿について示すことが必要である。

以上7点の「課題」に続いて，「取りまとめ」では，以下の3点の「提言」を行っている。

提言1. 新しい大綱の策定に向けた検討

少子化社会対策の大綱については，少子化社会対策基本法に基づき，政府の総合的，長期的な少子化に対処するための施策の大綱として策定されたが，2014年度で5年が経過するため，新しい大綱の策定に早期に着手する必要がある。残業時間や，税制についての検討を進めるための研究会を立ち上げる必要がある。

提言2. 少子化対策集中取組期間の設定と施策の総動員

少子化対策に集中的に取り組むべき期間の設定とともに，地域少子化対策強化交付金のレビューも含め「CAPD」サイクルを回すことが必要である。都市と地方の相違から，従来の子育て支援を中心とした少子化対策のみならず，地域活性化，女性の活躍促進，若者の雇用対策，定住促進等の関連政策との連携など，様々な施策を総動員した，政府内に戦略本部を置くなど政府を挙げた抜本的な少子化対策を目指す。

提言3. 残された課題に対する議論の深化

少子化対策における目標の設定については，施策の効果検証，国民の意識改革の観点から必要であるが，人権に配慮し，あくまでも国の目標であり，個人にプレッシャーを感じさせないようにすべきであるとしている（内閣府2014g）。

以上のような「取りまとめ」をまとめ、「少子化危機突破タスクフォース（第2期）」の議論は終了することになった。2014年9月には、第2次安倍内閣の初めての内閣改造があり、森まさこ少子化対策特命大臣は退任し、後任として有村治子参議院議員が任命された。このように、2013年3月からの第2次安倍内閣での少子化対策は、従来の子育て・育児支援、働き方改革に加え、少子化の原因の大部分を占める、再生産年齢期間に属する青年達の未婚問題や晩婚化問題、そしてそれに伴う晩産化の問題として「結婚・妊娠・出産」の局面にフォーカスを当ててきた。また、地域ごとに異なる状況を鑑み、少子化対策の柔軟な対応も必要であることが明らかとなり、それに対する財政的支援も行うようになったのである。森前大臣のもとでの「少子化危機突破タスクフォース（第1期・第2期）」で行われた議論や少子化対策の基本的方向性は、有村大臣にも引き継がれ、更なる効果的な少子化対策が推進されていくものと期待したい。

　2014年9月の安倍改造内閣には、内閣府特命担当大臣として少子化対策の他に、地方創生担当（国家戦略特別区域）が設置された。この担当として、石破茂衆議院議員が選任された。地方創生については、2014年5月に日本生産性本部が設置した「日本創生会議」による「ストップ少子化・地方元気戦略」という報告書により、このままの少子化状態が継続するとわが国の多くの自治体が消滅する可能性があること、その結果、日本人口も激減し、これまでの社会システムを維持することが不可能になることなどから、急激に少子化対策の議論が高まった背景がある。この少子化現象を食い止めるために、数値化目標を設定し、それを達成するための対策を行うべきとの議論も同時に展開されるようになった。事実、「少子化危機突破タスクフォース（第2期）」においても、同様の議論が行われ、かつ「CAPD」サイクルといった品質管理的手法の発想を導入しようとする動きも発生していた。

　少子化問題は、昨今に発生したものではなく、またその変動の修正には、社会文化的な価値観の問題、家族観の問題、世代間の関係の在り方等々、多種多様な要因が横たわっている。以下では、今後の少子化対策、あるいは人口減退対策に関しての問題について、考察を行っていくことにする。

第5節　少子・高齢化，人口減少への対応としての数値目標

　冒頭に述べたように，わが国の合計出生率は 1974 年に「人口置換水準」を割って以来，一度もその水準に戻ることなく低下を続け，2005 年には戦後最低の 1.26 となった。この出生率の水準は，「超低出生（very low fertility）」状態にあるといわれ先進国の中でも最低水準である（Caldwell and Schindlmayr 2003）。その後 2006 年から出生率は反転し，2013 年には 1.43 まで回復したが，2013 年の 102 万 9,800 人という出生数は 2005 年の 106 万 3 千人よりも少なく，これは出産可能な女性人口の減少による。さらに，この間の出生率の変動の大部分は，これまで先送りされていた出生が取り戻された一時的な変動である可能性が高く（金子 2010），今後の出生率の見通しは依然として不透明である。

　合計出生率が 1.5 以下になった国がその後その水準まで回復したことがないという事実は「低出生の罠（low-fertility trap）」（Lutz et al. 2006）と呼ばれ，低い出生率の帰結としての母親人口の減少，高齢化の進展，若者の期待所得の減少が低出生率状況を継続させ，結婚・出産に対するコストを高めることからますます低出生から抜け出すことが出来ないとされる。わが国が「低出生の罠」から逃れられるかは，「少子化危機突破タスクフォース」でも議論してきたように，若者を取り巻く社会・経済環境，その帰結としての結婚・出生行動についての今後の動向をいかに転換できるかにかかっている。

　長期的に低い出生率の中で，わが国の人口は 2008 年の 1 億 2,808 万 4 千人をピークに人口減少時代に突入した。人口減少の規模は，2010 年代では毎年 30〜50 万人ずつ減少し，その減少規模は年を経るごとに増加し，2040 年代には年間 100 万人の減少となることが推計されている（国立社会保障・人口問題研究所 2012）。それに伴い，高齢化率は 2010 年 23% から 2060 年には 39.9% へと増加する。65 歳以上人口は 2042 年の 3,878 人をピークにその後減少するが，他の年齢層の減少の規模が大きいため，高齢化率は増加し続けることになる。

　このような少子・高齢化の進行に対する対応策として，3 つの方策が考えら

れる。第一は，この少子化の流れをくい止めるための積極的な対策を行う。例えば，EU などで行われている家族・労働政策，日本の少子化対策など。第二は，増大する高齢者の福祉の向上と年金支給年齢の引き上げ・支給水準の切り下げ，介護予防施策や本人負担などによる社会保障負担の軽減，第三は，少子・高齢化は国民の選択の結果であることを受け止め，減少していく人口の中で国民の幸福が達成されるような社会の構築が求められるといったミクロ的視点による対応である。第二と第三の対応についてはここでは別稿に譲ることとし，ここでは第一の少子化の流れをくい止めるための積極的な対策と出生率や人口の数値目標について考えたい。

　第 1 章に述べられているように，わが国では 1990 年の「1.57 ショック」により少子化の深刻さが認識され，1994 年の「エンゼルプラン」，「緊急保育対策 5 か年事業」からいわゆる少子化対策が開始された。その後，保育事業を中心に雇用環境や働き方の改善を含めて広範な分野で対策が展開されており，近年では市町村・都道府県といった特定事業所や一定以上の従業員規模等をもつ一般企業に対して行動計画の策定を義務化し，事業量（施設数・定員数）などのアウトプット指標や利用数・満足度などのアウトカム指標についての数値目標の設定を促すなどエビデンス・ベースドな対策を推進している。

　このような流れの中で，2014 年に入り人口や出生率に関する数値目標を掲げる動きが官民の両方で出てきている。まず，全国的な議論を巻き起こした日本生産性本部「日本創生会議」の「ストップ少子化・地方元気戦略」がある（2014 年 5 月 8 日公表，座長：増田寛也東京大学大学院客員教授，以下「増田レポート」）。「増田レポート」では，「ストップ少子化戦略」（国民の希望出生率の実現，子育て環境と企業の協力，男性の育児参加など），「地方元気戦略」（東京一極集中への歯止め，地域の多様な取り組みを支援），「女性・人材活躍戦略」（女性，高齢者，海外人材の活躍推進）の 3 本柱で人口減少の深刻な状況を国民の基本認識にし，長期的かつ総合的な視点から政策を迅速に実施することを提言している。また，市区町村別に 20〜39 歳女性人口の将来推計を行い，2040 年の同女性人口規模が 50％以上減少する自治体を「消滅可能性」のある都市とし

て認定している(日本創生会議 2014)。同レポートは人口問題に関する全国的な議論を巻き起こす結果となり,「消滅可能性」都市と認定された市区町村はその対応に追われるなど,「増田ショック」とも呼ばれる衝撃を与えた。同レポートでは,基本目標の中で「国民の『希望出生率』の実現」として出生率の数値目標を掲げ,「結婚をし,子どもを産み育てたい人の希望を阻害する要因(希望阻害要因)の除去に取り組む」(日本創生会議 2014)としている。「希望出生率」は合計出生率換算で 1.8 と試算されており,2025 年に 1.8,2035 年に 2.1 となった場合,総人口は 2095 年に約 9,500 万人規模になり,高齢化率は 26.7% となると試算している。

　また,内閣府の経済財政審会議の専門調査会である「選択する未来」委員会[3]は 2014 年 5 月 13 日にこれまでの議論の中間整理(案)として「未来への選択〈これまでの議論の中間整理〉」を公表した(「選択する未来」委員会 2014)。現状のままの出生率では今後 50 年間は人口減少社会が継続し,経済規模の縮小,人口オーナスと縮小スパイラル,格差の固定化・再生産,地方自治体の 4 分の 1 以上が消滅可能性,東京の超高齢化,財政破綻リスク,国際的地位の低下が生じるとしている。そのための対応として,①「希望を実現できる環境(理想子ども数 2.4 人,現実は 1.7 人)をつくり,50 年後に 1 億人程度の安定した人口構造を保持する,②「経済を世界に開き,『創意工夫による新たな価値の創造』により,成長し続ける」,③年齢,性別にかかわらず意欲のある人が働ける制度を構築し,女性,若者,高齢者がこれまで以上に活躍できる」,④「『集約・活性化』と個性を活かした地域戦略を進め,新しい発想で資源を利活用し,働く場所をつくる」,⑤基盤的な制度(社会保障・財政),文化,公共心など社会を支えている土台を大切にする」といったことを目指している(「選択する未来」委員会 2014)。「50 年後に 1 億人」の根拠となるのは,2030 年に合計出生率が 2.07 まで上昇した場合,2060 年には 20 歳未満 20.7%,20〜64 歳 46.3%,65 歳以上 33.0% となり,年齢階層間の不均衡は,現在の推計結果よりも解消すると推計されることである。そのために,「抜本的少子化対策」として,子どもを持つことによる経済的負担を最小限にとどめるための制度・仕組みの見直し,

資源配分の重点を高齢者から子どもへ大胆に移行し,出産・子育て支援を倍増（費用は現世代で負担）。さらに「子どものための政策推進と意識変革」として,少子化対策を子どものための政策という視点から見直すとしている。具体策は2014年度末に最終報告で示される予定となっている。

「選択する未来」委員会の提言を受けて,政府は「経済財政運営と改革の基本方針2014〜デフレから好循環拡大へ〜」（いわゆる「骨太方針」2014年6月24日閣議決定）の中で,「日本の未来像に関わる制度・システムの変革」の望ましい未来像に向けた政策推進の一つとして「人口急減・超高齢化に対する危機意識を国民全体で共有し,50年後に1億人程度の安定した人口構造を保持することを目指す」として人口政策目標を掲げている（内閣府 2014）。また,「地方創生」という観点から,首相官邸に「まち・ひと・しごと創生本部」を設置し,「人口急減・超高齢化」に対応するために「政府一体となって取り組み,各地域がそれぞれの特徴を活かした自律的で持続的な社会を創生すること」を目的としている（首相官邸 2014）。創生本部では「若い世代の就労・結婚・子育ての希望実現」,「『東京一極集中』の歯止め」,「地域の特性に即した地域課題の解決」を3つの視点として掲げ,「魅力あふれる地方を創生」することを目的として担当大臣を設置,有識者懇談会などを行い,2014年11月に「まち・ひと・しごと創生法案」等の地方創生関連2法案が可決・成立した。

このような人口減少に対する政府の対応や地方創生に関する議論は,「増田レポート」から始まり,政府の動きはその延長線上にあるといえる。同レポートでは,「消滅可能性」などの衝撃的な文言を用い,より社会に対するインパクトを与える方針で議論を引き起こし,「選択する未来」委員会では政府へ提言を行うことで「骨太方針」に反映させることで政策転換を促した。「地方創生」という観点から,「まち・ひと・しごと創生本部」において「増田レポート」の提言が採用され,人口減少に対する出生率を上昇させる施策,東京一極集中への歯止め,地域特性による地域課題の解決を具体的に行っていく方向性となっている。

これらの政策の実現によって,国民が希望する結婚・出生が実現されること

で人口減少の程度が緩和され，地域社会に活力が戻ることは望ましいことである。しかし，人口減少対策として合計出生率の目標値が設定されていることには違和感があり，適切であるとはいえないと考える。以下に主要な論点について述べてみたい。

第一に，結婚・出産というイベントは極めて個人の選択に関わる問題であるため，出生率の設定は，女性が持つ「べき」子どもの平均的な数を規定することになり，個人の選択の権利を制限する可能性が高く，目標を設定すること自体が女性に対する社会的圧力を与える可能性がある。総人口の目標値を設定した場合も，現在の政府が移民による人口減少対策に対して積極的ではないことから，結果として出生率の変動に依存することになるため，同様の意味において適切ではないと考える。むしろ，子どもを持つことによる経済的・心理的負担の軽減などへの間接的な対応によって行われることが求められ，子どもを持つ，持たないにも関わらず多様な生き方が受容されるような価値観を広めることも重要である。科学的にどのような出生率水準であれば，人口がどのぐらいになるという試算程度にとどめておき，目標値として設定する必要はないと考える。

第二に，合計出生率を目標値に用いることの人口学的意味についての懸念である。合計出生率は，ある期間（またはコーホート）について女性の年齢別出生率を再生産期間（15～49歳）にわたって合計した数値であり，算出された値は，女性集団がその年齢の間死亡することなく，当該の年齢別出生率にしたがって子どもを生んだ場合に，最終的に生む1人当たりの平均の子ども数として解釈できる，いわゆる「仮設コーホート」の考え方を含んだ指標である（人口学研究会 2010）。純粋な意味における「1人当たりの平均子ども数」ではない。また，合計出生率には，単年でみた「期間」合計出生率と女性の生まれ年でみた「コーホート」合計出生率がよく使われる。前者は，ある時点における様々な世代の年齢別出生率の合成値であるため，晩婚化や晩産化が生じている場合，タイミング効果によって1人当たりの平均子ども数を適切に示すことができなくなる（人口学研究会 2010）。一方で，後者は女性の生まれ年別の年齢別出生

率を合計することから，合計出生率の意味においては適切な指標といえるが，49歳までの観察に35年を有し，出生率が高い20代から30代前半の世代が最終的に平均的に何人の子どもを持つのかについて高度な知識と経験と判断が必要になる。よって，安易に予測できるような指標ではないといえる。

第三に，合計出生率は女性集団の平均的な出生率を合計している集計値であり，人口全体の動向を示す数値であるにも関わらず「女性個人」の問題として誤解されることが懸念される。集計値を個人の特性として解釈することを「生態学的誤謬」といい，測定水準が異なる対象への提言としては不適切であり，集計データを用いて「個人の生き方」に介入することは避けられるべきであり不適切であると考えられる。

第四に，国際的動きとして，1994年の第5回国際人口開発会議（カイロ会議）における「リプロダクティブ・ヘルス／ライツ」からの流れがある。リプロダクティブ・ヘルスは保健ニーズに関する概念として，家族計画，避妊法，望まない妊娠，中絶，不妊治療など母子保健を抱合する概念である。一方，「ライツ」は1985年の国連国際女性会議（ナイロビ会議）を通じて国際的に広まった概念であり，女性が出産の有無，タイミング，子どもの数についての決定権をもつことを示し，その権利行使のための情報，教育，質の高いサービスを求める運動を示す。第2次大戦後，国連を中心に行われてきた政府主導の家族計画による人口増加抑制を求める人口政策的アプローチは，カイロ会議以降はほぼ行われなくなっており（阿藤 2000），出産に関わる決定権は個人（女性）にあるというのが現在の国際的合意である。それゆえ政府が数値目標値を立てて，出生率を上昇させようとすることは適切ではないと考える。また，合計出生率をある国の出生率の水準を示す指標として考え，その他の社会経済的要因（女性の労働力率との関係や人間開発指数など）との関係で論じる研究分野がある。[4] そのような研究から得られる提言としては，出生率そのものを目標として数値設定をするのではなく，女性のエンパワーメント（能力）を向上させることによって，女性の自立した生き方や自己決定権を保証するという文脈のもとで，女性の就業支援などを積極的に行っていく中で，希望する子ども数の実現が可

能となり結果として出生率の回復につながるという考え方による。

　第2次安倍政権下の「少子化突破タスクフォース」においても，先に述べたように数値目標に関する議論が行われたが，多くの議論の末，結果的に数値目標の設定は見送られている。その議論過程を示した「少子化社会対策の目標のあり方に関する議論の整理（案）」では（内閣府 2014i），①政策評価のためになんらかの数値目標が必要，②その数値目標は政府の危機感や覚悟・本気度を示すための指標として使用する，③出生率が目標となる場合，女性への社会的圧迫や固定的な家族観念の押しつけになるといった論点が示されている。①の目標の必要性については，長期的な人口減少が見込まれる中で少子化対策も長期にわたることが想定されることから，政策評価システムであるPDCAサイクルの過程の中でなんらかの数値目標の設定が必要であるという考え方。ただし，現状においても「次世代育成支援対策推進法」のもとで，市町村・都道府県，ある一定以上の規模の企業は行動計画を策定し，アウトプットやアウトカムでの事業ごとにニーズに合わせたPDCAサイクルを行っているので，国が合計出生率や総人口の水準を目標値として設定することには疑問がある。②の目標のあり方については，定量的な目標と定性的な目標がある中で，政府の危機感や覚悟・本気度を示す意味での数値目標を示すという考え方があるとしている。ただし，そのような目標であっても，達成されるまでのプロセスが示されなければならず，検証までに50年という長期間を要することから，成否に関する判断やそのときの責任の所在も不明確になる可能性がある。現行のように，より短期的なニーズの把握と事業量の数値目標の達成度の積み上げで，進めていくことが適当である。③の論点は上記で示した，出生率という指標が女性個人へ与える影響についての議論であり，固定的なライフスタイルの押し付け（子どもは平均2人以上もつべき）にある可能性があるため，留意が必要であるということが指摘されている。

　これまで，2014年に入り出生率や総人口に関する数値目標の設定について，人口学的な視点からいくつか懸念・批判を行ってきた。数値目標を設定し，達成するための努力を行うということ自体は人口減少社会において財政も厳しく

なる中で，政策の事業評価の方法として望ましい傾向にある。ただし，そのためには適切な指標を選択する必要があり，出生率の数値目標値をど真ん中に持ってくるという方法にはやはり批判的にならざるを得ない。これまで少子化対策がほとんど効果を発揮してこなかったことは確かであるが，数値目標を設定することで急に何かが変化するとは考えられず，女性や社会的反発を生む懸念がある。数値目標の設定は極めて政治的な判断である。人口目標が骨太方針に記載されたことで，今後大きな予算が少子化対策につき，全国的な事業展開につながる可能性が高い。地方創生との関連で，東京から人を全国に分散させるという方向性は，多少の効果はあるかもしれないが，明治時代以降の東京への政治と経済，文化の集中を考えると未知数が大きい。しかしながら，地方における今後おこりうる人口減退ついては，地方自治体の自助努力を促し，地域を活性化に真剣に取り組むようにさせるというのは，重要な論点である。

おわりに

　出生率が低いということは，自明のことではあるが，社会増加が伴わなければ，その国の人口を減少させていくことになる。低出生率は，出生数を減少させ，いずれは再生産年齢人口の減少が発生する。その段階で，何らかの出生奨励政策を実施して，出生率を向上させても，再生産年齢人口の規模が縮小していると，出生数の大幅な増加は見込めない。数と率の関係を考察しただけでも，わが国の少子化を食い止めるのは，容易なことでない。その少子化はすでに40年の時を刻み，その間に，社会，経済，文化，家族，生き方などの様々な変化を伴い，変化してきた。出生数と出生率の変化だけではなく，まさに「低出生の罠（low-fertility trap）」をもたらす多くの変化も同様に発生してきている。

　超低出生状態であるわが国の出生率水準を向上させ，人口置換水準を目指すというのは，説得力のある政策目標であるように思えるが，人口というモーメントを伴う存在を動かし，増加傾向に反転させるためには，膨大な努力と時間

とエネルギーが必要である。人口置換水準を維持するために必要な合計出生率約 2.1, また現状のわが国の人口に近い 1 億人の維持という希望は, 多くの人に理解しやすく, 数値目標としてまさに単純明快であるようである。しかし, 合計出生率が 2.1 であるというのは, 1970 年代のわが国の状態, つまり女性の平均初婚年齢が約 25 歳, 第 1 子をその年齢近くで同世代の約 25% の女性が生み, 第 2 子を 30 歳前後で生むという生き方をしていた社会に近い状態である。それに対し, 現在は平均初婚年齢が 30 歳近くに, 第 1 子平均出産年齢が 30 歳を超えるような状態である。こうした状況で, 合計出生率 2.1 を達成するというのは, 高齢化による妊娠確率の低下などを考慮すると不可能に近い目標設定と考えられる。また, 現在ほぼ 100 万の出生数があるが, 1974 年の第二次ベビーブーム世代の女性が 40 歳をこえるため, その後の再生産年齢人口の女性が急激に減少する状況を考えると, よほどの出生率の増加があっても 100 万の出生の維持は不可能に近いと言える。こうした出生率や出生数をもたらした要因を明確化し, その改善を行わない限り, 単なる数値目標設定は意味をもたないことになる。

　第 2 次安倍政権は, これまでの政権が重視してこなかった, あるいは認識してはいても実質的に対応してこなかった少子化問題に積極的に取り組む決定をした。このことは大きく評価すべきであろう。しかしながら, 少子化対策に対する議論の中には, 従来の子育て・育児支援に大きく偏向した議論があり, 「少子化問題＝待機児童問題」となるもの, 学童保育の不足, 夫の家事・育児支援の不参加, ワーク・ライフ・バランスの議論等々が大きく注目され, 更に政府の有識者会議の構成も, そのような分野のメンバーによって構成されてきた。第 2 章で示されているように, 出生率低下の約 9 割は, 初婚行動に起因する要因によって説明され, それ以外は 1 割でしかない。少子化の原因と考えられる可能性のあるものを列挙していくと, 多種多様なものがあがってくるであろうが, まずそれらを「初婚行動に影響を及ぼすもの」と「それ以外に影響を及ぼすもの」に, あるいは「そのどちらにも影響を及ぼすもの」に分類して政策的優先度を考慮していかなくては, 「1.57 ショック」以降に費やした時間と同じ

時間を浪費することになろう。

　また，少子化対策と地方創生の関係についても，冷静な考察が必要であるように思う。わが国の人口は縮小傾向にあり，かつ東京への人口の一極集中の状態であることは明らかである。地方自治体にとって，出生率の上昇をもたらす対策を実施していくと，妊娠から出生までの妊婦健診，出生後の乳児健診，保育，初等教育，中等教育と自治体としては財政支出に関わるものが18歳まで続いていくことになる。その後，高等教育機関の存在や雇用機会の創出がなくては，就学や就職のために，他の自治体に移動していくことになり，せっかく育てた人口が税収に結びつかない問題が発生する。東京への一極集中の構図の背景には，こうした背景が存在し，まるでブラックホールのように，東京が人口を吸収していっていると言えよう。人口減退に苦しむ自治体では，税収に結びつく人口の転入が喫緊の課題であり，産業振興や企業誘致が最重要の対策と考えられる。つまり，地方創生と少子化対策は，同じ問題ではなく，次元の異なるところでの課題であると言えよう。

　それぞれの自治体には異なる人口構成や分布が存在し，問題も異なる。各々の自治体にとって正確な人口分析をおこない，問題解決のための対策を地域ごとに立案していくことが必要である。わが国の少子化対策のみならず，地方自治体の人口減退の問題解決のために，人口学が蓄積してきた正確なデータと人口学的知見が必要とされているように思う。

注

(1)　2012年8月に成立した「子ども・子育て支援法」，「認定こども園法の一部改正」，「子ども・子育て支援法及び認定こども園法の一部改正法の施行に伴う関係法律の整備等に関する法律」の3つの法律のことを子ども・子育て関連3法という。この3法に基づき作られた子ども・子育てのための支援策を『子ども・子育て支援新制度』という。

　　子ども・子育て関連3法の主なポイントは，認定こども園，幼稚園，保育所を

通じた共通の給付（「施設型給付」）及び小規模保育等への給付（「地域型保育給付」）の創設，認定こども園制度の改善（幼保連携型認定こども園の改善等），地域の実情に応じた子ども・子育て支援（利用者支援，地域子育て支援拠点，放課後児童クラブなどの「地域子ども・子育て支援事業」）の充実，基礎自治体（市町村）が実施主体となること，消費税率の引き上げによる，国及び地方の恒久財源の確保を前提とすること（幼児教育・保育・子育て支援の質・量の拡充を図るためには，消費税率の引き上げにより確保する0.7兆円程度を含めて1兆円超程度の追加財源が必要になる），内閣府に子ども・子育て本部を設置し，制度ごとにバラバラな政府の推進体制を整備すること，子ども・子育て会議の設置ことなどである（http://www8.cao.go.jp/shoushi/shinseido/outline/index.html）。
(2)　「希望出生率」＝｛既婚者割合×夫婦の予定子ども数＋未婚者割合×未婚者結婚希望割合×理想子ども数｝×離別等効果＝｛(34％×2.07人)＋(66％×89％×2.12人)｝×0.938≒1.8

　　（日本創生会議 2014）。
(3)　経済財政諮問会議において，2014年1月に設置され，「今後半世紀先を見据え，持続的な成長・発展のための課題とその克服に向けた対応策について検討」することを目的としている。委員には日本創生会議の増田寛也東京大学大学院客員教授も専任されており，日本創生会議の試算結果が当委員会の考え方にも反映されていると考えることができる。
(4)　女性の労働力と出生率との関係を論じた研究では（Engelhardt et al. 2004；山口 2005, 2009 など），労働力率と出生率との国別の相関分析の結果は負の関係がみられるが，1985年以降，負の関係は弱まってきており，仕事と家庭の両立度が高いとその負の関係が減少し，出生率は増加するといった結果が示されている。また，合計出生率と人間開発指数との国別の分析結果によれば（Myrskylä et al. 2009），出生率と人間開発指数の関係は負の関係が観察されるが，開発の度合いが高まると（およそ0.9），むしろ出生率が反転するという「Jカーブ」の関係にあることが指摘されており，人間開発指数の向上を高度に推進することがむしろ出生率と正の相関に転じること，さらにジェンダー開発指数も同様の関係にあることが指摘されており（Myrskylä et al. 2011），女性の活躍を推進することが多様な生き方や価値観を生み，結果として出生率の回復と相関することが指摘されている。

参考文献

阿藤誠 (2000)『現代人口学―少子高齢社会の基礎知識』日本評論社.

金子隆一 (2010)「わが国近年の出生率反転の要因について―出生率推計モデルを用いた期間効果分析」『人口問題研究』66(2), pp. 1-25.

国立社会保障・人口問題研究所 (2012)『日本の将来推計人口（平成 24 年 1 月推計）平成 23 (2011) 年～平成 72 (2060) 年 附：参考推計 平成 73 (2061) 年～平成 122 (2110) 年』一般財団法人厚生労働統計協会.

人口学研究会 (2010)『現代人口辞典』原書房.

「選択する未来」委員会 (2014)「未来への選択―副題―（案）」第 7 回会議資料
http://www5.cao.go.jp/keizai-shimon/kaigi/special/future/ 0513/agenda.html,
(2014 年 10 月 27 日確認済み).

守泉理恵 (2008)「次世代育成支援対策」兼清弘之・安藏伸治編著『人口減少時代の社会保障』原書房, pp.119-152.

厚生労働省 (2014)「平成 25 年人口動態統計月報年計（概数）の概況」
http://www.mhlw.go.jp/toukei/saikin/hw/jinkou/geppo/nengai13/index.html,
(2014 年 10 月 27 日確認済み).

内閣府 (2013a)「少子化危機突破タスクフォース（第 1 回）―資料 1 少子化危機突破タスクフォースの開催について」（平成 25 年 3 月 25 日内閣府特命担当大臣／少子化対策担当決定）
http://www8.cao.go.jp/shoushi/shoushika/meeting/taskforce/k_1/pdf/s1.pdf
(2014 年 10 月 27 日確認済み).

内閣府 (2013b)「少子化危機突破タスクフォース（第 1 回）―資料 2〈少子化危機突破タスクフォース〉設置趣意書」.

内閣府 (2013c)「少子化危機突破タスクフォース（第 5 回）―資料 1〈少子化危機突破〉のための提案」
http://www8.cao.go.jp/shoushi/shoushika/meeting/taskforce/k_4/pdf/teian.pdf
(2014 年 10 月 27 日確認済み).

内閣府 (2014a)「少子化危機突破タスクフォース（第 2 期第 1 回）―資料 6 少子化危機突破のための緊急対策（平成 25 年 6 月 7 日少子化社会対策会議決定）」
http://www8.cao.go.jp/shoushi/shoushika/meeting/taskforce_2nd/k_1/pdf/s6.pdf
(2014 年 10 月 27 日確認済み).

内閣府（2014b）「少子化危機突破タスクフォース（第 2 期第 1 回）―資料 7 経済財政運営と改革の基本方針～脱デフレ・経済再生～（平成 25 年 6 月 14 日閣議決定）」http://www8.cao.go.jp/shoushi/shoushika/meeting/taskforce_2nd/k_1/pdf/s7-2.pdf, http://www.kantei.go.jp/jp/kakugikettei/2013/__icsFiles/afieldfile/2013/06/20/20130614-05.pdf（2014 年 10 月 27 日確認済み）。

内閣府（2014c）「少子化危機突破タスクフォース（第 2 期第 1 回）―資料 8 日本再興戦略～JAPAN is BACK～（平成 25 年 6 月 14 日閣議決定）」http://www8.cao.go.jp/shoushi/shoushika/meeting/taskforce_2nd/k_1/pdf/s8-3.pdf（2014 年 10 月 27 日確認済み）。

内閣府（2014d）「少子化危機突破タスクフォース（第 2 期第 1 回）―資料 1 少子化危機突破タスクフォース（第 2 期）の開催について（平成 25 年 8 月 27 日内閣府特命担当大臣決定）」

http://www8.cao.go.jp/shoushi/shoushika/meeting/taskforce_2nd/k_1/pdf/s1.pdf（2014 年 10 月 27 日確認済み）。

内閣府（2014e）「少子化危機突破タスクフォース（第 2 期第 1 回）―資料 2 少子化危機突破タスクフォース（第 2 期）の進め方について」

http://www8.cao.go.jp/shoushi/shoushika/meeting/taskforce_2nd/k_1/pdf/s2.pdf

内閣府（2014f）「少子化危機突破タスクフォース（第 2 期意見交換会）―資料 3 地域における少子化対策の強化について」

http://www8.cao.go.jp/shoushi/shoushika/meeting/taskforce_2nd/i_1/pdf/s3.pdf
http://www8.cao.go.jp/shoushi/shoushika/meeting/pdf/youko1.pdf
http://www8.cao.go.jp/shoushi/shoushika/meeting/pdf/youryo.pdf
（2014 年 10 月 27 日確認済み）。

内閣府（2014g）少子化危機突破タスクフォース（第 2 期・第 5 回）資料 1　少子化危機突破タスクフォース（第 2 期）取りまとめ（案）

http://www8.cao.go.jp/shoushi/shoushika/meeting/taskforce_2nd/k_5/pdf/s1.pdf
http://www8.cao.go.jp/shoushi/shoushika/meeting/taskforce_2nd/pdf/torimatome_g.pdf
http://www8.cao.go.jp/shoushi/shoushika/meeting/taskforce_2nd/pdf/torimatome.pdf
（2014 年 10 月 27 日確認済み）。

内閣府（2014h）「経済財政運営と改革の基本方針 2014―デフレから好循環拡大へ」平成 26 年 6 月 24 日閣議決定, http://www5.cao.go.jp/keizai-shimon/kaigi/cabinet/

2014/decision0624.html（2014 年 10 月 27 日確認済み）。

内閣府（2014i）「少子化社会対策の目標のあり方に関する議論の整理（案）」http://www8.cao.go.jp/shoushi/shoushika/meeting/taskforce_2nd/k_4/pdf/s1.pdf（2014 年 10 月 27 日確認済み）。

日本創生会議（2014）「ストップ少子化・地方元気戦略」平成 26 年 5 月 8 日，人口減少問題検討分科会提言「ストップ少子化・地域元気戦略」記者会見資料 http://www.policycouncil.jp/（2014 年 10 月 27 日確認済み）。

山口一男（2005）「女性の労働力参加と出生率の真の関係について：OECD 諸国の分析」*RIETI Discussion Paper Series*, 05-J-036。

山口一男（2009）『ワークライフバランス 実証と政策提言』日本経済新聞出版社。

Caldwell, J. C. and T. Schindlmayr（2003）"Explanation of the Fertility Crisis in Modern Societies: A Search for Commonalities," *Population Studies*, vol.57(3), pp. 241-263.

Engelhardt H., T. Kögel and A. Prskawetz（2004）"Fertility and Women's Employment Reconsidered: A Macro-Level Time-Series Analysis for Developed Countries, 1960-2000," *Population Studies*, vol.58(1), pp.109-120.

Lutz, W., V. Skibekk and Testa, M.(2006) "The Low Fertility Trap Hypothesis: Forces that May Lead to Further Postponement and fewer Births in Europe," Vienna Yearbook of Population Research 2006, pp. 167-192.

Myrskylä, M. H. Kohler, and F.C. Billari（2009）"Advances in development reverse fertility rate". Nature 460 (7256): pp. 741–743.

Myrskylä, M. H. Kohler, and F.C. Billari（2011）"High Development and Fertility: Fertility at Older Reproductive Ages and Gender Equality Explain the Positive Link", *PSC Working Paper Series*, Population Studies Center.

（安藏伸治，鎌田健司）

終章　人口政策としての少子化対策(試論)

はじめに

　日本はいま，本格的な人口減少時代に突入している。年少人口割合は世界一少なく，老年人口割合は世界一高い。未婚率は急騰し，晩婚化・非婚化は留まることなく進んでいる。合計出生率は世界でもごく低い部類に属しており，社会的にも有利な段階に認識されているわけではない。このいわゆる少子高齢化が長期にわたって持続すれば，日本の経済社会が崩壊の一途をたどるであろうことは疑う余地がない。その脈絡をまず明らかにした上で，事態を根幹から是正する方策を考えていきたい。

第1節　人口減少の原因と見通し

　総務省統計局による人口推計によれば，日本の総人口は2008年にピークを迎え，その後緩やかな減少期に入っている。この人口減少がどのように進むか。国立社会保障・人口問題研究所（以下，社人研）による最新（2012年1月）の日本人口推計によれば，中位推計（出生・死亡ともに中位の仮定）の場合，日本の総人口は2010年の1億2806万をピークとして減少し始め，2048年に1億を割り，2060年には8674万になる。21世紀後半も人口減少が継続し，2100年には5000万を割り込み，2110年には4286万に落ち込む（図E-1）。年少（0～14歳）人口割合と生産年齢（15～64歳）人口割合は持続的に低下し，老年（65

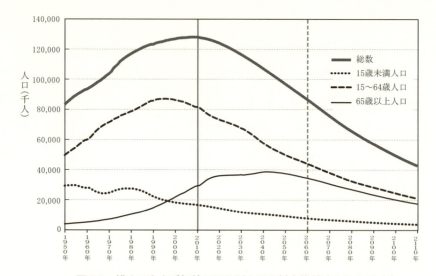

図 E-1　総人口および年齢3区分別人口の将来推計（1950-2110年）

（資料）国立社会保障・人口問題研究所（2012）『日本の将来推計人口（平成24年1月推計）』.

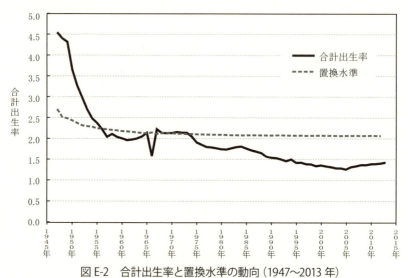

図 E-2　合計出生率と置換水準の動向（1947〜2013年）

（資料）日本：社人研（2014）『人口統計資料集2014』，2013年は厚生労働省（2014）『人口動態統計（概数）』.

歳以上）人口割合だけはしばらく上昇し続ける。年少人口割合は2010年の13.1％から2060年に9.1％へ，生産年齢人口割合は63.8％から50.9％へ低下する一方，老年人口割合は23.0％から39.9％へ急上昇する（社人研 2012）。

この人口減少と人口高齢化の根本的な原因は少子化である。少子化とは，出生率が人口置換水準（純再生産率でいえば1，合計出生率でいえば2.07程度）を持続的に下回っている状態であり，わが国では1974年以降その状態を続けている（**図E-2**）。実態は単なる持続ではなく，ほぼ一貫して低下の一途をたどってきた（大淵 2004）。

21世紀の日本では，持続的な人口減少と急速な高齢化が不可避である。この傾向が将来も変わりなく持続したならば，日本人口も日本経済も崩壊の道を進むしかないのである。単なる計算にすぎないが，現状の長期的持続は恐るべき将来を予見するのである。もし2001～12年の平均的な合計出生率1.34が今後も不変のまま持続し，平均世代間隔を30.3年とすれば，日本人口はどのような将来を迎えるであろうか。その仮定のもとでは，人口増加率は年平均で−1.444％となるので，総人口は47年で半減，159年で10分の1以下になる。同じ仮定を継続すれば，100万分の1にはおよそ950年後に到達する。そのときの日本人口は約120人，生物学的には再生産力を失うので，日本人は事実上，今後1000年に満たないうちに地球上から姿を消すであろう。

社人研によるもう1つの興味深い長期的な将来人口推計があるので紹介しておく。これは2012年の総人口と男女年齢別人口を基準人口として，2012年における女性の年齢別出生率（合計出生率を1.41），出生性比（105.2），そして生命表の死亡率（男性の平均寿命を79.94年，女性のそれを86.41年）が今後一定と仮定した場合の人口指標を算出した結果である（社人研 2012）。それによれば，現在の日本人口1億2700万は今世紀半ばにいたるまでに1億を割り込み，200年後には10分の1に縮小している。さらに400年後には，100分の1以下に小さくなり，紀元3000年には総人口が1000人まで委縮している（**表E-1**）。

これはあくまで特定の仮定に立った計算上の結果であって，現実離れしてい

るが，現代日本の出生力がいかに低いか，低すぎるかを物語っている。わが国では，人口減少社会の衝撃を軽減する諸方策として，まず外国人労働者の導入，外国市場の開拓といったグローバリズム時代らしい手段を採用すべしとの提案が各方面から打ち出されている。しかし，この即効的な方策は日本の経済社会に複雑かつ深刻な諸問題をもたらしかねない。根本的な是正はやはり少子化状態からの離脱であり，最終的には置換水準への出生力回復を目指さなければならない。これは実際問題としては極めて困難な目標である。

表 E-1 2012 年に始まる長期的人口指標

年次	人口総数 (1,000人)	人口増加率 (‰)
2012年	127,515	−1.90
2050年	93,895	−11.40
2100年	49,782	−12.44
2150年	26,679	−12.57
2200年	14,294	−12.43
2250年	7,661	−12.49
2300年	4,105	−12.48
2350年	2,200	−12.47
2400年	1,179	−12.48
2500年	339	−12.48
2600年	97	−12.48
2700年	28	−12.48
2800年	8	−12.48
2900年	2	−12.48
3000年	1	−12.48

(資料) 国立社会保障・人口問題研究所 (2014)『人口統計資料集 2014』.

　それというのも，日本の現況は合計出生率 1.3〜1.4 程度であり，置換水準までの距離があまりに遠いのである。ヨーロッパの国々における出生力もすべて少子化状態にあるが，その水準は高低様々であり，変化の方向も一定してはいない。興味深いのは，英仏，北欧などが比較的高く，合計出生率 1.5 を割り込むことがない。それに対して，ドイツのほか，イタリア，スペインなど南欧が低く，合計出生率が 1.5 を大きく割り込んで，上昇の気配がない。試みに，前者に属するスウェーデンと日本の動向を比較してみよう。図 E-3 が示すように，日本の出生力は 1970 年代半ばから一様に低下し続けているが，スウェーデンは合計出生率が 1.5 に近づくと比較的短期に上昇し，置換水準に接近する。ヨーロッパでもこれほど上下を繰り返す例はないが，現在の合計出生率が 1.7 から 2.0 の間にある国は，低下しても 1.5 以下まで下がらない。日本のように 1.3 以下まで下がると，1.5 以上に高まる動きが生じない。これは単なる経験則であるが，合計出生率 1.5 を割るか割らないかは重要なポイントであるように見える。

終章　人口政策としての少子化対策（試論）　269

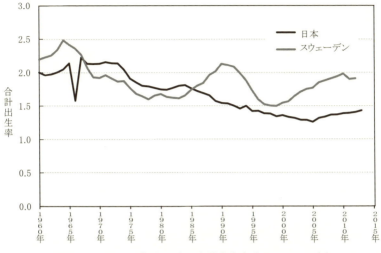

図 E-3　スウェーデンと日本の合計出生率（1960〜2013 年）

（資料）日本：社人研（2014）『人口統計資料集 2014』，2013 年は厚生労働省（2014）『人口動態統計（概数）』．スウェーデン：Council of Europe（1960〜2004 年），Eurostat（2005 年以降）．

第 2 節　人口減少から人口静止へ：地域別将来人口

　上記のように，日本人口は 2008 年にピークを迎えて，これから本格的な人口減少社会に突入する。総人口の減少はまだ少ないが，いろいろなレベルで地域人口が減少を始めており，目前に消滅を迎える地域も増えつつある。
　社人研の推計（2012 年 1 月推計）によると，現在およそ 1 億 2700 万人の総人口は，急速な少子化と高齢化によって，2060 年には約 8600 万人に減少する（社人研 2012）。地域別の将来推計人口は 2013 年 3 月に発表されているが，今回の結果は東日本大震災の影響を受けている。推計期間は 2010 年から 2040 年までの 30 年間であり，推計されたのはその間の 5 年ごとの時期である（社人研 2013）。

わが国の総人口はすでに見てきたように，緩やかな減少期に入っており，将来的には急速な減少段階に進む。都道府県別の人口増加率はこの推計では時間の経過とともに低下する傾向にあり，次第にマイナス成長を強めていく。都道府県別の人口は最初の推計期間の2010～15年には41道府県に減少していたが，次の2015～20年には46都道府県で減少し，2020年以降はすべての都道府県でマイナスを示す。5年ごとの減少率はほとんどの都道府県で加速しており，なかでも急速な減少を示すのは秋田県，高知県，青森県などである。地域ブロック別の人口増加率を見ると，最大の人口減少を示すのは東北地方で，その後を追うのが四国地方，北海道地方，中国地方である。東京を含む南関東地方も2015年以降は人口を減少させるが，地域ブロック別の人口割合は少しづつ高まり，現状の2010年の27.8％が推計最後の2040年には30.1％まで上昇する（社人研 2013）。

政府は経済財政諮問会議のもとに，2014年1月に「選択する未来」委員会を設置し，中長期的課題について「経済成長と発展」，「人の活躍」，「地域の未来」という3つの柱を立てて議論を深めた。この委員会では，人口急減・超高齢化という未来が近づいていることを直視しながら，半世紀先まで展望している。しかしながら，同委員会による人口の未来観は社人研のいかなる将来推計とも異なっている。

同委員会は，現状のまま何もしない場合の未来像として，次のような項目を挙げている。

① 日本経済がプラス成長を続けることは困難で，日本経済の規模は国際的に低下する。
② 少子高齢化が進行し，経済成長の重荷になる人口オーナスが増大する。
③ 労働市場が正社員と非正規社員に分化し，女性・高齢者・若者の力が引き出せない。
④ 東京圏では急速な高齢化が進み，地方自治体の多くは消滅していく。
⑤ 社会保障給付費が一段と強まり，財政破綻リスクが高まる。

これらの現実的な厳しい「人口急減・超高齢化」への流れも，制度，政策，人びとの意識が急速に変化すれば，有望な方向に変化する。人口的な方向をまとめてみれば，次のような諸点に表現することができよう。特に重要なのは，近い将来に出生率を上昇させるような流れを強めることである。

① 想定できる人口的条件をいえば，理想の子ども数 2.4 に対し，現実の出生力を 1.7 人として，50 年後の総人口を 1 億人程度に安定させることができる。
② 経済を世界にオープンし，産業構造をダイナミックな形で成長させ続ける。
③ 女性，若者，高齢者が意欲的に働き，活躍できる世界を作る。
④ 地域戦略を構築し，新しい発想で資源を活用する。
⑤ 社会保障，財政，文化，公共心など社会を支える土台を育成する。

この委員会が選択した未来は，子どもを産み育てる環境の整備によって，50年後に 1 億人程度の人口を保持することである。社人研が推計する将来人口は前に見たとおり，今後地域別に異なるものの，減少の度合いを強めていく。それに対して，この委員会は人口減少が加速する前にトレンドを変えて，2060 年まで持続的，安定的に成長，発展する経済社会を創り出そうと主張している。この主張を実現させるには，委員会の考え方を前段のように数点に整理しておく必要があろう。

1. 50 年後の日本人口を 1 億人程度に維持しなければならない。そのためには，子どもを産み育てる環境を整備する必要がある。人口動態の現状は人口急減，超高齢化であり，それを回復するには出生率を急速に上昇していかなければならない。そのためには，若者が結婚し，夫婦が子どもを妊娠し，産み育てやすい環境づくりに，国，自治体，企業を含めて，社会全体で早急に取り組んでいく必要がある。

2. 人口急減，超高齢社会においても，国民生活の豊かさを維持するために，中長期的に経済成長を持続させていく必要がある。経済を世界に開き，グローバル化を進めて，国造りをオープンにしなければならない。

3. 男女の働き方を改め，出産・育児と仕事の両立がしやすい環境を作って，男

女ともに自己の能力を高める社会を構築する。女性の年齢別労働力率を男性並みに高めるとともに、高齢者のそれも高くしていく。子どもの育て方と若者の働き方も改善していきたい。
4. 地方圏から東京圏への人口流出が止まらず、東京圏への一極集中は地域経済の弱体化をもたらしている。今後は地域の再生に向けて、地域住民や自治体は独自の発展形態のもとに効率的な枠組みを構築していくべきである。
5. 日本の風土の中で伝統や文化を受け継ぎ、世界に発信していきたい。また、世界における新しいルール作りに信頼される国を目指したい。

以上が内閣府のもとに設けられた委員会においてまとめられた議論の中間整理であるが、肝心の将来人口推計が必ずしも明確には示されていない。ここでさらにはっきりと内閣府のもとで行われた将来推計値を明示しておこう（内閣府 2014、増田＋人口減少 2013）。

図 E-4 には、社人研による中位推計がまず基本的な推計値として、2012 年から 2110 年まで描かれている。総人口は 2012 年の 1 億 2750 万人から減少を始めて、2060 年には 8674 万人、2110 年には 4286 万人まで減少を続ける。その間の高齢化率（総人口に対する 65 歳以上人口の割合）は 24.1％ から 39.9％、41.3％ と上昇を続ける。これに対して、内閣府の委員会は 2012 年から合計出生率の上昇を仮定するが、その仮定は合計出生率が最初の 1.39 からその後 2030 年以降 2.07 まで上昇し、以後その水準を維持する。それに伴う総人口の推移は 2060 年に 9894 万人、2110 年に 9136 万人と社人研推計をかなり上回るであろう。しかし、この総人口はなお多少の減少傾向を続けるので、出生率回復に加えて、移民の受け入れを条件とすれば、総人口はより多く維持することができる。この条件は 2015 年以降、毎年 20 万人の移民を受け入れると仮定している。その結果は 2060 年が 1 億 989 万人、2110 年が 1 億 1404 万人とより高い水準を維持しうる。

内閣府所属の委員会が示した将来人口のやや特異な構造指標は、生産年齢人口と近似の人口構造である。通常の生産年齢人口は 15～64 歳で区分けするが、委員会はこの年齢区分を 20～74 歳に変更している。これは最近における死亡

終章　人口政策としての少子化対策（試論）　273

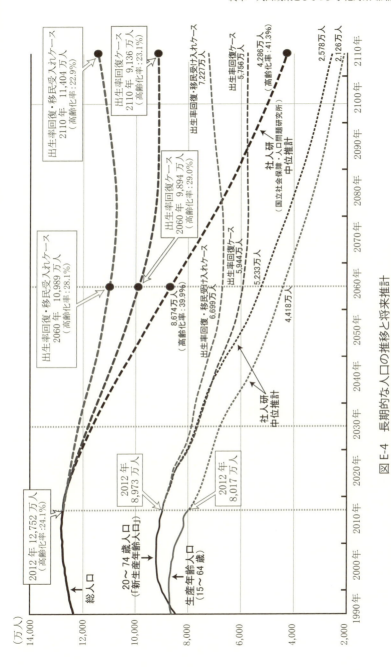

図 E-4　長期的な人口の推移と将来推計

（資料）内閣府「選択する未来」委員会（2014）『未来への選択〈参考図表編〉』http://www5.cao.go.jp/
keizai-shimon/kaigi/special/future/0224/shiryou_01.pdf（2015年2月19日確認済み）．

率の変化を反映して，過去の年齢構造を一律に変化させる要因とはいえないので，比較的近年に始まる年齢構造の変化しか表現することができない。その限りで 1990 年代以降の変化を示したのが図 E-4 の下部に表れている。最下段には社人研の推計した 15〜64 歳の生産年齢人口が示されており，上段には委員会が「新生産年齢人口」といいかえた 20〜74 歳人口を 2 本描いている。その下段は社人研の推計値であり，期間を通じて減少し続けている。その上段は 2060 年あたりまでは減少を続けるが，上段の 2 層目もやがて 2070 年ごろから横ばいになる。上段の 1 層目は合計出生率の上昇に加えて，移民を年 20 万人ずつ受け入れるため，人口増加が続いて労働供給も増強していく（内閣府 2014, 増田＋日本創成会議 2014）。

第 3 節　少子化対策と人口減少の停止

　筆者はかねてから人口政策を次のように定義している。すなわち，それは「一国あるいは一地方の政府が国民あるいは住民の生存と福祉のために，人口的，社会経済的，その他の手段を用いて，出生，死亡，結婚，移動など現実の人口過程に直接間接の影響を与えようとする意図，またはそのような意図を持った行動」である（大淵 1976, 2002, 2005）。ここでとくに強調しておきたいのは，それが人口的目的を包含している点である。その限りで，本稿で問題としている少子化対策は人口政策であって，それ以外の政策ではないといってよい。それは出生力を置換水準まで回復させることを目的としているからである。

　そのことは同時に，少子化対策が数値目標を持っていることを意味している。人口政策がつねに数値目標を有しているわけではないが，この場合置換水準という明示的な目標が存在している。具体的には，現在 1.4 程度の合計出生率を 2.1 まで高めるのが政策目標であるといってよい。この究極的目標が一挙に達成し得ないほど高いことは明白であり，まずは少しずつでも引き上げるのが現実的である。先述したスウェーデンの経験などを見ても，最初は合計出生率 1.5

を目指すのが当面の狙いであろう。

　最近，自民党政府は少子化対策という語に違和感を覚えているらしいと前述したが，その是非はともかく，最大の問題は少子化状態を脱すること，つまりは人口政策の意識が皆無だということであり，そうした意識を持つべきではないとさえ考えているように思われる。筆者の立場はそれとは正反対であり，旧来と同じく少子化対策といってもいいが，より明瞭に出生力を置換水準まで回復することを究極的な目標とし，それを実現するために有効な施策を少子化是正と呼んで使い分けることにしよう。

　このように，少子化対策と少子化是正の違いはただ一つ，出生力を置換水準まで回復させることを政策の目的として設定するか否かであるといってよく，実態にさほどの差は見られない。政策は政府と地方自治体が法制面の整備と運用を通じて実現されるが，少子化は個人，とりわけ女性の生活や働き方に深いつながりがあるので，雇用慣行など民間企業の果たすべき役割も大きい。したがって，少子化是正策というとき，関係する主体と客体は国，地方自治体，企業，そして個人である。さらにいえば，個人が居住する地域あるいは地域社会も重要な存在である。

　少子化是正策は大別して，制度改革と意識改革の2面からなる。前者は主に，政府や地方自治体が法制面の見直しを通じて，子育ての経済的，心理的負担を軽減し，働く女性の出産，子育てを支援する環境整備を目的とする。ここには，雇用慣行の改善など民間企業の果たすべき役割も含まれる。また，制度や慣行が是正されても，それが実地に運用される現場で受け入れられなければならない。そのため，職場や地域，家庭において人びとの，とりわけ男性の意識が変わる必要がある。制度改革と意識改革の詳細については，本書の他の諸章において種々論じられてきたので，ここでは省略し，最後にこの少子化是正に向かって何を語るべきか，一言しておきたい。

おわりに

　21世紀は人口減少の時代である。それは超高齢化社会の時代でもある。このことは，少子化が持続すれば無論のこと，出生力が早期に反転上昇しても，ほぼ確実に起こるシナリオである。人口減少に対応する経済社会の構造転換が必要不可欠であるが，根本的には出生力を置換水準まで上昇させること，すなわち少子化状態の是正が絶対に必要なのである。

　出生率が上昇し，置換水準に戻っても，すぐに人口減少が停止するわけではない。減少のモメンタムが消滅するのに数十年を要するので，たとえば今世紀の半ばに少子化状態が是正されたとしても，人口減少が止まるのは22世紀に入ってからであり，その時の日本人口はおそらく，現在の半分にも満たないであろう。

　地球環境の現況は修復不能なまでに傷つけられている。人間が豊かさを追い求めてきた結果，生産量は際限なく増大し，資源は消費され続けている。国連の将来推計人口を見ても，先進諸国はもちろんのこと，途上国すら人口増加率は低下し，世界の人口は定常状態に向かっているように見える。日本人口もいまや持続的な増加を望む必要のない時代に入っている。かといって，減少し続ける状態も望むべきではない。われわれが目指すべきは静止人口であり，その中で穏やかで豊かな社会を築ければ幸いである。

参考文献

大淵寛（1976）「人口政策の理論的考察」『経済学論纂』17(4)，中央大学。
大淵寛（2002）「人口政策の意義と体系」日本人口学会編『人口大事典』培風館。
大淵寛（2005）「少子化と人口政策の基本問題」大淵寛・阿藤誠編『少子化の政策学』，原書房。
国立社会保障・人口問題研究所（2012）『日本の将来推計人口—平成24年1月推計

の解説および参考推計（条件付推計）』人口問題研究資料第327号。
国立社会保障・人口問題研究所（2013）『日本の地域別将来推計人口（平成25年3月推計）―平成22（2010）〜52（2040）年』人口問題研究資料第330号。
国立社会保障・人口問題研究所（2014）『人口統計資料集2014』人口問題研究資料第331号。
内閣府（2014）『目指すべき日本の未来の姿について』資料1，2014年2月。
内閣府経済財政諮問会議専門調査会「選択する未来」委員会（2014）『未来への選択：人口急減・超高齢社会を超えて，日本発成長・発展モデルを構築』平成26年5月。
増田寛也＋人口減少問題研究会（2013）「2040年，地方消滅。〈極点社会〉が到来する」『中央公論』2013年12月。
増田寛也＋日本創成会議・人口減少問題検討分科会（2014）「提言・ストップ〈人口急減社会〉」『中央公論』2014年6月。

（大淵 寛）

索　引

あ　行

新しい少子化対策　29, 30, 35, 130
跡取り　167, 168
姉家督相続　170
家　167
育児・介護休業法　30, 36, 37, 40
育児休暇　3, 20
育児休業制度　92, 95
育児休業法　88, 128
育児支援サービス促進事業　189
意識改革　275
S字型採用曲線　216, 218
M字型　74, 75, 78, 102
エンゼルプラン　30, 32-34, 128

か　行

外国人労働者　268
家族給付　18
家族サービス　18
家族政策　3, 12, 18, 20, 127
下方婚　62
完結出生児数　60
カンタム効果　11, 14
既往出生児数　64
期間合計出生率　13, 49
緊急保育対策等5か年事業　30, 32
経済財政諮問会議　270
経済人口学　128
経済成長率　3
継続率　113-116, 121
結婚・出産前後の就業状態　85
「結婚・妊娠・出産」支援　233, 239
結婚支援　41, 43
結婚難　56
結婚の遅延化　9
合計出生率　i, 4, 23, 27, 134, 265-268, 272
公的保育施設　3
行動計画　199, 224
コーホート合計出生率　11, 13, 24
高齢者活用子育て支援事業　179
国民経済計算　136
子育て規範（三歳児神話）　82
子育て支援　73, 88, 89, 91-93, 95, 180, 189, 233, 239
子ども・子育て応援プラン　30, 35, 73
子ども・子育て会議　30, 39, 40, 45
子ども・子育て関連3法　30, 31, 39, 240

子ども・子育て支援新制度　39, 42, 45
子ども・子育てビジョン　30, 38, 130
子ども手当　30, 31, 37
子どもと家族を応援する日本重点戦略　30, 35, 37
コブ＝ダグラス型生産関数　137
高齢者参加型子育て支援　180, 182, 195
婚前妊娠結婚　62

さ　行

再生産行動　3
3本の矢　233
CAPDサイクル　248
仕事と生活の調和（ワーク・ライフ・バランス）憲章　30, 36, 40
仕事と生活の調和推進のための行動指針　30, 36, 40
次世代育成支援対策推進法　28, 30, 34, 36, 38, 40, 73, 129, 181, 199, 200, 208, 209, 224
施設型給付　39
児童手当　3, 20, 29, 30, 37, 38
地元志向　166, 167
就業異動　105, 106, 109, 112, 116, 118, 121,
就業異動率　108, 111, 113, 121,
出産タイミング　29
出産の遅延化　7, 8, 12
出生意欲　95

出生確率　105, 109, 118, 120, 121
出生順位　106, 115, 118
出生順位別合計出生率　10
出生動向基本調査　51, 74, 85
出生率　100, 106, 109, 116, 117, 121
準拠自治体　222-224
純再生産率　267
生涯初婚確率　112, 113, 121
生涯未婚率　9, 11, 24
少子化　267, 268
少子化危機突破タスクフォース　31, 233, 238, 242, 246
少子化危機突破のための緊急対策　241, 242
少子化社会対策会議　30, 34, 38, 39
少子化社会対策基本法　28, 30, 34, 38, 129
少子化社会対策大綱　30, 34, 129, 180
少子化は正策　275
少子化対策　ii, 22, 127, 274, 275
少子化対策推進基本方針　30, 33
少子化対策プラスワン　30, 34, 129
情緒的サポート　186
情報提供チーム　243, 245
初婚行動　50
初婚率　111-113, 121,
シルバー人材センター　180, 190
新エンゼルプラン　30, 33, 34, 73, 93, 128, 207, 224
人口オーナス　270
人口減少時代　265

人口高齢化　2, 3
人口再生産社会　2
人口政策　265, 274
人口性比　154, 155, 162
人口増加率　267
（人口）置換水準　i, 2, 27, 143, 266, 268, 274
人口的目的　274
人口転換　27
人口動態統計　5, 136
新生産年齢人口　274
新成長戦略　78
新待機児童ゼロ作戦　30, 36
垂直波及　217, 223
水平波及　216, 223
性交頻度　66
政策推進チーム　243, 245
政策波及　216, 223
政策評価　201, 204, 206, 216
生産年齢人口割合　265
政治過程論　216
静止人口　276
制度改革　275
性別役割分業観　82,
世代間交流　179, 181, 185
セックスレス　66
潜在的労働力人口　78
「選択する未来」委員会　253, 270
選定相続　170
相互参照　221, 222
ソーシャルキャピタル　179
粗出生率　50

た　行

第一の人口転換　17
待機児童ゼロ作戦　34
待機児童率　212
第二の人口転換　1, 15, 17, 27
タイミング効果　10
多項ロジット分析　74, 82
団塊の世代　6
短時間勤務制度　37, 40, 41
男女共同参画　41, 42
地域型保育給付　39
地域子ども・子育て支援事業　40
地域固有の家族観や結婚観　160, 163
地域差　153, 154, 160
地域少子化対策強化交付金　244
地方創生　250, 254
地域に固有の生活様式や価値観　160, 163
超低出生率　1, 5, 12
長男規範　166, 169
賃金構造基本統計調査　132
追加予定子ども数　63
妻方同居　62
できちゃった結婚　62
テンポ効果　11, 14
同一労働同一賃金　133
動的相互依存モデル　221, 222
トレード・オフ　88, 97

な 行

内生条件　221, 222
西日本　155, 159
日本創生会議　252
認定こども園　39
年少人口割合　265
年齢別労働力率　74

は 行

「働き方改革」の強化　233, 239
パパママ育休プラス　37
晩産化　12
PDCA サイクル　201, 204, 225
東日本　155, 159
非正規雇用化　88, 95
非正規就業　99, 103, 104, 109, 110, 112, 114, 115, 117, 119, 120
評価の三方式　201, 204
夫婦の出生行動　51
不妊　68
平均世代間隔　267
保育所定員数　128

ま 行

マクロ計量モデル　127
末子相続　170
未婚化　99-102, 113, 121, 153, 156, 174

や 行

Uターン　165, 166, 174
有配偶　104, 105, 108, 121
有配偶女性労働力　76, 77
要因分解　51, 113
横並び競争　221, 222
予定子ども数　63
予定のライフコース　79

ら 行

ライフコース　74
離死別再婚効果　51
理想子ども数　63
理想のライフコース　79-81, 83
流死産　68
両立支援　28, 32, 36, 41, 42
労働時間の短縮　131
労働柔軟性　85
労働政策　3, 18, 127
労働政策研究・研修機構　130
労働力人口　78
労働力調査　136
老年人口割合　265

わ 行

ワーク・ライフ・バランス　28, 29, 36, 38, 40-42, 73, 94, 130

編著者略歴

髙橋 重郷(たかはし・しげさと)
一九五一年 島根県生まれ。
明治大学政治経済学部客員教授。
主著『少子化の人口学』(共編著、原書房)、『社会変動の諸相』(共著、ミネルヴァ書房)、『人口変動と家族』(共著、原書房)、『生命表研究』(共著、古今書院)、『全論点 人口急減と自治体消滅』(共著、時事通信社)。

大淵 寛(おおぶち・ひろし)
一九三六年 東京都生まれ。
中央大学経済学部名誉教授。
主著『人口過程の経済分析』(新評論)、『経済人口学』(共著、新評論)、『マルサス人口論―第6版』(共訳、中央大学出版部)、『少子化の人口学』(共編著、原書房)、『少子化時代の日本経済』(日本放送協会)。

人口学ライブラリー 16

人口減少と少子化対策

●

2015年3月25日 第1刷

編著者……………髙橋 重郷, 大淵 寛

発行者……………成瀬雅人
発行所……………株式会社原書房
〒160-0022 東京都新宿区新宿 1-25-13
電話・代表 03 (3354) 0685
http://www.harashobo.co.jp
振替・00150-6-151594

印刷・製本…………株式会社ルナテック

©Shigesato Takahashi 2015　©Hiroshi Ohbuchi 2015
ISBN978-4-562-09203-1, Printed in Japan

人口減少時代の日本経済 人口学ライブラリー5
大淵寛・森岡仁編著

将来においても少子化が解消される可能性は低い。人口減少と消費、投資、労働、技術等の経済の諸要因との間に生ずる問題を多面的に分析し様々な影響を説明。人口減少経済の対応策を講じる。 2800円

国際人口移動の新時代 人口学ライブラリー4
吉田良生・河野稠果編著

世界の代表的な地域を取り上げ、国際人口移動の実態調査と移民の流れを生み出す要因・仕組みを説明。受入国、送出国双方の地域社会、経済、政治などに及ぼす影響を明らかにし、今後の方向性を論じる。 2800円

少子化の政策学 人口学ライブラリー3
大淵寛・阿藤誠編著

本書は、今日の日本の少子化状態を是正し、出生率を置換水準まで回復するための方途を探る。具体的な諸政策を提言し、これらを総合的にとらえて分析し、少子化問題の解決に迫る。 2800円

少子化の社会経済学 人口学ライブラリー2
大淵寛・兼清弘之編著

少子化が21世紀の日本の人口、経済、社会にどのような影響を与えるかを徹底的に分析。少子化が引き起こす諸問題を明らかにし、なぜ少子化が問題なのかをわかりやすく論ずる。 2800円

少子化の人口学 人口学ライブラリー1
大淵寛・高橋重郷編著

少子化は、今日あらゆる面においてわが国の将来に暗い影を投げかけ、大きな問題となっている。世界的にも進行しているその現状を踏まえ、少子化の意義、実態、そして要因を徹底的に分析し、解決策を探る。 2800円

(価格は税別)

少子化と若者の就業行動
人口学ライブラリー10
小崎敏男・牧野文夫編著

人口減少に対する若者の就業行動および婚姻や出生率に焦点を当てる。彼らが就業を決める要因の解明、就業形態の多様化、さらに日本的雇用システムとの関連性を明らかにする。

2800円

人口減少時代の地域政策
人口学ライブラリー9
吉田良生・廣嶋清志編著

現代社会のキーワードとなった人口減少を地域社会に焦点をあてて考察。地域人口の実態、人口変動が地域社会に及ぼす影響、都道府県別の政策について分析し、人口減少がもたらす社会的問題の解決策を探る。

2800円

世界主要国・地域の人口問題
人口学ライブラリー8
早瀬保子・大淵寛編著

世界各地域における、最近の人口の現状と今後の動向や社会経済状況を分析し、それにともなう人口政策や開発問題などを考察。世界の各地域毎に、研究者の専門的な知見を基礎として11章にまとめた。

3200円

人口減少時代の社会保障
人口学ライブラリー7
兼清弘之・安藏伸治編著

人口減少時代を乗りきるため、社会保障に焦点を絞り、今後おこりうる多様な問題を検討。これまでとは異なる社会的状況で、人口減少の根底にある問題に視点を向けて、政策的対応について考察する。

2800円

人口減少時代の日本社会
人口学ライブラリー6
阿藤誠・津谷典子編著

超高齢化を伴う人口減少が、主として経済と社会保障以外の社会的側面に、どのような影響を及ぼすかを現状分析に基づいて解明。将来起こりうる諸問題に対処する方策を提言する。

2800円

（価格は税別）

人口高齢化と労働政策 人口学ライブラリー15
小崎敏男・永瀬伸子編著

日本は今後、人類が経験したことのない超高齢化社会を迎えようとしている。対応する社会システムの構築なしには社会の持続可能性さえ危ぶまれる現状を分析、今後の労働政策の指針となる方向性を提示。

3200円

首都圏の高齢化 人口学ライブラリー14
井上孝・渡辺真知子編著

急速に進む首都圏の高齢化が今後どのように展開するのか、多分野の視点から最新データを用いて詳細に分析。研究教育・政策立案・実務・ビジネスにて高齢化問題に関わるすべての方の必読書。

3200円

世界の宗教と人口 人口学ライブラリー13
早瀬保子・小島宏編著

全地球的にみる宗教の重要性。宗教と人口変動(出生、死亡、国内移動、国際移動等)、宗教と各種政策(人的資源開発政策、ジェンダー政策、家族政策等)の関係について、途上地域にも積極的に言及。

3200円

世界の人口開発問題 人口学ライブラリー12
阿藤誠・佐藤龍三郎編著

人口開発問題を、世界が掲げるべき最上位の問題設定として総括した注目の書。先進諸国の財政難、一方で途上国や新興国の経済発展に進行する様々なひずみ、これら問題の根底に人口問題をみる。

3200円

ミクロデータの計量人口学 人口学ライブラリー11
小島宏・安藏伸治編著

1990年代以降、人口学教育において若手・中堅研究者を中心に利用されるようになったミクロデータについて、各種テーマに沿って利用可能な公開ミクロデータを用いる分析方法を丁寧に解説する。

3200円

(価格は税別)

現代人口辞典

人口学研究会編

人口減少、少子化、高齢化など社会の根幹にかかわり、自然科学、社会科学、政治経済が複雑にからみあう人口問題の用語や概念をわかりやすく解説。専門用語やマスコミに頻出する最新の言葉も平易かつ正確に説明した、ハンディな辞典。

3000円
（価格は税別）